Gunter Held

Mein

persönlicher

Versicherungs-

ratgeber

Akademische Arbeitsgemeinschaft Verlagsgesellschaft

© 2000 by Akademische Arbeitsgemeinschaft Verlagsgesellschaft mbH & Co. KG
Postfach 10 01 61 ■ 68001 Mannheim ■ Telefon 0621/86 26 00 ■ Telefax 0621/86 26 09
Internet: http://www.akademische.de

Konzeption: GrafikDesign Reckels & Schneider-Reckels, Wiesbaden
Satz: Mitterweger Werksatz GmbH
Druck: Konkordia Druck GmbH, Bühl

ISBN 3-922146-06-6

Inhalt

Liebe Leserinnen und Leser

Der Ursprung dieses Ratgebers liegt 25 Jahre zurück. Angestoßen durch Fragen aus dem Kollegenkreis, habe ich im Rahmen meiner Tätigkeit als Versicherungsfachmann ein Merkblatt mit Tipps zum Abschluss von Versicherungsverträgen entwickelt. Dies erschien 1979 in erweiterter Form als Sonderdruck unter dem Titel »Versicherungsschutz für den privaten Lebensbereich«.

Durch das betriebliche Risk-Management habe ich neue Impulse erhalten, die zu diesem Versicherungs-Ratgeber führten. In seinem Mittelpunkt stehen keine Einzelempfehlungen, sondern eine ganzheitliche »Versicherungsphilosophie« mit folgenden Zielen:

- eine lebendige Darstellung der Versicherungsmaterie;
- Argumentationshilfen für Misstrauische und »Versicherungsgeschädigte«;
- einfache Entscheidungsregeln für diejenigen, denen Papierkram und Versicherungen ein rotes Tuch sind.

Leider ist ein Ende des Trends zu immer komplizierteren Tarifen und Rabatten nicht abzusehen. Selbst im Rahmen eines derartigen Ratgebers können deshalb nicht alle Besonderheiten beschrieben werden. Um so wichtiger ist es, im Zweifelsfall auf die in Teil I dargestellten Auswahlkriterien für den Abschluss von Versicherungsverträgen zurückzugreifen.

Mit freundlichem Gruß
Ihr Gunter Held

I. Einführung

1. Versicherung – das unsichtbare Produkt

Eine Ware, die man weder anfassen noch anschauen kann, ist gut für Spekulationen und Fehlinterpretationen. Kein Wunder, dass deshalb ein relativ großes Misstrauen gegenüber dem unsichtbaren Produkt Versicherung besteht.

Historisch steht der Versicherungsgedanke auf einer durchaus ethischen Grundlage: Durch finanzielle Hilfe einer Gemeinschaft gleichartig Gefährdeter sollen die Schicksalsschläge für den Einzelnen tragbar gemacht werden. Viele deutsche Versicherer arbeiten deshalb nach wie vor ohne Gewinnstreben in der Rechtsform eines Gegenseitigkeitsvereins – abgekürzt: VVaG. Daneben gab es bis vor wenigen Jahren, insbesondere bei der Gebäudeversicherung, viele öffentlich-rechtliche Anstalten mit Gebietsmonopol, die im Prinzip ebenfalls ohne Gewinnerzielung arbeiteten. Im Rahmen des EU-Rechts wurden die Versicherungsmonopole jedoch aufgehoben und viele Versicherungsanstalten in Aktiengesellschaften umgewandelt. Die meisten Versicherer sind deshalb inzwischen gewinnorientierte Aktiengesellschaften.

Grundsätzlich können VVaGs etwas günstigere Prämien als Aktiengesellschaften anbieten, da in deren Kalkulation keine Verzinsung des Eigenkapitals zu berücksichtigen ist. Größere VVaGs haben jedoch im internationalen Wettbewerb gewisse Nachteile, da sie nur mit Schwierigkeiten fusionieren, ihr Eigenkapital erhöhen oder im Ausland tätig werden können. In der Praxis ist die Gesellschaftsform des Versicherers für den Versicherungsnehmer von untergeordneter Bedeutung.

BEISPIELE
- Gegenseitigkeitsvereine: HUK-Coburg, Debeka, Parion/ Gothaer, HdI, Iduna/Nova, LVM, VHV
- Aktiengesellschaften: Allianz, AXA-Colonia, Gerling, Victoria, DKV, Aachener + Münchener.

Unabhängig von der Rechtsform sind alle Versicherungsgesellschaften in die Marktwirtschaft eingebettet und unterliegen deren Mängeln und Vorzügen. Damit rückt zwangsläufig der historische Versicherungsgedanke in den Hintergrund. Wie in anderen Branchen sind Umsatz, Leistung und Ertrag die primären Antriebsmomente. Insbesondere gilt dies für den provisionsabhängigen Versicherungsvertreter. Sie können deshalb von ihm nicht erwarten, dass er Ihnen anstelle einer Lebensversicherung eine Luxusreise oder Eigentumswohnung empfiehlt, oder statt einer Kranken-Zusatzversicherung höhere Ausgaben für eine gesunde Lebensführung. Sein Interesse liegt nicht darin, Sie vor zu vielen Versicherungsverträgen zu bewahren. Hiergegen müssen Sie sich selbst schützen. Dieser *Versicherungsratgeber* wird Ihnen dabei helfen.

2. Was bietet ein Versicherungsvertrag?

Jede Dienstleistung hat ihren Preis. Bei Versicherungen nennt man den Preis Beitrag oder Prämie. Dafür übernimmt der Versicherer ein genau definiertes Risiko als Zahlungsversprechen für ein mögliches Ereignis in der Zukunft.
Der Beitrag ist abhängig von den durchschnittlichen Versicherungsleistungen (Schadensfällen), den Verwaltungskosten, dem Gewinn und den Sparanteilen in der Lebens- und Krankenversicherung. Risiko und Zahlungsversprechen sind im Antrag, im Versicherungsschein und in den Versicherungsbedingungen definiert.
Je intensiver Sie sich mit dem Inhalt eines Versicherungsangebotes befassen, umso eher vermeiden Sie Fehlentscheidungen und Ärger im Schadensfall. Sie sollten jedoch von der Ansicht Abschied nehmen, mit Versicherungen könne man Geld verdienen. Kurzfristig mag dies zutreffen, auf lange Sicht werden Ihre Beiträge fast immer die Entschädigungen übersteigen – sonst könnten die Versicherungsgesellschaften nicht existieren. Wenn Sie mit Versicherungen Geld verdienen wollen, sollten Sie Versicherungsaktien kaufen.

Verbreitung des Versicherungsschutzes, bezogen auf alle Haushaltungen (100 %)

Hausratversicherung	75 %
Private Haftpflichtversicherung	61 %
Lebensversicherung	55 %
Rechtsschutzversicherung	45 %
Private Unfallversicherung	40 %
Vollkaskoversicherung	31 %
Private Krankenvollversicherung	11 %
Berufsunfähigkeitsversicherung	10 %

Quelle: Gesamtverband der Versicherungswirtschaft

Wer sein Vermögen und seine künftigen Einkünfte nicht aufs Spiel setzen möchte, kommt an Versicherungen nicht vorbei, denn wer ein Bedürfnis nach finanzieller Sicherheit empfindet, hat auch einen Versicherungsbedarf. In Deutschland gibt es über 400 Millionen Versicherungsverträge, und bei jedem zehnten Vertrag fällt jährlich ein Schaden an. Dass es dabei auch einige Tausend Streitfälle gibt, verwundert nicht. Ärgerlich ist jedoch, dass viele Streitfälle vermeidbar wären, wenn die persönliche Risikosituation und der Versicherungsschutz besser übereinstimmen würden. Unabhängig davon kann sich ein Großteil der Bevölkerung eine Welt ohne Versicherungen nicht mehr vorstellen. Die Anzahl der tatsächlichen Versicherungsverträge liegt trotzdem – insbesondere in der Berufsunfähigkeits-, Haftpflicht und Hausratversicherung – unterhalb des Bedarfs.

Unter allen Versicherungsarten ist die Hausratversicherung am meisten verbreitet. An zweiter Stelle steht die Lebensversicherung und an dritter Stelle die Privathaftpflichtversicherung. Alle anderen Versicherungsarten haben einen Anteil von weniger als 50 %. Nicht zu entnehmen ist der Tabelle die Qualität des Versicherungsschutzes. Für den Verbraucher gibt es somit ein Mengen- und ein Qualitätsproblem, verbunden mit dem Zwang, *für möglichst wenig Geld die wichtigsten Risiken zu versichern.* Dies ist wiederum abhängig von den richtigen Prioritäten beim Vertragsabschluss.

3. Wer braucht Versicherungsschutz?

Nehmen wir an, Sie sind Angestellter mit einem Monats-
einkommen von DM 4000 netto und haben eine Million
im Lotto gewonnen. Genug Geld, um sich gegen alle Risiken zu versichern. Und tatsächlich gibt es reiche Leute, die
vor lauter Angst, wieder arm zu werden, alle erdenklichen
Versicherungsverträge abschließen. Von den versicherbaren Risiken ist lediglich eines geeignet, aus einem Millionär wieder einen armen Angestellten zu machen: das
Haftpflichtrisiko.

Hat der Millionär ein wertvolles Haus mit teurer Einrichtung, ist es selbstverständlich auch sinnvoll, dafür eine
Versicherung abzuschließen; in jedem Falle sollte er aber
Schäden bis zu einer Größenordnung von DM 10000 oder
mehr selbst tragen, denn Selbstbeteiligungen sind auf
lange Sicht günstiger als Versicherungsbeiträge.

Man sieht daraus: Leute, die reich sind, können auf die
meisten Versicherungen verzichten und werden durch die
eingesparten Beiträge noch reicher. Leute, die bettelarm
sind, haben ohnehin nichts zu verlieren und auch nichts
zu versichern. Was bleibt, ist der zwischen Finanzminister
und drohenden Lebensrisiken eingeklemmte Mittelstand.
Für diesen stellt sich die gravierende Frage: Welche Versicherung ist notwendig, welche ist wichtig und auf welche
kann ich verzichten?

Wer akzeptiert, dass man sich nicht gegen alles versichern kann, benötigt ein sinnvolles Konzept, um die finanziellen Lebensrisiken möglichst preiswert abzudecken. Am
besten ist diese Aufgabe mit dem Bau oder Umbau eines
Hauses zu vergleichen. Womit beginnen Sie zweckmäßigerweise? Mit neuen Tapeten oder mit der Reparatur des
undichten Daches? Mit einer Tiefkühltruhe oder einer
neuen Heizung? Mit der Isolierung der Wände oder dem
Wandschmuck?

Beim Versicherungsschutz stellt sich ein ähnliches Problem: Was ist wichtiger, eine Krankenhaustagegeldversicherung, eine Kaskoversicherung für Auslandsreisen, eine
Reisegepäckversicherung, eine Glasbruchversicherung,

eine Elektrogeräteversicherung, ein Autoschutzbrief, eine Gewässerschaden-Haftpflichtversicherung, eine Lebens- oder Berufsunfähigkeitsversicherung, eine Pflegefallversicherung usw.?

Nur wenige werden hierauf eine fundierte Antwort parat haben. Denn ein Ordnungsmerkmal ist nur schwer zu finden. Bevor Sie weiterlesen, sollten Sie deshalb überprüfen, nach welchen Kriterien Sie sich bisher versichert haben:

Ich habe mich bisher insbesondere versichert:

- gegen wahrscheinliche Schäden
- gegen besondere Ursachen/Ereignisse
- entsprechend der langjährigen Lebenserfahrung
- nach dem möglichen Höchstschaden
- wenn die Beiträge günstig waren

4. Auswahlkriterien für den Versicherungsabschluss

a. Die Schadenwahrscheinlichkeit

Jeder, der in seinem Leben »Mensch-ärgere-Dich-nicht« gespielt hat, kennt das Problem mit der erhofften Sechs, die oft viel länger auf sich warten lässt, als dies unserer Erwartung, Fähigkeit und Logik entspricht.

Nehmen wir einmal an, in einem Fußballstadion würde die Weltmeisterschaft in »Mensch-ärgere-Dich-nicht«-Partien stattfinden. Auf dem Platz, wo sonst 22 Spieler um einen Ball rennen und Tausende von Zuschauern fachkundige Kommentare geben, rollten sechstausendmal die Würfel und entscheiden über die Frage: Zufall oder Wahrscheinlichkeit. Die Antwort gibt uns ein überraschendes Gesamtergebnis auf dem großen Bildschirm im Stadion:

- 1008 x 1 Auge
- 1000 x 2 Augen
- 992 x 3 Augen

- ☒ 1017 x 4 Augen
- ☒ 983 x 5 Augen
- ☒ 1000 x 6 Augen

Wie von einer geheimen Kraft gelenkt, sind alle Augen von 1 bis 6 fast gleichmäßig verteilt. Da ist kein Zufall mehr zu sehen, sondern eine ungeschriebene Regel: *das Gesetz der großen Zahl*. Damit arbeiten auch die Versicherungsgesellschaften, und zwar in Form der Statistik. Nur durch dieses Gesetz bzw. die Statistik sind Ereignisse, die für den Einzelnen unvorhersehbar sind, in der Masse kalkulierbar.

Auch das Lotto funktioniert nach diesem Gesetz, allerdings mit einem großen Unterschied: Lotto ist ein Spiel, und die Ausschüttungsquote beträgt maximal 50%. Die Chance für einen Hauptgewinn liegt bei ungefähr 1:14 Millionen. Trotzdem spielen wöchentlich viele Menschen Lotto und glauben, den Zufall bzw. das Gesetz der großen Zahl überlisten zu können. Der Einzelne kann aber das Gesetz der großen Zahl nicht überlisten, denn für ihn bleiben die Ereignisse zufällig.

Wer glaubt, nur Risiken versichern zu müssen, bei denen häufig Schäden eintreten, liegt falsch, denn der Zufall bzw. die Schadenwahrscheinlichkeit ist nicht die Lösung, sondern das Problem des Versicherungsbedarfes. Für den Einzelnen ist sein Versicherungsbedarf nicht aus dem Gesetz der großen Zahl abzuleiten. Der Erfahrungswert, dass ein Haus nur einmal alle 1000 Jahre bis auf die Grundmauern abbrennt oder nur jeder 2000. Einwohner durch Unfall ums Leben kommt, nützt wenig, denn bei Ihnen kann bereits morgen der Schaden eintreten.

Fazit: Die statistische Schadenwahrscheinlichkeit ist lediglich für die Kalkulation der Prämie von Bedeutung. Als Auswahlkriterium für oder gegen einen Versicherungsvertrag ist sie dagegen ungeeignet.

b. Die Schadenursachen

Wir wissen nicht ob, wann und welches Schadensereignis eintritt. Niemand kann sich seine Schäden heraussuchen. Typisch ist eher, dass es anders kommt als man denkt. Der Zufall lässt sich nicht auf bestimmte Einzelereignisse bzw. Schadenursachen festlegen. Ob ein Mensch durch Unfall, Krankheit oder Altersschwäche stirbt, mit dem Auto, Flugzeug, Fahrrad oder als Fußgänger verunglückt, bleibt ihm so unbekannt wie der Gewinn im Spiel. Trotzdem werden viele Versicherungen, für den scheinbaren Vorteil niedriger Prämien, nach bestimmten Schadenursachen ausgewählt. Damit wird jedoch ein Problem wieder aktuell, das gerade durch die Versicherung ausgeschaltet werden sollte: der Zufall. Derartige Versicherungen, z. B.

- Unfall-Krankenhaus-Tagegeldversicherung,
- Reise-Unfallversicherung,
- Vollkaskoversicherung für Auslandsreisen,

gleichen einem durchlöcherten Regenschirm.

Besonders deutlich ist dies in der Tierschadendeckung im Rahmen der Teilkaskoversicherung ersichtlich (vgl. Seite 104).

! UNSER VERSICHERUNGSTIPP
Machen Sie Ihren Versicherungsschutz von bestimmten Ursachen unabhängig! Sorgen Sie für eine universelle Lösung!

c. Die persönliche Schadenerfahrung

Thomas K. wurde in seinem letzten Winterurlaub an drei Tagen Zeuge von Unfällen mit »Skisalat«. Während er selbst seinen Urlaub heil überlebte und weder seine Unfall- noch seine Skibruch-Versicherung in Anspruch nehmen musste, brach ihm vier Wochen später sein Golfschläger ab, außerdem ging seine Brille kaputt und seinem Sohn wurde vor der Schule das Fahrrad gestohlen. Kann Thomas K. aus diesen Schäden »versicherungsklug« werden?

Die persönliche Schadenerfahrung ist mehr ein Thema für den Stammtisch als ein Auswahlkriterium für den Versicherungsschutz. Ob fremde Skier oder eigene Golfschläger kaputtgehen, ist völlig nebensächlich. Aus zufälligen Einzelereignissen lässt sich keine sinnvolle Schlussfolgerung für den notwendigen Versicherungsschutz ableiten. Mit Kleinschäden (zerbrochene Glasscheibe, kleine Beule am Auto) hat jeder persönliche Erfahrungen. Mit Häusern, die bis auf die Grundmauern abgebrannt sind, aber nur wenige.

Aus der Tatsache, dass Kleinschäden häufiger als Großschäden auftreten, kann nicht die Schlussfolgerung gezogen werden, eine Glasbruchversicherung sei wichtiger als eine Feuerversicherung.

Fazit: Die Methode »Aus Schaden wird man klug«, führt nicht zwangsläufig zu einem sinnvollen Abschluss von Versicherungsverträgen.

d. Die Schadenhöhe

Für Sie als Versicherungsnehmer sind im Schadensfall die Ursache, die Wahrscheinlichkeit und Ihre Erfahrung (aus der Vergangenheit) wenig hilfreich. Es geht vielmehr in erster Linie um die finanzielle Auswirkung eventueller Schäden, also um die Schadenhöhe.

Finanziell gesehen ist es für einen Haushalt vollkommen gleichgültig, ob er DM 1000 durch einen Brandschaden oder Diebstahl am Hausrat, durch einen Kraftfahrzeugschaden oder durch einen krankheitsbedingten Einkommensausfall verliert. Die finanzielle Seite von Versicherungsrisiken steht somit im Vordergrund der Problematik und ist gleichzeitig ihre Lösung. Je höher der mögliche Schaden, umso wichtiger ist der Versicherungsschutz. Die Versicherungsauswahl sollte deshalb mit einer Schätzung des Schadenvolumens – des möglichen oder wahrscheinlichen Höchstschadens – beginnen. Für eine 4-köpfige Familie (Arbeitnehmerhaushalt) mit eigenem Haus und PKW ergibt sich daraus etwa folgende Prioritätenliste:

Risikoart bzw. Versicherungszweig nach Priorität	Höchstschaden
Auto-Haftpflichtversicherung	DM 5 000 000
Privat-Haftpflichtversicherung	DM 2 000 000
Risiko-Lebensversicherung	DM 500 000
Berufs-Unfähigkeitsversicherung	DM 400 000
Unfall-Invaliditätsversicherung	DM 400 000
Gebäudeversicherung	DM 350 000
Pflegefallversicherung	DM 300 000
Hausratversicherung	DM 150 000
Rechtsschutzversicherung	DM 75 000
(Auto-)Kaskoversicherung	DM 30 000
Kranken-Zusatzversicherung	DM 10 000
Reisegepäckversicherung	DM 5 000
Reiserücktrittversicherung	DM 4 000
Schutzbrief	DM 3 000
Elektrogeräteversicherung	DM 2 000
Fahrradversicherung	DM 1 000
Skibruch-/Golfschlägerversicherung	DM 750
Brillenversicherung	DM 500

An erster Stelle stehen die Haftpflichtversicherungen, dann ggf. die Versicherung für ein Gebäude, und je nach Alter und Familienstand die Personenversicherungen. Schließlich die Hausrat-, Rechtsschutz-, sonstige Sachversicherungen und Zusatzversicherungen bis zum Kleinschadenbereich.

! UNSER VERSICHERUNGSTIPP

Entsprechend den geschätzten Höchstschäden sollten Sie Ihren Versicherungsschutz in Form einer Ampel aufbauen:

rot   = hoher Versicherungsbedarf (Existenzrisiko)
gelb = mittlerer Versicherungsbedarf (Vermögensbeeinträchtigung)
grün = geringer Versicherungsbedarf (vorübergehende Einkommenseinbuße).

Mithilfe des Auswahlkriteriums »Höchstschaden« haben Sie ein Instrument zur Hand, das Ihnen bei allen neuen Versicherungsangeboten hilft, die Spreu vom Weizen zu trennen.

e. Die Prämienhöhe

Normalerweise ist der Versicherungsbeitrag das Spiegelbild einer hohen oder niedrigen Schadenwahrscheinlichkeit und ist somit grundsätzlich angemessen. In einer Marktwirtschaft sind jedoch abweichende Preise für gleichartige Leistungen nicht unüblich. An diesem Punkt ist der Versicherungsnehmer gefordert, verschiedene Angebote zu vergleichen. Lediglich bei Sonderrisiken mit engem Markt können die Prämien so extrem von der statistisch angemessenen Prämie abweichen, dass eine Versicherung uninteressant wird. In diesem Falle gilt es, mit dem »Restrisiko« zu leben oder es, durch technisch-organisatorische Maßnahmen (z. B. Einbruchsicherung), so weit wie möglich zu vermindern.

5. Gibt es ein optimales Versicherungsmodell?

Im ersten Anlauf zu Ihrem »Versicherungsmodell« sollten Sie auf alle Versicherungen unterhalb eines selbst gesetzten Levels im »Grünbereich der Ampel« verzichten. Wenn Sie sich ein begrenztes Jahresbudget für Ihre Versicherungen setzen (z. B. 5% vom Nettoeinkommen zuzüglich Krankenversicherung), fallen damit logischerweise und fast automatisch die Versicherungen für den unteren Risikobereich weg. Mithilfe der Budgetierung konzentrieren Sie damit zwangsläufig Ihren Prämienaufwand auf die wesentlichen Risiken.

Die Entscheidung, bestimmte Versicherungsrisiken selbst zu tragen, hat lediglich den Nachteil, dass damit das Prinzip »Schadenmark = Schadenmark« durchbrochen wird. Denn dadurch wäre ein Hausratschaden von 750 oder DM 1000 versichert, während ein Glasbruchschaden (Grünbereich) in gleicher Höhe zu eigenen Lasten ginge.

Dieser Widerspruch lässt sich durch konsequente Selbstbeteiligungen, möglichst in einheitlicher Höhe, beseitigen.

Fazit: Die Lösung für »das Versicherungsmodell« lautet: Sämtliche Risiken versichern – Kleinschäden selbst tragen!

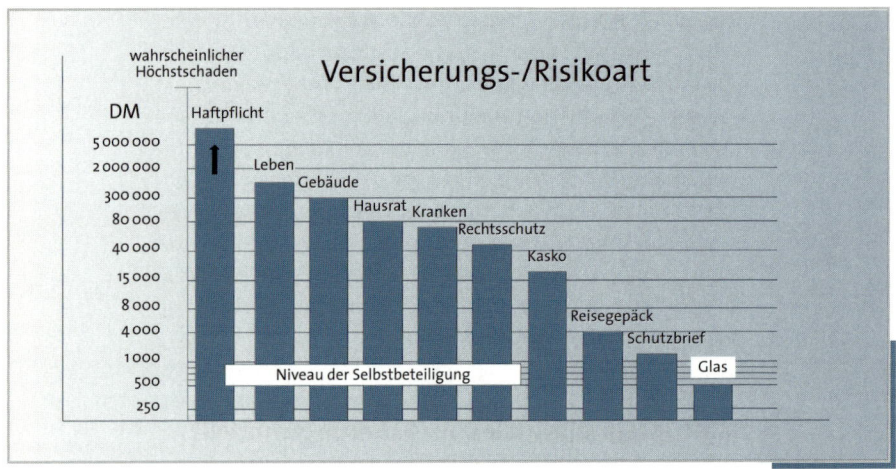

Dieses Modell ist allerdings so schön, dass man es vergeblich auf dem Markt sucht. In der Praxis können Sie nur das versichern, was die Versicherer anbieten. Trotz ständig neuer Kreationen ist es nicht möglich, alle relevanten Risiken eines Haushaltes zu versichern. Das »Versicherungsmodell« lässt sich somit nur annähernd realisieren.
Weshalb ist das Angebot der Versicherer nicht umfassend? Der Wettbewerb und die Innovationsfreudigkeit sind im Vergleich zu anderen Branchen begrenzt. Manch einer hat aus bestehenden Marktnischen Kapital geschlagen und eine Firma gegründet. Leider ist das bei Versicherungen nicht ganz so einfach. Die Zugangshürden sind für neue Gesellschaften so hoch, dass die etablierten Versicherer weitgehend unter sich bleiben. Die Versicherungswirtschaft befasst sich eher mit juristischen Detailproble-

men und Produktvarianten in neuen Verpackungen statt mit einer umfassenden Lösung des privaten Versicherungsbedarfes.

In Einzelfällen gibt es auch technische Schwierigkeiten für den Versicherungsschutz, z. B. beim Erdbeben-, Lawinen- oder Hochwasserrisiko. Soweit dafür keine allgemeine Pflicht besteht, versichern sich hiergegen nur ernsthaft Bedrohte. Der Versicherer hat dann ein Bündel von schlechten Risiken mit hoher Schadenwahrscheinlichkeit. Ein Ausweg sind angemessene Prämienzuschläge, höhere Selbstbeteiligungen und eine Begrenzung des Versicherungsschutzes auf »Jahrhundertereignisse«. In einzelnen Versicherungszweigen wird der Ausgleich durch eine generelle All-Gefahren-Deckung erreicht.

Ein weiteres Problem liegt darin, dass der Versicherungsmarkt in viele Zweige aufgeteilt ist und sich mehr und mehr spezialisiert. Diese Spezialisierung geht vom Außendienst über die Gesellschaften bis zum Bundesaufsichtsamt. Das Zusammenspiel zwischen den verschiedenen Versicherungszweigen ist dadurch verloren gegangen. Deshalb werden auch die meisten Versicherungsverträge nach der additiven Methode, d. h. nach unkoordinierten Einzelentscheidungen, abgeschlossen. Gegen die dabei zwangsläufig entstehenden Ungereimtheiten und Deckungslücken helfen auch die üblichen Tests nicht weiter, weil sie die Rangstufe der Risiken für einen Haushalt unbeantwortet lassen.

Achtung: Das Hauptproblem beim Vertragsabschluss ist nicht die günstigste Prämie, sondern die Konzentrierung der begrenzten Mittel auf die wesentlichen Risiken.

Der Vergleich von Prämien und Konditionen ist lediglich ein Hilfswerkzeug für dieses Ziel; trotzdem sollten Sie nicht außer Acht lassen, dass es gewaltige Unterschiede zwischen den Versicherern gibt, die es nicht ratsam erscheinen lassen, das »nächstbeste Angebot« zu unterschreiben.

6. Warum Sie Selbstbeteiligungen vereinbaren sollten!

Die Versicherungsgesellschaften erhalten täglich so viele Schadensfälle, dass es ihnen nicht möglich ist, alle Unterlagen genau zu überprüfen. Dies ist bekannt und wirkt sich in zunehmend überzogenen Ansprüchen aus. Dabei spielt eine Rolle, dass die meisten Versicherungsnehmer meinen, von der Versicherung müsse man genauso viel oder gar mehr zurückerhalten, als man einbezahlt hat. Schuld daran sind nicht nur gesellschaftliche Werteänderungen, sondern auch die große Distanz zwischen Versicherung und Kunde, bedingt durch ein Massengeschäft, das nur durch die EDV zu bewältigen ist. Daraus entsteht keine Basis für ein Vertrauensverhältnis, sondern ein natürliches Misstrauen auf Gegenseitigkeit. Im Schadensfall besteht jedenfalls keine große Neigung der Geschädigten, sich mit Forderungen zurückzuhalten. Die Versicherer wissen das und steuern zum Teil mit nicht begründeten Abzügen dagegen. Insbesondere bei Kleinschäden ist dem Versicherer der Aufwand für detaillierte Nachprüfungen im Schadensfall zu groß. Er zahlt – und die nächste Prämienerhöhung zu Lasten aller Versicherungsnehmer ist abzusehen. Gegen diesen Kreislauf würden nur generelle Selbstbeteiligungen helfen.

Für Selbstbeteiligungen spricht aber noch ein weiterer Grund: Je kleiner die Schäden, umso häufiger treten sie auf und desto eher kann sich ein Haushalt auf diese Ausgaben einstellen. Es liegt auf der Hand: Ein Kleinschaden von DM 100 kostet über den Verwaltungsweg der Versicherung mindestens DM 150. Besser ist deshalb, den unteren Schadenbereich bis 500 oder DM 1000 in eigener Verantwortung zu belassen. Dabei ist zu bedenken, dass ein Teil der »zufälligen Ereignisse« nicht versicherbar und deshalb ohnehin ein Reservepolster erforderlich ist.

In der Personenversicherung lassen sich Selbstbeteiligungen nur bei Schadenversicherungen (z. B. Krankheitskosten, Pflegekosten) vereinbaren. Bei Summenversicherungen können Selbstbeteiligungen jedoch bei der Bemessung der Summe oder über Karenztage berücksichtigt werden. Wichtig bleibt dabei, den Versicherungsschutz auf gravierende Einkommens- oder Vermögensverluste zu konzentrieren.

Für die nicht versicherten oder versicherbaren Schäden sollten Sie ein Risikosparbuch anlegen und darauf per Dauerauftrag monatlich DM 50 oder DM 100 überweisen, bis ein Sockelbetrag von z. B. DM 2500 erreicht ist. Mit diesem »Risikosparbuch« (neudeutsch: personal security account) und dem »Versicherungsmodell« haben Sie ein Gesamtkonzept zur Hand, das Ihre Ausgaben für unvorhergesehene Ereignisse überschaubar und kalkulierbar macht.

Prämienvergleich zwischen voller Deckung und Versicherungsmodell (Musterbeispiel):

Risiko-/ Versicherungsart	Beitrag p.a. bei voller Deckung	Beitrag p.a. Vers.-Modell	Selbstbeteiligung
Privat-Haftpflicht	DM 126	DM 92	DM 300
Gebäudeversicherung	DM 250	DM 200	DM 1000
Hausratversicherung	DM 300	DM 225	DM 1000
Auto-Kaskoversicherung	DM 950	DM 700	DM 1000
Familien-Rechtsschutz	DM 300	DM 200	DM 1000
Kranken-Zusatzvers.	DM 960	DM 0	100 % *
Reiserücktrittvers.	DM 100	DM 0	100 % *
Reisegepäckvers.	DM 120	DM 0	100 % *
Glasbruchversicherung	DM 80	DM 0	100 % *
Zusammen	DM 3186	DM 1417	(Ersparnis DM 1769)

* nicht versichert

7. Bedarfsänderungen und Wechselwirkungen

»Das Versicherungsmodell« entbindet nicht davor, den Versicherungsschutz von Zeit zu Zeit zu überprüfen. Insbesondere kann es auf Grund folgender Veränderungen notwendig sein, den Versicherungsschutz neu zu regeln:
- ☒ Einkommen
- ☒ Ortswechsel
- ☒ Volljährigkeit

- ☒ Berufswechsel
- ☒ Familienstand
- ☒ Sozialgesetze

Grundsätzlich gilt, dass junge Menschen und Familien im Allgemeinen einen hohen Bedarf an Personenversicherungen haben, mit steigendem Alter und Vermögen dagegen der Bedarf an Sachversicherungen zunimmt. Eine kurze Zusammenstellung der wichtigsten Lebensereignisse und den daraus entstehenden Versicherungsbedarf enthält der Versicherungslebensplan (vgl. Seite 294).

8. Wann und wie lässt sich ein Versicherungsvertrag kündigen?

Grundsätzlich sind die Partner eines Versicherungsvertrages – ebenso wie bei jedem anderen gegenseitigen Vertragsverhältnis – an die vereinbarten Laufzeiten gebunden. In der Schaden- und Sachversicherung gibt es jedoch mehrere Ausnahmen. Wird z. B. ein Gebäude verkauft, geht die Gebäudeversicherung automatisch auf den Erwerber über; dieser hat wiederum ein außerordentliches Kündigungsrecht innerhalb eines Monats nach der Umschreibung. Auch beim Verkauf eines Hundes oder Kraftfahrzeuges geht der dafür bestehende Versicherungsschutz grundsätzlich auf den Erwerber über, der wiederum ein außerordentliches Kündigungsrecht hat.
Fällt das Risiko vollkommen weg, ist der Versicherer verpflichtet, den Vertrag aufzuheben, z. B. wenn

- ☒ jemand seinen Haushalt auflöst, weil er in ein Altersheim zieht,
- ☒ sein Fahrzeug verschrottet wird oder
- ☒ ein versichertes Tier (Hund bzw. Pferd) gestorben ist.

Fällt das Risiko im Zusammenhang mit einem entschädigungspflichtigen Schadensfall weg, gebührt dem Versicherer die Prämie für das volle Versicherungsjahr. In anderen Fällen der vorzeitigen Auflösung wird der Vertrag nach dem Kurztarif abgerechnet, wenn er weniger als ein Jahr bestanden hat.

Eine Versicherung kann auch aufgehoben werden, wenn ein Risiko doppelt versichert ist. Dies kann z. B. nach einer Verheiratung eintreten, wenn beide Partner bisher gesonderte Privathaftpflicht- oder Hausratversicherungen hatten. Nach einer allgemeinen Regelung läuft der ältere Vertrag weiter und der jüngste Vertrag wird aufgehoben.

! UNSER VERSICHERUNGSTIPP

Wer nach Abschluss seines Versicherungsvertrags feststellt, dass der Beitrag zu hoch ist oder der Versicherungsschutz nicht seinem Bedarf entspricht, kann den Antrag innerhalb von 14 Tagen widerrufen. Die Frist beginnt mit der Unterzeichnung des Antrages, frühestens mit Aushändigung oder Übersendung der gesetzlich vorgeschriebenen Verbraucherinformation.

Kündigung von mehrjährigen Verträgen

Der Versicherungsnehmer kann einen Vertrag, der für mehr als drei Jahre abgeschlossen ist, zum Ende des dritten oder einem darauf folgenden Jahr mit einer dreimonatigen Frist kündigen. Dies gilt nicht, wenn dem Versicherungsnehmer beim Vertragsabschluss auch Angebote für drei, fünf oder zehnjährige Verträge mit entsprechendem Prämiennachlass unterbreitet wurden.

Kündigung nach einer Prämienerhöhung

- Vertrag vor Mitte 1994 abgeschlossen: Erhöht der Versicherer auf Grund einer Anpassungsklausel die Prämie, ohne dass sich der Umfang der Versicherung ändert, kann der Versicherungsnehmer bis zum Zeitpunkt des In-Kraft-Tretens der Änderung kündigen, sofern das Entgelt pro Jahr um mehr als 5 Prozent oder um mehr als 25 Prozent des Erstbeitrages steigt.
- Vertrag nach Mitte 1994 abgeschlossen: Der Vertrag ist bei jeder Beitragserhöhung kündbar, es sei denn, der Versicherungsschutz wurde erweitert.

Kündigung nach Schadenregulierung

Wurde ein Schaden abschließend reguliert, kann der Versicherungsvertrag innerhalb eines Monats gekündigt werden.

Normale Kündigungsfristen

Versicherungsverträge mit einer Laufzeit von mindestens 1 Jahr verlängern sich automatisch, wenn sie nicht 3 Monate (Autoversicherung: 1 Monat) vor Ablauf gekündigt werden. Kurzfristige Verträge, z. B. Kasko- oder Reisegepäckversicherungen für den Urlaub, enden dagegen automatisch zum vereinbarten Zeitpunkt, ohne dass es einer besonderen Erklärung bedarf.

Zur Situation bei Todesfällen und Erbschaft vgl. Seite 284.

Eine Sonderregelung gilt für die Lebensversicherung, bei der ein Vertrag, unabhängig von der vertraglichen Laufzeit, jederzeit zum Ende der laufenden Versicherungsperiode gekündigt werden kann (vgl. Seite 171). Zur Regelung in der Krankenversicherung vgl. Seite 241, zur Kaskoversicherung vgl. Seite 90.

Für alle Versicherungsverträge gilt: Wird die Folgeprämie nicht rechtzeitig bezahlt, erlischt der Versicherungsvertrag erst nach einem Mahnverfahren, dessen Merkmale im Versicherungsvertragsgesetz (§ 39) festgelegt sind.

9. Warum Sie Versicherungsprämien jährlich bezahlen sollten

Versicherungsbeiträge sind grundsätzlich jährlich im Voraus zu bezahlen (Ausnahmen: private Krankenversicherung und manche Lebensversicherungen). Für unterjährige Zahlungsweise verlangen die Versicherer folgende Zuschläge: Halbjährliche Zahlung 3%, vierteljährliche Zahlung 5%. Bei erster Betrachtung erscheint dies als sehr niedrig. Denn solch günstige Kredite gibt es bei keiner Bank. Wer jedoch nachrechnet merkt sehr schnell, dass der Effektivzins erheblich höher liegen dürfte, denn die Prämie ist ja nicht in vollem Umfang für ein Jahr gestundet. Die 1. Rate ist ohnehin sofort und die 2. Rate bei halbjährlicher Zahlung bereits nach 6 Monaten fällig – auf 1 Jahr ist überhaupt nichts gestundet. Bei vierteljährlicher Zahlung ist die Prämie im Durchschnitt auf 135 Tage gestundet. Der Effektivzins beträgt bei halbjährlicher Zahlung 9,9 % und bei vierteljährlicher Zahlung 13,3 %. Es ist deshalb nicht sinnvoll für Versicherungsverträge Ratenzahlungen zu vereinbaren.

! UNSER VERSICHERUNGSTIPP

Um zu vermeiden, dass zu Anfang des Jahres alle Beiträge auf einmal fällig werden, sollten Sie für Ihre Versicherungsverträge unterschiedliche Hauptfälligkeiten vereinbaren.

BEISPIEL

Autoversicherung	1. Januar
Unfallversicherung	1. März
Hausratversicherung	1. Mai
Gebäudeversicherung	1. Juli
Haftpflichtversicherung	1. September
Berufsunfähigkeitsvers.	1. November

Sie können auch bei bestehenden Verträgen die Hauptfälligkeit ändern. Auf jeden Fall sollten Sie jedoch in der Autoversicherung – auf Grund des SFR-Systems – die Hauptfälligkeit 1. Januar bestehen lassen.

II. Sach- und Schadenversicherungen

1. Die Haftpflichtversicherung

Ein Haftpflichtfall:

Die 9-jährige Karin M. aus einer süddeutschen Kleinstadt fuhr an einem Herbsttag mit ihrem Fahrrad zur Schule. Ihr Weg führte durch eine ruhige Nebenstraße. Auf halbem Weg rannte plötzlich ein Dackel laut bellend aus einem Grundstück. Karin erschrak, wich auf den schmalen, unbefestigten Gehweg aus und landete, u. a. wegen mangelhafter Bremsen, mit dem Fahrrad im Schaufenster einer Bäckerei. Dabei verletzte sie sich im Gesicht und an den Händen; außerdem wurden das Vorderrad und die Gabel verbogen. Eine ältere Frau, die helfend eingreifen wollte, rutschte auf feuchten Blättern aus und brach sich den rechten Oberschenkel. Unglücklicherweise fiel dadurch eine Flasche mit einem Reinigungsmittel aus ihrer Tasche, wodurch das Erdreich verunreinigt wurde und eine 10-jährige Akazie einging.

Eine Verkettung unglücklicher Umstände: Das ist Haftpflicht! Meist geht es weniger dramatisch zu. Aber durch Leichtsinn, Fahrlässigkeit oder Unglück kann jeder haftpflichtig werden. Die Möglichkeiten dazu sind so vielfältig wie das Leben.

Wer im obigen Fall für die Schäden aufkommen muss, lässt sich nicht ohne weiteres beantworten, denn möglich sind viele Ansprüche:

- das Kind gegen den Hundehalter
- der Bäcker gegen das Kind und dessen Eltern (wegen Beschädigung des Schaufensters)
- die Frau gegen den Grundstückseigentümer (wegen Verletzung der Verkehrssicherungspflicht)
- die Stadt gegen die Frau (wegen Vernichtung des Baumes)

Die Klärung des Sachverhaltes, die Ablehnung ungerechtfertigter Ansprüche bzw. die teilweise oder vollständige Bezahlung der Schadenfolgen – ggf. unter Einschaltung der Gerichte – ist die Dienstleistung der Haftpflichtversicherung.

a. Was ist Gegenstand der Versicherung?

Versicherungsumfang

Der Haftpflichtversicherer hat zu überprüfen, ob und in welchem Umfang Schadenersatzansprüche gerechtfertigt sind. Berechtigte Ansprüche muss er bezahlen und unberechtigte Ansprüche werden zurückgewiesen. Der Versicherungsschutz hat damit eine doppelte Funktion: den Schädiger von Zahlungsverpflichtungen freizustellen und ihm Rechtsschutz zu gewähren. Somit ist der Versicherer gleichzeitig Rechtsanwalt und Bankier. Oder juristisch ausgedrückt: Die Haftpflichtversicherung schützt vor fremden Ersatzansprüchen wegen Personen- oder Sachschäden, für die Sie verantwortlich gemacht werden.

Die Haftung als wichtiger Teilaspekt

Die Haftpflichtversicherung hat im Allgemeinen lediglich dann den gegnerischen Schaden zu bezahlen, wenn Sie fahrlässig (schuldhaft) gehandelt haben. Fahrlässig handelt, wer die übliche Sorgfalt nicht beachtet. Ist ein Schaden ohne Ihr Verschulden eingetreten, hat der Geschädigte grundsätzlich keinen Anspruch und muss seinen Schaden selbst tragen.

BEISPIELE

- »Ein Frühschichtler« stürzt um 4 Uhr morgens auf Ihrem nicht gestreuten Gehweg.
- Ihr 4-jähriges Kind fährt auf dem Kinderspielplatz mit seinem Dreirad eine alte Dame um.
- Ihre Katze rennt über die Straße, weshalb ein Autofahrer erschrickt und einen folgenschweren Verkehrsunfall verursacht.

In diesen Fällen besteht die Aufgabe des Versicherers darin, die Haftung zu prüfen und die Schadenersatzansprüche als unberechtigt zurückzuweisen.

Abgrenzung zu anderen Versicherungszweigen
Die Haftpflichtversicherung ist ein in sich geschlossener Versicherungszweig im Rahmen der Schadenversicherung. Als ihr Gegenstück ist die Rechtsschutzversicherung anzusehen, die sich mit der Durchsetzung eigener Schadenersatzansprüche, Streitigkeiten aus Verträgen und mit Strafverfahren zu befassen hat.

b. Was deckt die Privat-Haftpflichtversicherung (PHV)?
Die PHV umfasst, ohne besondere Deklaration, die wichtigsten Risiken und Gefahren des täglichen Lebens, insbesondere

- wenn Sie eine Familie oder einen Haushalt haben (z. B. aus der Aufsichtspflicht über Kinder);
- wenn Sie Wohnungs-, Hausbesitzer oder Mieter sind (z. B. aus der Verkehrssicherungspflicht);
- wenn Sie in Ihrem Haushalt Personen beschäftigen (z. B. Putzfrauen, Au-pair-Mädchen);
- wenn Sie sich sportlich betätigen (z. B. rudern, Rad fahren);
- wenn Sie Hieb-, Stoß-, Schusswaffen und Munition besitzen, soweit nicht zu Jagd oder strafbaren Handlungen verwendet;
- wenn Sie kleinere Bauvorhaben durchführen;
- wenn Sie zahme Haustiere halten oder hüten (Ausnahme: Hunde, Rinder, Pferde, gewerbliche Tierhaltung).

c. Nicht versicherte Schadensfälle
- Wenn Sachen abhanden kommen …
  z. B. wenn Sie Ihren Schlüsselbund verlieren und sämtliche Schlösser einer Wohnanlage ausgetauscht werden müssen.
- Wenn Sie sich selbst schädigen …
  z. B. wenn Sie von Ihrem eigenen Hund gebissen werden oder Ihre Kinder versehentlich Ihre alte Vase umwerfen.

- Wenn Sie Sachen ausleihen oder mieten...
  z. B. wenn Sie sich von Ihrem Freund eine Kamera leihen und diese versehentlich ins Wasser fällt.
- Wenn Sie beruflich tätig werden...
  z. B. wenn Sie sich selbstständig machen oder ein nebenberufliches Gewerbe betreiben.
- Wenn Sie Motorfahrzeuge benutzen...
  z. B. wenn Sie mit einem gemieteten Boot im Mittelmeer einen Zusammenstoß haben.
- Wenn Sie mit explosiven Stoffen umgehen...
  z. B. wenn Ihr Sohn Feuerwerkskörper produziert, die vorzeitig explodieren und ein fremdes Kind verletzen.
- Wenn Sie vorsätzlich handeln...
  z. B. wenn Sie aus Wut über ständige Lärmbelästigungen Ihrem Nachbarn die Fenster einwerfen.
- Wenn Sie Geldstrafen und Bußgelder bezahlen müssen...
  z. B. weil Ihr Hund mehrmals Kinder gebissen hat.
- Wenn Sie eine vertragliche Vereinbarung treffen, die über den gesetzlichen Rahmen hinausgeht.
- Wenn Sie einen Großschaden verursachen, der die versicherten Summen übersteigt.
- Wenn Sie auf Grund persönlicher Verhältnisse, freundschaftlicher oder nachbarschaftlicher Beziehungen einen Schadenersatz zusagen, der rechtlich nicht begründet ist.

d. Hinweise und Tipps zur Vertragsgestaltung

Wer ist mitversichert?
Prämienfrei mitversichert sind

- Ihr Ehegatte,
- Ihre unverheirateten Kinder bis zum 18. Lebensjahr (auch Stief-, Adoptiv- und Pflegekinder); Ihre volljährigen Kinder, solange sie sich noch in der Schul- oder Berufsausbildung befinden,
- die Haftpflicht Ihres Personals aus der Haushaltstätigkeit. Dies gilt auch für Personen, die gefälligkeitshalber Ihre Wohnung, Ihr Haus oder Ihren Garten betreuen.

Achtung: *Volljährige Kinder* müssen eine eigene Haftpflichtversicherung abschließen; befinden sie sich noch in der Schule oder Berufsausbildung (nicht Fortbildung!), bleiben sie bis zur Gründung eines eigenen Haushaltes bei den Eltern mitversichert. Die Mitversicherung bei den Eltern endet stets dann, wenn das Kind heiratet.

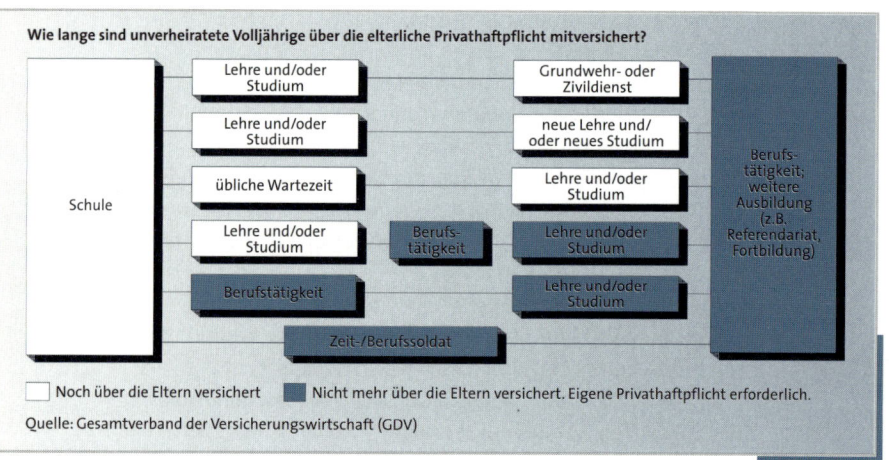

Wie lange sind unverheiratete Volljährige über die elterliche Privathaftpflicht mitversichert?

Quelle: Gesamtverband der Versicherungswirtschaft (GDV)

Zusätzlich versicherbare Risiken

Diese Risiken müssen Sie besonders versichern:

- ☒ Auslandsaufenthalte über 1 Jahr
- ☒ Bauherrnrisiko ab einer bestimmten Bausumme
- ☒ berufliche und nebenberufliche Risiken
- ☒ Box- oder Ringwettkämpfe
- ☒ eigene Segelboote
- ☒ eigene Surfbretter
- ☒ Flugkörper mit Treibsätzen oder Motoren
- ☒ Hundehaltung
- ☒ Jagdhaftpflicht
- ☒ Kraftfahrzeuge und Fahrzeuge mit Hilfsmotor
- ☒ Luftfahrzeuge und Flugmodelle ab 5 kg
- ☒ Motorboote

- ☒ Öltanks
- ☒ Pferdehaltung
- ☒ Teilnahme an Rad- oder Pferderennen
- ☒ Vermietung von Wohnungen und Häusern

Versicherungssumme und Selbstbeteiligungen

In Deutschland ereignen sich immer mehr Schadensfälle, die eine Million DM übersteigen. Dabei können kleine Nachlässigkeiten oft jahrzehntelange Zahlungsverpflichtungen auslösen.

BEISPIELE

- ☒ Der bekannte Tennisspieler B. stürzt auf einer nicht gestreuten Eisfläche vor dem Villengrundstück seines Nachbarn. Dabei verletzt er sich am rechten Ellbogen. Da die Beweglichkeit des Armes auf Dauer beeinträchtigt bleibt, macht er seinen Nachbarn in Höhe der entgehenden Einkünfte von DM 1 Mio. x 5 Jahre = DM 5 Mio. regresspflichtig.
- ☒ Frau K. geht unvorsichtig über die Bundesstraße zwischen D. und K. Der Fahrer eines Tanklastzuges wird zu einer Notbremsung gezwungen, weshalb das Fahrzeug umkippt und in Brand gerät. Dabei wird der Fahrer schwer verletzt; außerdem laufen über 50000 Liter Dieselöl ins Erdreich. Der gesamte Schaden errechnet sich wie folgt:
  - ☒ Tanklastzug inkl. Heizöl DM 2 000 000
  - ☒ Personenschaden inkl. Rente DM 800 000
  - ☒ Bodensanierung/Gewässerschaden DM 300 000

Ist der Schadenstifter nicht versichert oder reicht seine Versicherungssumme nicht aus, muss er unweigerlich aus eigener Tasche bezahlen. Pfändungsfrei bleiben nur die Dinge zum Überleben. Es ist deshalb nicht nur wichtig, sich gegen Privathaftpflichtschäden zu versichern, sondern Sie sollten auch eine möglichst hohe Summe wählen.

Wichtig: Ein planvoller Versicherungsschutz sollte auch *seltene oder unwahrscheinliche* Großschäden umfassen, soweit dafür kein astronomischer Prämienzuschlag anfällt. Bei über 30 Mio. PHV-Verträgen dürfte eine Verdoppelung der Versicherungssumme von 1 auf DM 2 Mio., auf Grund der geringen Schadenswahrscheinlichkeit, eine Mehrprämie von höchstens DM 2 pro Jahr rechtfertigen; für eine unbegrenzte Deckung allenfalls DM 5 mehr pro Jahr. Leider sind die tatsächlichen Zuschläge erheblich höher und betragen im Allgemeinen für DM 2 Mio. 15 Prozent und für 5 Mio. weitere 20 Prozent. Das Marktangebot ist insoweit unbefriedigend. Trotzdem sollten Sie sich für Versicherungssummen von 2 Mio. – oder besser DM 5 Mio. – entscheiden.

Zu bedenken ist bei der Versicherungssumme, dass Sie auch für Brandschäden bei Ihren Nachbarn eintreten müssen. Die Hausrat- oder Gebäudeversicherung des Geschädigten kann Sie in Regress nehmen, wenn Sie einen Schaden schuldhaft verursachen. Dies gilt auch dann, wenn ein Brand von Ihrer Wohnung auf die Nachbarschaft übergreift. Soweit ein Gewerbebetrieb geschädigt wird, müssen Sie außerdem alle Kosten und den Gewinnausfall einer Betriebsunterbrechung übernehmen. Die Feuerversicherer verzichten lediglich in begrenztem Umfang auf diese Regressmöglichkeit, da »man sich hiergegen durch eine PHV schützen kann«.

Da sich die Haftpflichtversicherung nicht nur auf die Zahlung von Schäden, sondern auch auf die juristische Prüfung der Ansprüche bezieht, sind Selbstbeteiligungen nur mit Einschränkungen zu empfehlen. Unbedenklich ist eine Selbstbeteiligung von DM 300 – mit der ersparten Prämie sollten Sie eine Ausfalldeckung abschließen.

Ausfalldeckung
(für den Fall, dass Sie selbst geschädigt werden)

Zirka ein Drittel aller Haushalte sind nicht gegen Haftpflichtansprüche versichert. Auch manch ein Hundehalter nimmt es weder mit der Hundesteuer noch mit der Haftpflichtversicherung ernst. Es ist auch davon auszugehen, dass viele Sozialhilfeempfänger und die meisten Personen ohne festen Wohnsitz nicht versichert sind. Ein anderes Problem können zu niedrige Versicherungssummen oder der Verlust des Versicherungsschutzes mangels Prämienzahlung sein.

Für den Fall, dass Sie selbst geschädigt werden, der Schädiger aber nicht versichert und nicht zahlungsfähig ist, bietet die Ausfalldeckung (auch Forderungs-Ausfallversicherung genannt) einen gewissen Ausgleich. Die Ansprüche müssen jedoch zuerst auf dem Rechtswege geltend gemacht werden (siehe Kapitel Rechtsschutzversicherung Seite 121) und die Zahlungsunfähigkeit des Schädigers muss eindeutig sein (fruchtlose Pfändung).

Es besteht außerdem eine Selbstbeteiligung von DM 5000, so dass sich der Versicherungsschutz auf Großschäden begrenzt.

Die Ausfalldeckung wird als Ergänzung zu einer eigenen PHV angeboten; der angemessene Prämienzuschlag liegt bei ca. DM 20 pro Jahr.

Schutz für Vergessliche: die Vorsorgeversicherung

Wer zu Weihnachten seiner Tochter einen Hund schenkt, wird vielleicht vergessen, dieses Risiko sofort zu versichern. Es kann auch passieren, dass Sie übersehen, dem Versicherer die Vermietung von Wohnungen oder den Umbau Ihres Hauses zu melden. Dafür ist in jeder Haftpflichtversicherung, ohne besonderen Antrag, eine Vorsorgeversicherung für neue Risiken eingebaut.

Als Versicherungsnehmer sind Sie aber verpflichtet, im Rahmen der jährlichen Anfragen (im Allgemeinen durch die Prämienrechnung) die neuen Risiken zu melden. Unterlassen Sie diese Anzeige oder können Sie sich mit dem Versicherer über die Prämie nicht einigen, fällt der Versicherungsschutz rückwirkend wieder weg.

Tritt ein Schadensfall ein, muss der Versicherungsnehmer beweisen, dass das neue Risiko erst nach der letzten Anfrage eingetreten ist.

Die Vorsorgeversicherung bezieht sich grundsätzlich auch auf neue Risiken außerhalb des Privatbereichs, nicht jedoch auf die Gefahren, welche verbunden sind mit

- ☒ dem Besitz oder Betrieb von Bahnen, von Theatern, Kino- und Filmunternehmungen, Zirkussen und Tribünen, ferner von Luft- und Wasserfahrzeugen aller Art und dem Lenken solcher Fahrzeuge sowie der Ausübung der Jagd;
- ☒ der Herstellung, Bearbeitung, Lagerung, Beförderung, Verwendung von und Handel mit explosiven Stoffen, soweit hierzu eine besondere behördliche Genehmigung erforderlich ist;
- ☒ dem Führen oder Halten von Kraftfahrzeugen.

Achtung: Die Deckungssummen der Vorsorgeversicherung sind auf DM 500000 für Personenschäden und DM 150000 für Sachschäden begrenzt und bieten insofern keine umfassende Absicherung des Haftpflichtrisikos.

Ob sich der Versicherungsschutz auch auf kurzfristige Risiken erstreckt (z. B. vorübergehende Hundehaltung) ist strittig. Im Zweifel sollten Sie Ihren Versicherer über neue Risiken – außerhalb der Jahresmeldung – informieren.

**Checkliste: Angebotsvarianten
(mögliche Deckungserweiterungen in der PHV)**
Auf dem Markt werden derzeitig ohne Mehrprämie in der PHV folgende Deckungserweiterungen angeboten.

Risikobereich	Erweiterte Deckung	Standarddeckung
Vermietung von Wohnräumen	Vermietung von Wohnräumen und/oder einer Einliegerwohnung in selbst bewohnten Immobilien im Inland bis insgesamt 8 Wohnräume mitversichert	Mehr als 3 Wohnräume, Wohnungen oder Einliegerwohnungen nur gegen Beitragszuschlag versichert
Eigentumswohnungen	Vermietung einer Eigentumswohnung oder eines Ferienhauses mitversichert	Vermietungen von Wohnungen nicht versichert
Streu/Reinigungspflicht	Mitversichert gemäß Mietvertrag	Nicht ausdrücklich versichert

Risikobereich	Erweiterte Deckung	Standarddeckung
Umbauten/ Bausumme	Bauvorhaben bis DM 50000	Bauvorhaben bis DM 20000
Gewässerschädliche Stoffe	Inhaber von Tankanlagen bis 5000 Liter (Heizöltanks und sonstige Kleingebinde)	Antrags-/zuschlagspflichtig
Ferienwohnungen (eigene)	Europaweit inkl. Kanaren versichert	Nur in Deutschland versichert
Auslandsimmobilien	Vorübergehende Benutzung oder Anmietung fremder Wohnungen und Häuser versichert	Nicht versichert
Mietsachschäden	Höchstersatzleistung DM 300000 für Wohnungen bzw. DM 2000000 bei gemieteten Häusern	Höchstersatzleistung DM 50000
Allmähliche Schäden	Bis DM 100000 mitversichert	Nicht versichert
Schlüsselverlust	Abhandenkommen von fremden, privaten Schlüsseln bis DM 3000 versichert	Nicht versichert
Fahrräder	Besitz und Gebrauch versichert	Nur als Radfahrer versichert
Pferde	Hüten und Reiten fremder Pferde inkl. Fuhrwerke	Nicht ausdrücklich versichert
Hunde	Hüten fremder Hunde (außer Kampfhunde)	Nicht versichert
Elektrorollstühle	Besitz und Verwendung von Rollstühlen bis 6 km/h	Nur bei bes. Vereinbarung versichert
Modellfahrzeuge	Besitz und Verwendung von max. 3 ferngelenkten Fahrzeugen	Antrags-/zuschlagspflichtig
Gokarts	Besitz oder Verwendung von Fahrzeugen bis 6 km/h	Nicht versichert
Surfbretter	Gebrauch eigener und geliehener Surfbretter	Antrags-/zuschlagspflichtig
Tagesmutter	Unentgeltliche Tätigkeit mitversichert	Antrags-/zuschlagspflichtig
Behinderte Kinder	Behinderte volljährige Kinder unbegrenzt versichert	Begrenzt mitversichert
Praktischer Unterricht	Teilnahme an fachpraktischem Unterricht, z. B. Laborarbeiten an Fachhochschulen	Nicht versichert
Lebenspartner	Regressansprüche von Sozialversicherungen, Sozialhilfeträgern und Arbeitgebern wegen Personenschäden	Nicht versichert

Wichtig: Prüfen Sie Ihren Bedarf und sprechen Sie mit Ihrer Versicherung, damit die Vorteile der erweiterten Deckung auch auf Ihren Vertrag angewendet werden.

e. Über den Umgang mit dem Versicherer

Welche Pflichten bestehen im Versicherungsfall?

Schadenereignisse, die Haftpflichtansprüche zur Folge haben könnten, sind dem Versicherer spätestens innerhalb einer Woche schriftlich zu melden.

Außerdem ist der Versicherer über folgende Vorgänge zu unterrichten:

- ☒ Wenn ein Ermittlungsverfahren eingeleitet wird.
- ☒ Wenn ein Mahnbescheid oder ein Strafbefehl erlassen wird.
- ☒ Wenn der Geschädigte seine Forderung gerichtlich geltend macht oder Prozesskostenhilfe beantragt.
- ☒ Wenn eine einstweilige Verfügung, ein Beweissicherungsverfahren oder ein Arrest eingeleitet wird.

Der Versicherungsnehmer muss die Weisungen des Versicherers beachten und alles tun, um den Schaden aufzuklären und möglichst gering zu halten.

Im Prozessfall muss er dem Versicherer die Prozessführung überlassen und dem vom Versicherer bestellten Anwalt Vollmacht erteilen.

Gegen Mahnbescheide oder Verfügungen auf Schadenersatz muss er fristgemäß Widerspruch erheben.

Der Versicherungsnehmer darf ohne Zustimmung des Versicherers keinen Haftpflichtanspruch anerkennen.

Es ist ausschließlich das Recht des Versicherers, Erklärungen abzugeben, um den Anspruch abzuwehren oder zu vergleichen.

Wann zahlt die Versicherung?

Wenn Sie für einen Schaden verantwortlich sind!

Dabei kommt es nicht auf Ihre persönlichen Schuldgefühle an, sondern auf die gesetzlichen Bestimmungen und die Rechtsprechung. Maßgebend dafür ist insbesondere der Paragraph 823 Abs. 1 des Bürgerlichen Gesetzbuches, das die Basis für die meisten Haftpflichtschäden darstellt:

»Wer vorsätzlich oder fahrlässig das Leben, den Körper, die Gesundheit, die Freiheit, das Eigentum oder ein sonstiges Recht eines anderen widerrechtlich verletzt, ist dem Anderen zum Ersatz des daraus entstehenden Schadens verpflichtet.«

Ob ein Schadenersatzanspruch berechtigt ist oder nicht, kann oft nur ein Jurist beurteilen. Deshalb führt nicht jeder Schaden, den Sie verursachen, automatisch zu einem Anspruch des Geschädigten. Das zu prüfen ist – insbesondere bei strittigen Schadensfällen – die Angelegenheit der Versicherung. Irrt sie sich in der juristischen Beurteilung, trägt sie hierfür das Kosten- und Prozessrisiko. Mit den nicht versicherten Schadensfällen (z. B. Vorsatz) oder nicht versicherten Risiken (z. B. Öltanks oder Hundehaltung) hat sie sich allerdings überhaupt nicht zu befassen. Es sind deshalb vier Schadenmöglichkeiten zu unterscheiden:

Versicherungsschutz	Haftung	Leistung	Beispiel
ja	nein	Versicherer lehnt Ansprüche ab	vgl. Seite 20 »Frühschichtler«
ja	ja	Versicherer bezahlt – Ansprüche	vgl. Seite 24 »Tanklastzug«
nein	nein	Versicherter muss selbst ablehnen	Schäden bei beruflicher Gefälligkeit
nein	ja	Versicherter muss selbst bezahlen	Schäden an gemieteten Sachen

Ist der Sachverhalt – und damit die Eintrittspflicht des Versicherers – strittig, so ist es im Allgemeinen empfehlenswert, einen Anwalt einzuschalten. Diese Kosten übernimmt normalerweise die Familien-Rechtsschutzversicherung. Kommt es zu keiner Einigung über den Versicherungsschutz, dann wird der Fall vor Gericht entschieden (Deckungsklage).

Meldepflichtige Änderungen

Der Versicherungsnehmer hat *keine* sofortigen Meldepflichten, wenn sich die versicherten Risiken

- ☒ erhöhen (z. B. 5000-Ltr.- statt 2000-Ltr.-Öltank) oder
- ☒ erweitern (z. B. Zuwachs bei der Hundehaltung).

Neue Risiken sind im Rahmen der Vorsorgeversicherung gedeckt (vgl. Seite 33).

Der Versicherungsnehmer ist jedoch verpflichtet, die Veränderungen spätestens dann zu melden, wenn er dazu aufgefordert wird (im Allgemeinen mit der jährlichen Prämienrechnung).

Achtung: Behalten Sie jedoch den Versicherungsschutz Ihrer Kinder im Auge. Die Deckung endet normalerweise mit der Volljährigkeit, ohne eine automatische Anschlussversicherung.

f. Sonderfragen

Wie sind Schadensfälle mit Kindern versichert?

Entgegen einer weit verbreiteten Ansicht haften die Eltern nicht für alle Schäden ihrer Kinder. § 832 des Bürgerlichen Gesetzbuches bestimmt zwar, dass derjenige, der die Pflicht zur Aufsicht über Minderjährige hat, zum Ersatz des Schadens verpflichtet ist, den diese einem Dritten zufügen. Diese Ersatzpflicht tritt aber nicht ein, wenn die Eltern ihre Aufsichtspflicht erfüllt haben oder wenn der Schaden auch bei gehöriger Aufsichtspflicht entstanden wäre. Eltern haften für Schäden ihrer Kinder nur dann, wenn sie ihrer Aufsichtspflicht durch Belehrung,

Erziehung und Überwachung nicht nachgekommen sind. Neben den Eltern können – je nach Sachlage – auch die Kinder selbst schadenersatzpflichtig gemacht werden. Auch hierfür hat der Haftpflichtversicherer einzutreten. § 828 BGB bestimmt jedoch, dass derjenige, der das 7. Lebensjahr nicht vollendet hat, für einen Schaden, den er einem anderen zufügt, nicht verantwortlich ist. Wer das 7., aber noch nicht das 18. Lebensjahr vollendet hat, ist für einen Schaden, den er einem anderen zufügt, nur verantwortlich, wenn er bei der Begehung der schädigenden Handlung die erforderliche Einsicht hat.

Schadenbeispiele	Wer haftet für den Schaden?	
	Eltern	Kind
12-jähriger Junge zündet mit Vaters Feuerzeug eine Scheune an	ja	ja
4-jähriges Kind fährt auf dem Spielplatz mit einem Tretauto eine Frau an	nein	nein
7-jähriges Kind wirft in Abwesenheit der Eltern Blumentopf aus dem Fenster und beschädigt ein Auto	ja	nein
16-jähriger Radfahrer missachtet die Vorfahrt und verursacht einen Unfall	nein	ja

Auf Grund der unübersehbaren Schadenmöglichkeiten lässt sich kein genereller Hinweis geben, wann minderjährige Kinder schadenersatzpflichtig sind. Bei Kleinschäden sind die Versicherer häufig bereit, zur Erhaltung des »nachbarlichen Friedens« juristische Einwendungen zurückzustellen.

Geht es jedoch um große Beträge, z. B. wenn ein 8-jähriges Kind mit Streichhölzern einen Bauernhof anzündet, ziehen sich die Versicherer auf die juristische Ebene zurück. Dabei ist es durchaus üblich, die Kinder durch Psychologen beurteilen zu lassen, um daraus eine fehlende Verantwortlichkeit oder Haftung ableiten zu können.

Wird andererseits ein minderjähriges Kind vom Gericht als verantwortlich angesehen, hat es für den Schaden auch über seine Volljährigkeit hinaus einzutreten. Schwerwiegend ist dies in den Fällen, wo die Versicherungssumme nicht ausreicht oder die Eltern überhaupt nicht versichert sind.

Wie sind Schäden unter Verwandten versichert?

Traditionell wurden Schäden unter Verwandten wie Eigenschäden betrachtet; insbesondere dann, wenn ein gemeinsamer Großhaushalt bestand. Die Haftpflichtversicherung hat jedoch für Eigenschäden nicht einzutreten. Da außerdem Familien dann besonders zusammenhalten, wenn z. B. eine kritische Versicherung den Schaden nachprüfen will, gelten Haftpflichtschäden unter Verwandten als problematisch und nur bedingt versicherbar. Der allgemeine Rückgang familiärer Bindungen hat gleichwohl zu einem Umdenken geführt: Seit 1. Juli 1981 sind Ansprüche von Verwandten nur noch dann von der PHV ausgeschlossen, wenn eine häusliche Gemeinschaft mit folgenden Personen besteht: Ehegatten, Eltern und Kinder, Adoptiveltern und -kinder, Schwiegereltern und Kinder, Stiefeltern und Kinder, Großeltern und Enkel, Geschwister sowie Pflegeeltern, Pflegekinder und solche Personen, die durch ein familienähnliches Verhältnis wie Eltern und Kinder miteinander verbunden sind.

Hinweis: Die neuen Bedingungen werden nicht von allen Versicherern auf alte Verträge angewandt. Wer bei seinen Eltern zur Miete wohnt, genießt deshalb nicht automatisch Versicherungsschutz für Schäden an der Wohnung. Diese Lücke ist besonders schmerzhaft, wenn die Gebäudeversicherung der Eltern ganz oder teilweise nicht einzutreten hat. Auch andere Ansprüche (Personen- und Sachschäden) zwischen Eltern und Kindern sind in Verträgen, die vor dem 1. Juli 1981 abgeschlossen wurden, nicht versichert.

Vorsicht mit nebenberuflicher Erwerbstätigkeit!
Die Privathaftpflichtversicherung hat sich nicht mit Schäden zu befassen, die bei der beruflichen Tätigkeit eintreten oder mit den Gefahren eines Betriebes, Dienstes oder Amtes zusammenhängen. Das Risiko aus Freizeit- oder Hobbytätigkeiten fällt dagegen in den privaten Lebensbereich und ist damit versichert. Der Versicherungsschutz umfasst jedoch keine Freizeitbeschäftigung mit »Erwerbscharakter«; dabei kommt es nicht darauf an, dass Sie in jedem Fall gegen Geld arbeiten. Auch Ehrenämter und verantwortliche Tätigkeiten in Vereinigungen aller Art sind nicht versichert. Heikel kann es insbesondere werden, wenn Sie Ihre berufliche Tätigkeit nach Feierabend oder nach der Pensionierung weiter ausüben. Im Zweifel sollten Sie Ihren Versicherer befragen.

Der Versicherungsschutz im Ausland
Der Versicherungsschutz der PHV gilt in allen Ländern. Nicht jedoch für dauernd im Ausland gemieteten Wohnraum. Für Auslandsaufenthalte über einem Jahr oder wenn Sie den Wohnsitz ins Ausland verlegen, müssen Sie mit dem Versicherer eine besondere Vereinbarung treffen. Eine zusätzliche Haftpflichtversicherung im Rahmen von »Reisepaketen« ist im Allgemeinen nicht erforderlich.

Achtung: Alte Tierhalter-Haftpflichtversicherungen sind zum Teil auf Deutschland begrenzt.

Versicherungsschutz für Haus- und Grundbesitz

Der Versicherungsschutz in der PHV gilt im Inland für alle Wohnungen des Haushaltsvorstandes – einschließlich Ferienwohnung –, jedoch nur für *ein* Einfamilienhaus und *ein* Wochenendhaus. Außerdem gilt der Versicherungsschutz für die zugehörigen Garagen und Gärten sowie für einen Schrebergarten. Im Ausland fallen lediglich vorübergehend gemietete Wohnungen unter den Versicherungsschutz. In jedem Fall sind vermietete Räume gesondert zu versichern (Ausnahme: Untervermietung von bis zu drei Wohnräumen). Welche Regelung für eine nicht vermietete Einliegerwohnung gilt, ist strittig und sollte deshalb mit dem Versicherer abgestimmt werden. Im Übrigen gilt der Versicherungsschutz auch dann, wenn die Familienmitglieder nicht zusammen wohnen. Durch doppelte Haushaltsführung oder Umzüge wird der Versicherungsschutz nicht beeinträchtigt.

Versicherungsschutz besteht auch als Bauherr oder Unternehmer von Bauarbeiten bis zu einer Bausumme von DM 20000 je Bauvorhaben. Wird dieser Betrag überschritten, so entfällt die Mitversicherung. Es gelten dann die Bestimmungen über die Vorsorgeversicherung.

Gesondert zu versichern sind in jedem Fall *unbebaute Grundstücke.*

Bei Sondereigentümern sind nicht versichert:

Haftpflichtansprüche, die von der Gemeinschaft der Wohnungseigentümer wegen Beschädigung des Gemeinschaftseigentums gegen den Versicherungsnehmer als Sondereigentümer erhoben werden, sowie Haftpflichtansprüche, die Dritte gegen die Gemeinschaft der Wohnungseigentümer erheben.

Soweit ein Objekt nicht unter den prämienfreien Versicherungsschutz fällt, ist eine besondere Haus- und Grundbesitzer-Haftpflichtversicherung   abzuschließen.

Diese umfasst die gesetzliche Haftpflicht des Versicherungsnehmers als Haus- und/oder Grundstücksbesitzer, z. B. als Eigentümer, Nießbraucher, Pächter, Mieter, soweit es sich um die im Versicherungsschein/Nachtrag besonders bezeichneten Grundstücke handelt. Versichert sind hierbei Ansprüche aus Verstoß gegen die obliegenden Pflichten (z. B. bauliche Instandhaltung, Beleuchtung, Reinigung, Bestreuung der Gehwege bei Winterglätte, Schneeräumen auf Bürgersteig und Fahrdamm).

Mitversichert ist die gesetzliche Haftpflicht:

- für Spätschäden aus früherem Hausbesitz (gem. § 836 Abs. 2 BGB), wenn die Versicherung bis zum Besitzerwechsel bestanden hat und
- für Ansprüche von Personen, die Sie mit der Hausverwaltung beauftragt haben, und wenn diese dabei Schäden erleiden.

Sind Schäden an gemieteten Wohnräumen versichert?

Schäden an geliehenen oder gemieteten Sachen sind grundsätzlich nicht versichert. Davon gibt es zu Gunsten der Mieter von Wohnräumen (z. B. Mietwohnung, Hotelzimmer, Ferienappartement) eine Ausnahme. Es gelten jedoch folgende Einschränkungen:

- Der Versicherungsschutz umfasst nur Schäden am Gebäude und den fest damit verbundenen Gegenständen, z. B. Badewannen, Waschbecken und Leuchten.
- Die Versicherungssumme für Schäden an gemieteten Wohnräumen ist begrenzt. Die Beträge liegen – je nach Versicherer – zwischen 50 000 und DM 1 Mio. Insbesondere Mieter von Einfamilienhäusern sollten insofern auf ausreichenden Versicherungsschutz achten.
- Schäden durch Abwässer sind grundsätzlich vom Versicherungsschutz ausgeschlossen. Dieser Ausschluss (§ 4 Ziffer I 5 AHB) wurde von vielen Versicherern in den letzten Jahren aufgehoben. Prüfen Sie insofern die besonderen Bedingungen zu Ihrer Privathaftpflichtversicherung.

☒ Nicht versichert sind alle beweglichen Einrichtungsge-
genstände, wie Polstermöbel, Tische, Schränke, sowie
Schäden an Heizungs- und Warmwasseranlagen,
Schäden an Elektro- und Gasgeräten, Glasschäden und
Schäden durch Abnutzung, Verschleiß und übermä-
ßige Beanspruchung.

Der Versicherungsschutz ist somit recht eng. Wer in seinen eigenen vier Wänden einen Schaden anrichtet, ist von
dieser Mietklausel ohnehin ausgeschlossen, da dann kein
Haftpflicht-, sondern ein Eigenschaden vorliegt.

Für Schäden durch Öltanks gibt es keine »Ausrede«
Ein Tropfen Heizöl kann 1000 Liter Trinkwasser vernichten.
Deshalb kann bereits eine Teilleckage einen erheblichen
Schaden verursachen, für den Sie als Öltankbesitzer auch
dann einzutreten haben, wenn Sie vollkommen schuldlos
sind und der Tank lediglich durch »unglückliche«
Umstände auslief. Auch die Schlamperei des Lieferanten
kann auf Ihre Kappe gehen, insbesondere wenn der Kauf
viele Jahre zurückliegt oder die Firma gar nicht mehr exis-
tiert.
Obwohl Konstrukteure und Techniker die Heizöllagerung
sicherer gemacht haben, kommt es immer wieder zu
schweren Gewässerschäden. Die Ursachen liegen nicht
nur in leckgewordenen Öltanks, sondern häufig eher in
»Kleinigkeiten«: nicht funktionierende Füllwarnanlage,
schadhafte Dichtungen, Risse im Rohrleitungssystem,
defekte Ventile oder andere verborgene Fehler.

BEISPIELE ☒ Ein neuer Öltank mit einem Fassungsvermögen von
3000 Litern sollte erstmals befüllt werden. Aus nicht
mehr zu klärenden Gründen erhielt der Fahrer den
Auftrag, statt 3000 Liter 4000 Liter Heizöl zu liefern.
Erst als das überschüssige Öl aus dem Entlüftungsrohr
quoll und an der Hauswand herablief, stellte der
erschrockene Fahrer die Tankwagenpumpe ab. Inzwischen waren jedoch schon beträchtliche Ölmengen im
Erdreich versickert. Trotz sofortiger Rettungsmaßnah-

men konnte ein Teil des Öls das Grundwasser erreichen. Das in der Nähe gelegene Wasserwerk musste deshalb seine Brunnen durch mehrere Absperrgräben schützen und im weiten Umkreis Grundwasser-Probebohrungen vornehmen.

☒ Bei der Wiederbefüllung eines Öltanks trat unbemerkt ein technischer Defekt auf, der vermutlich zu einem Überdruck im Tank führte. Dadurch wurden aus dem 30000-Liter-Tank große Ölmengen herausgepresst, die sich zwei Stunden lang auf das umgebende Gelände ergossen. In einem Großeinsatz saugten Feuerwehr und Rettungsdienst das ausgelaufene Öl ab und bekämpften es mit Bindemitteln. Anschließend musste das gesamte verseuchte Erdreich ausgebaggert und gereinigt werden.

In beiden Fällen musste der Inhaber der Tankanlage für sämtliche Folgen aufkommen. Dazu gehören auch die Kosten für das Ausbaggern und der Abtransport von verseuchtem Erdreich, Deponiekosten, Brunnenbohrungen, Aufwendungen und Verluste der Wasserwerke.

Das Wasserhaushaltsgesetz zum Schutze des Trinkwassers ist die strengste Haftungsvorschrift für Privatpersonen. Für Öltankbesitzer ist deshalb eine Haftpflichtversicherung ein unentbehrlicher Schutz im Eigeninteresse. Im Schadensfall haften Sie sonst mit Ihrem gesamten Vermögen, insbesondere auch mit dem Haus- und Grundbesitz.

Hinweis: Als Ausnahme von der Regel sind in der »Öltankversicherung« in gewissem Umfang auch Eigenschäden versichert, z. B. wenn durch auslaufendes Öl auch Schäden am Fundament oder Mauerwerk des Gebäudes oder an der Gartenanlage eintreten. Hierfür besteht für Verträge, die nach 1979 abgeschlossen wurden, Versicherungsschutz.

2. Die Hausratversicherung

Vom Anzug bis zur Zitronenpresse: Brandgeschädigter sucht preiswerten Hausrat, Kleidung, Bettzeug usw. – Zustand unerheblich. Eilzuschriften unter Chiffre 32587 an diese Zeitung.

So oder so ähnlich könnte die Anzeige eines nicht versicherten Haushaltes nach einem Brandschaden lauten. Zwei von 10 Haushalten könnten in diese extreme Lage geraten, und von den restlichen 8 hätten sich viele im Schadensfall mit einer Unterversicherung oder Schwierigkeiten beim Schadennachweis auseinander zu setzen.

Sicherlich kann man ohne Hausratversicherung überleben. Sie ist weniger existenznotwendig als eine Haftpflichtversicherung, die vor jahrzehntelangen Rentenzahlungen oder Schäden in Millionenhöhe schützen kann. Für die meisten dürfte auch das Risiko einer Berufsunfähigkeit gravierender als der Verlust ihres Hausrates sein.

Wer jedoch in seinem Hausrat einen Teil seines Lebens und seiner Ersparnisse sieht und seinen Komfortanspruch auch nach einem Schadensfall aufrechterhalten möchte, sollte konsequenterweise eine Hausratversicherung abschließen.

a. Was ist Gegenstand der Versicherung?

Definition

Die Hausratversicherung gehört zu den Sachversicherungen. Sie hat den Zweck, den Besitzer von Hausrat möglichst einfach und umfassend zu versichern. In keinem Fall umfasst sie Personenschäden, auch wenn diese bei einer für den Versicherer vorteilhaften Rettungsaktion eintreten. Gegenstand der Versicherung ist der Schutz privater Haushalte vor Vermögensverlusten durch Beschädigung, Zerstörung oder Entwendung des Hausrates, der sich in bewohnten Wohnungen bzw. Gebäuden befindet.

Ursprünglich bezog sich die Hausratversicherung nur auf Schäden durch Brand. Die Erweiterung auf ein Bündel von Gefahren mit einheitlichen Bedingungen und Neuwertersatz hat sich erst im Laufe der letzten Jahrzehnte vollzogen. Trotz erheblicher Erweiterungen ist die Hausratversicherung keine All-Gefahren-Deckung und beschränkt sich damit auf den ausdrücklich versicherten »Gefahrenkatalog«:

1 Brand, Blitzschlag, Explosion, Absturz von (bemannten) Flugkörpern oder seiner Teile
2 Einbruchdiebstahl oder Raub
3 Leitungswasser
4 Sturm
5 Hagel
6 Glasbruch (VHB 1984)

Der Versicherungsschutz gilt grundsätzlich auch für die Folgeschäden dieser Gefahren, z. B. wenn durch einen Brand Leitungen bersten und durch das austretende Wasser später Frostschäden entstehen oder wenn durch herabstürzende Deckenbalken Porzellan zertrümmert wird. Während nach den verbundenen Hausratversicherungen (VHB) 1974 die Kombination der versicherten Gefahren frei gewählt werden konnte, sind nach den VHB 1984 und 1992 grundsätzlich die Gefahren 1, 2, 3 und 4 versichert; Schäden durch Hagel sind gemäß VHB 1992 mitversichert. Für Glasbruchschäden muss eine gesonderte Haushalt-Glasversicherung abgeschlossen werden.
Eigene Schäden durch Fahrlässigkeit und Brandstiftung (Vorsatz) durch Fremde sind versichert. Wer jedoch selbst grob fahrlässig oder vorsätzlich handelt, verliert den Versicherungsschutz.

Was alles zum Hausrat gehört
Der Hausrat ist in seiner Gesamtheit versichert. Dazu gehören alle Sachen, die in einem Haushalt zur Einrichtung, zum Gebrauch oder zum Verbrauch dienen, außerdem in begrenztem Umfang Bargeld und Wertsachen (vgl. Seite 62 Versicherungsschutz für Wertsachen).

Versichert sind auch:

- ☒ Rundfunk- und Fernsehantennen,
- ☒ vom VN als Mieter in das Gebäude eingefügte Sachen,
- ☒ Kanus, Ruder-, Falt- und Schlauchboote, Surfgeräte und Flugdrachen (ohne Motoren).

Nicht zum Hausrat gehören sonstige Wasserfahrzeuge, Kraftfahrzeuge aller Art und deren Anhänger, Gebäudebestandteile, ungefasste Edelsteine, ungefasste Perlen und Handelswaren.

Kuriositäten, die nicht unter die Hausratversicherung fallen:

- ☒ wenn durch eine Windböe (Sturm) Ihr Hut im Kanal landet,
- ☒ wenn ein Luftballon oder eine Champagnerflasche explodiert,
- ☒ wenn ein Schnitzel in der Pfanne verbrennt,
- ☒ wenn ein Einbrecher in Ihrem Urlaub Ihr Telefon missbraucht,
- ☒ wenn Ihre Tiefkühltruhe den Geist aufgibt und der Inhalt verdirbt.

Zuschlagspflichtig ist Hausrat in leichten Fertighäusern, Wochenendhäusern oder einsamen Bauernhäusern, außerdem in Gebäuden, die länger als 60 Tage unbewohnt sind (Deklarierungspflicht!). Von einzelnen Gesellschaften wird auch für die Versicherung von Antennen und Markisen ein Zuschlag erhoben.
Schäden an elektrischen Haushaltsgeräten durch Blitzschlag sind nur dann vom Versicherer zu ersetzen, wenn der Blitz unmittelbar auf die Sachen übergegangen ist. Nach herrschender Regulierungspraxis ist dies auch dann der Fall, wenn der Blitz in das Gebäude eingeschlagen hat. Weil der technisch Unversierte meist nicht beurteilen kann, ob ein »Blitzschaden« auf unmittelbaren Übergang

des Blitzes oder auf Induktion, Influenz oder Blitzstrom-
wanderwellen infolge atmosphärischer Elektrizität
zurückzuführen ist, kommt es häufig zu kontroversen Ein-
schätzungen über die Schadenursache.
Es besteht jedoch die Möglichkeit, Überspannungsschä-
den an elektrischen Geräten gegen Zuschlag mitzuversichern (vgl. Seite 59).
Kein Ersatz wird geleistet für Schäden durch Wirkung des
elektrischen Stromes, z. B. durch Kurzschluss, übermäßige
Steigerung der Stromstärke, Bildung von Lichtbögen und
andere Betriebsschäden ohne Mitwirkung atmosphärischer Elektrizität.
Sachen, die gewerblichen Zwecken dienen, sind grundsätzlich kein Hausrat. Es besteht jedoch Versicherungsschutz für Arbeitsgeräte und Einrichtungsgegenstände,
die dem Beruf oder dem Gewerbe des Versicherungsnehmers dienen. Diese Ausnahme wurde in den VHB 84 eingeschränkt. Danach sind Arbeitssachen in Räumen, die
ausschließlich beruflich oder gewerblich genutzt werden,
nicht versichert. Betreibt z. B. ein Arzt oder Anwalt innerhalb seiner Wohnung oder seines Hauses eine Praxis,
muss er für die Sachen in den Praxisräumen eine besondere Geschäftsversicherung abschließen. Werden gewerbliche Räume teilweise auch privat genutzt, fallen sie automatisch unter die versicherte Wohnung der Hausratversicherung.

Möglichkeiten zur Vermeidung einer Unterversicherung
Ein Großteil aller Haushalte war früher unterversichert.
Daraus ergaben sich im Schadensfall regelmäßig Auseinandersetzungen. Die Versicherer haben deshalb im Rahmen neuer Bedingungen (VHB 1984 bzw. VHB 1992) den
Zankapfel»Unterversicherung« durch eine neue Regelung
beseitigt: Soweit der Versicherungsnehmer pro m² Wohn-
fläche eine Mindestsumme von DM 1200 vereinbart, verzichtet der Versicherer auf den Einwand der Unterversicherung im Schadensfall. Dies gilt nicht für Summen über
DM 150000 und für Wertsachen ab bestimmter Grenzen.
Wer in seinem Haushalt wertvolle Gemälde, Teppiche, Sil-

ber, Schmuck oder Möbel hat, dem ist auch mit dieser Neuregelung nicht unbedingt geholfen. Denn im Schadensfall leistet der Versicherer höchstens die vereinbarte Versicherungssumme. Der Unterversicherungsverzicht wirkt sich damit nur bei Teilschäden vorteilhaft aus.

Viele Versicherungsnehmer vertreten die Ansicht, dass sie im Schadensfall ohnehin nicht mehr den gesamten Hausrat wieder kaufen würden.

Mit dieser Meinung lässt sich leben, allerdings nimmt man in Kauf, dass Teilschäden nur in der Relation Gesamtwert zu Versicherungssumme entschädigt werden, wenn kein Unterversicherungsverzicht besteht.

BEISPIEL:	Neuwert	DM 100 000
	– Versicherungssumme	DM 60 000
	– Schadenhöhe	DM 25 000
	– Entschädigung (6/10)	DM 15 000

Eine sinnvolle Versicherungsphilosophie ist diese Regelung nicht.

Die VHB 1984 fangen Werterhöhungen durch Inflation und in gewissem Umfang auch Mengenerhöhungen durch Zukäufe oder Erbschaften auf. Dafür haben sich die Versicherer eine Prämiengleitklausel genehmigen lassen, die sich nach dem Schadenverlauf aller Hausratversicherungen bemisst und automatische Prämienerhöhungen gestattet. Im Übrigen halten sich die Vor- und Nachteile der VHB 1974 und 1984 etwa die Waage. Die wichtigsten Unterschiede ergeben sich aus der Tabelle auf Seite 51.

Die meisten Versicherer bieten inzwischen nur noch Verträge auf der Basis der VHB 1992 an. Für den Altbestand gelten nach wie vor die VHB 1974 oder VHB 1994. Bei Verträgen auf der Basis der VHB 1974 lässt sich eine Unterversicherung nur durch laufende Überprüfung der Mengen- und Wertveränderungen oder durch Vereinbarung einer »Anpassungsklausel« vermeiden.

_____ Die wichtigsten Unterschiede zwischen den verschiedenen
Versicherungsbedingungen

Sachverhalt	VHB 1974	VHB 1984	VHB 1992
Außenversicherung (Sachen außerhalb der Wohnung)	10% der Versicherungssumme, max. DM 10000; vorübergehend außerhalb der Wohnung vers.	10% der Versicherungssumme, max. DM 15000; längstens 3 Monate in Europa vers.	10% der Versicherungssumme, max. DM 20000; längstens 3 Monate weltweit vers.
Arbeitsgeräte und berufliche Einrichtungsgegenstände	Versichert, soweit nicht ständig außerhalb des Versicherungsortes	In beruflich oder gewerblich genutzten Räumen nicht versichert	In beruflich oder gewerblich genutzten Räumen nicht versichert
Diebstahl aus Kraftfahrzeugen	DM 500 tagsüber in Deutschland	Nicht versichert	Nicht versichert
Diebstahl im Freien (Gartenmöbel, -geräte, Wäsche)	DM 500 versichert	Nicht versichert	Nicht versichert
Diebstahl durch Mitbewohner	DM 1000 je ausführende Person	Nicht versichert	Nicht versichert
Fahrraddiebstahl im Freien	DM 500 versichert	Gegen Zuschlag versicherbar	Gegen Zuschlag versicherbar
Gebäudeinvestitionen (auf Rechnung des Mieters)	Versichert sind Badewannen, Badeöfen, Waschbecken und wasserführende Installationen.	Alle vom Mieter eingefügten Sachen sind versichert.	Alle vom Mieter eingefügten Sachen sind versichert.
Glasbruch	Versichert. Ausnahme: Isolierglas und Scheiben über 3 m²	Nicht versichert	Nicht versichert
Kleinvieh und Futter	Bis DM 500 auch im Freien	Nur in Gebäuden vers.	Nur in Gebäuden vers.
Leitungswasserschäden	10% der Versicherungssumme, max. DM 5000	Versichert ohne Begrenzung, Ausnahme: Schäden am Verputz	Versichert ohne Begrenzung; Ausnahme: Schäden am Verputz
Neuwertersatz	Bei techn. Geräten und Kleidung eingeschränkt	Generell versichert	Generell versichert

Sachverhalt	VHB 1974	VHB 1984	VHB 1992
Beitragserhöhungen/ Summenanpassung	Keine automatischen Erhöhungen	Automatisch gemäß Gleitklausel	Automatisch gemäß Gleitklausel
Beraubung	Vers.-Schutz auch bei angedrohter Gewalt außerhalb vers. Objekt	Vers.-Schutz nur bei angedrohter Gewalt innerhalb vers. Objekt	Vers.-Schutz nur bei angedrohter Gewalt innerhalb vers. Objekt
Kosten für Schloss-änderung	Versichert, wenn Schlüssel durch Einbruchdiebstahl oder Raub abhanden kommt	Versichert, wenn Schlüssel der Wohnung durch vers. Gefahr abhanden kommt	Versichert, wenn Schlüssel der Wohnung durch vers. Gefahr abhanden kommt
Sturmschäden	Auch an Außenanlagen versichert	Nur innerhalb von Gebäuden versichert	Nur innerhalb von Gebäuden versichert
Umzug	Einbruchdiebstahl beim Umzug versichert; Vers.-Schutz für alte Wohnung bis Ende des Umzuges	Es gilt die Regelung zur Außenversicherung; Vers.-Schutz für alte Wohnung bis max. 2 Monate	Es gilt die Regelung zur Außenversicherung; Vers.-Schutz für alte Wohnung bis max. 2 Monate
Vandalismus (nach Einbruch)	Bedingt versichert	versichert	versichert
Wertsachen	Bargeld/Gold/Wertpapiere/Sparbücher/ Münzen/Briefmarken bis DM 1000; Schmuck/Pelze bis DM 1500 pro Stück; Obergrenze: DM 10000–20000	Bargeld bis DM 1500; Wertpapiere/Sparbücher bis DM 5000; Schmuck/Münzen/ Briefmarken bis DM 40000; Obergrenze: 20% der Versicherungssumme	Bargeld bis DM 2000; Wertpapiere/Sparbücher bis DM 5000; Schmuck/Münzen/ Briefmarken bis DM 40000; Obergrenze: 20% der Versicherungssumme

Sonstige Erweiterungen der VHB 1992

- *Kleinfahrzeuge:* Mitversichert sind Krankenfahrstühle, Rasenmäher, Gokarts und Spielfahrzeuge; außerdem Motoren von Wasserfahrzeugen.
- *Folgekosten:* Versichert sind Transport-, Lager- und Hotelkosten bis maximal 100 Tage.
- *Luftfahrzeuge:* Versichert sind auch Schäden durch unbemannte Luftfahrzeuge (z. B. Frei-, Fesselballons, Drachen, Fallschirme).

▪ *Leitungswasser:* Schäden an wasserführenden Haushaltsgeräten sind auch dann versichert, wenn an Teilen dieser Geräte Wasser austritt und das Gerät selbst beschädigt. Wärmetragende Flüssigkeiten (z. B. Öle, Sole) und Kühlmittel sind dem Leitungswasser gleichgestellt.

▪ *Nutzschäden:* Sachen, die einem Nutzfeuer oder der Wärme ausgesetzt sind und dabei in Brand geraten, sind versichert.

▪ *Garagen:* Versicherungsschutz besteht auch für Garagen, die sich in der Nähe des versicherten Grundstückes befinden.

▪ *Waschküchen:* Waschmaschinen und Wäschetrockner sind auch in Gemeinschaftsräumen versichert.

b. Umfang des Versicherungsschutzes in der Hausratversicherung

Gefahr	Versichert sind
Feuer	Schäden durch Brand, Blitzschlag, Explosion sowie Folgeschäden durch Rauch, Ruß und Löschen; Absturz von (bemannten) Flugkörpern, seiner Teile oder Ladung
Einbruchdiebstahl und Beraubung	Schäden durch Einbruchdiebstahl, Beraubung, räuberische Erpressung einschließlich Beschädigungen an den Versicherungsräumen und Kosten für Änderung von Schlössern
Leitungswasser	Schäden durch bestimmungswidrig austretendes Wasser aus den Zu- oder Ableitungsrohren der Wasserversorgung, sonstigen mit dem Rohrsystem verbundenen Einrichtungen, Anlagen der Warmwasser- oder Dampfheizung, Klima-, Wärmepumpen oder Solarheizungsanlagen
Sturm	Schäden durch Sturm ab Windstärke 8, Schäden an Antennenanlagen, Markisen und Schildern je nach Vereinbarung
Hagel	Direkte und indirekte Schäden (z. B. Durchnässung) durch Hagel
Bei allen Gefahren	Schäden durch Niederreißen oder Ausräumen, Aufräumungskosten; Kosten, die aufgewendet werden, um einen Schaden gering zu halten.

Gefahr	Nicht versichert sind
Feuer	Sengschäden durch glimmende Streichhölzer oder Zigarettenglut sowie Schäden beim Bügeln oder Trocknen an Heizkörpern, Schäden an elektrischen Einrichtungen durch Kurzschluss oder Überspannung
Einbruchdiebstahl	Schäden durch einfachen Diebstahl (z. B. bei unverschlossenen Türen)

Gefahr	Nicht versichert sind
Leitungswasser	Schäden durch Niederschläge, Grund- und Hochwasser, stehende und fließende Gewässer, witterungsbedingtem Rückstau, Plansch- oder Reinigungswasser, Hausschwamm.
Sturm	Schäden durch Sturmflut und Lawinen, Schäden durch Niederschläge bei nicht geschlossenem Fenster
Bei allen Gefahren	Schäden durch Krieg, innere Unruhen, Erdbeben, Lawinen, Meteore, Tiere, Fahrzeuge, Atomenergie, grobe Fahrlässigkeit und Vorsatz.

c. Hinweise und Tipps zur Vertragsgestaltung

Berechnung der Versicherungssumme

Für die richtige Versicherungssumme ist ausschließlich der Versicherungsnehmer verantwortlich. Auch die VHB 1984 und 1992 entbinden nicht davor, den Gesamtwert des Hausrates zu überprüfen, denn beim Totalschaden ist die Versicherungssumme die Obergrenze der Entschädigung. Außerdem verlangen die Versicherer im Schadensfall einen plausiblen Nachweis über Wertsachen. Es empfiehlt sich deshalb, diese bei Abschluss der Versicherung schätzen zu lassen, soweit keine aktuellen Kaufbelege vorhanden sind. Bei Schmucksachen und Pelzen ist es am einfachsten, Fachgeschäfte um einen Kostenvoranschlag für einen gleichartigen Gegenstand zu bitten. Für Briefmarken und Münzen sind – bis auf seltene Ausnahmen – Bestandslisten ausreichend. Bei Bildern und Teppichen mit Einzelwerten über DM 10000 bieten nur Expertisen von anerkannten Schätzern eine objektive Grundlage. Adressen sind durch Museen, IHKs oder den Bund der Hausratexperten e.V. (Franziskanerstraße 17, 53113 Bonn) zu erfahren. Es ist außerdem zu empfehlen, wertvolle Einzelstücke zu fotografieren und die Bewertungsunterlagen extern zu deponieren.

Nach den Versicherungsbedingungen sind grundsätzlich die Wiederbeschaffungskosten versichert. Dies sind die Kosten, die zum Zeitpunkt des Schadensfalles für gleichartige, neue Sachen zu bezahlen sind. Nach diesem Maß-

Liste zur Berechnung des Versicherungswertes in der Hausratversicherung

Wohn- und Schlafräume	Wohnzimmer Neuwert in DM	Kinder-/ Arbeitszimmer Neuwert in DM	Schlafzimmer Neuwert in DM	Kinderzimmer Neuwert in DM	Gästezimmer Neuwert in DM
Einbaumöbel und Schränke					
Stühle, Tische, Polstermöbel					
Betten, Nachttische, Kommoden					
Fernsehgeräte, Radios, Musikanlagen und Tonträger					
Musikinstrumente mit Zubehör; Noten					
Inhalt der Schränke, Kommoden und Schreibtische:					
Bücher, Sammlungen*					
Gläser, Porzellan, Kristall, Kupfer, Zinn					
Bestecke und Tafelsilber					
Herren-/Knabenwäsche und Oberbekleidung					
Damen-/Mädchenwäsche und Oberbekleidung					
Haus-, Tisch-, Bett- und sonstige Gebrauchswäsche					
Schuhe					
Pelze*					
Kinderspielzeug, Werkzeug, Arbeitsgeräte*					
Matratzen, Deckbetten, Kissen, Decken u. Ä.					
Teppiche*, Teppichböden, Bettumrandungen, Gobelins, Felle					
Gardinen, Vorhänge und Aufhängevorrichtungen, Jalousien**					
Gemälde und Kunstgegenstände*, Bilder, Spiegel					
Beleuchtungskörper, Öfen und Heizgeräte**, Uhren					
Blumen und Pflanzen, Aquarien, Vasen					
Sonstige Gegenstände					
Summe Wohn- und Schlafräume					

* Entschädigungsgrenzen beachten!   ** Zuordnung zu Gebäude oder Hausrat klären!   *** nur nach VHB 1974 versichert!   *Quelle: Gerling-Konzern, Köln*

Küche	Neuwert in DM
Küchenschränke	
Tisch und Stühle, Teewagen u. Ä.	
Transportable Herde und Öfen	
Kühlschrank, Gefriertruhe, Geschirrspüler	
Elektrische und mechanische Küchengeräte	
Inhalt der Küchenschränke	
Beleuchtungskörper	
Lebens- und Genussmittel, Getränke	
Diele	
Garderobe mit Spiegel	
Tisch, Stühle und sonstige Dielenmöbel	
Läufer und Teppiche**	
Beleuchtungskörper	
Badezimmer	
Inventar des Badezimmers	
Badeinrichtungen (z. B. Badewannen, Badeöfen, Wasch-becken) und Wasser führende Installationen, die der Mieter auf eigene Kosten beschafft hat	
Nebenräume (einschl. Keller und Boden)	
Inhalt des Besenschrankes, Putzartikel	
Staubsauger, Nähmaschine	
Waschmaschine, Wäscheschleuder, Wäschetrockner	
Waschkessel und Wannen	
Vorräte: a) Brennstoffe, z. B. Heizöl	
b) Lebensmittel	
c) Spirituosen und Weine	
Sport- und Hobbyraum	
Sonstiger Inhalt der Nebenräume	
Summe sonstiger Räume	

Übertrag:	Neuwert in DM
Wohnzimmer	
Kinderzimmer bzw. Arbeitszimmer	
Schlafzimmer	
Kinderzimmer	
Gästezimmer	
sonstige Räume	
Sonstiges	
Bargeld, Sparbücher, Wertpapiere, Urkunden*	
Schmucksachen, Uhren, Gold- und Silbersachen*	
Film- und Fotoapparate, opt. Geräte	
Koffer, Taschen, Lederwaren, Schirme	
Reise- und Sportartikel, Campingausrüstung	
Jagdausrüstung, Waffen, Ski-Ausrüstung	
Falt-, Schlauch-, Kunststoffboote, Kanus	
Fahrräder, Kinderwagen	
Hausapotheke, Werkzeuge, Schreibmaschine, Rechner	
Gartenmöbel, -geräte (auf dem Vers.-Grundstück)	
Haustiere (z. B. Hunde, Katzen, Vögel)***	
Kleinvieh, Futter- und Streuvorräte (bis DM 500)***	
Kraftfahrzeugzubehör (in der Wohnung)	
Berufliches Arbeitsgerät; und zwar Einrichtungsgegenstände und Arbeitsgeräte, die zur Ausübung eines Gewerbes oder Berufes dienen, soweit sie sich in der Wohnung befinden***	
Sachen von Hausangestellten und Besuchern	
Sonstiges fremdes Eigentum (nicht für Untermieter), z. B. Fernsprecher, Gas- und Elektrizitätszähler, Leih- und Mietsa-chen, sowie unter Eigentumsvorbehalt gekaufte Dinge	
Antennenanlagen**	
Vorsorge für Wertsteigerungen oder Indexklausel	
Gesamtwert des zu versichernden Hausrats	

* Entschädigungsgrenzen beachten! ** Zuordnung zu Gebäude oder Hausrat klären! *** nur nach VHB 1974 versichert! Quelle: Gerling-Konzern, Köln

stab ist auch die Versicherungssumme zu bilden. Der ehemalige Kaufpreis ist dagegen zweitrangig.

Unabhängig von der allgemeinen Neuwertregelung gilt nach den VHB 1974 für technische Geräte, die älter als fünf Jahre, sowie Bekleidung und Wäsche, die älter als drei Jahre sind, der Zeitwert versichert, wenn der Wert durch Abnutzung unter 50% vom Wiederbeschaffungspreis gesunken ist. Als Zeitwert gilt der um einen angemessenen Abschlag gekürzte Wiederbeschaffungspreis. Hierbei sind die Besonderheiten des Haushalts zu berücksichtigen: Bei kinderreichen Familien wird die Abnutzung höher sein als bei einem Rentnerehepaar.

Pauschale Abzüge sind in der Praxis üblich, in den Bedingungen aber nicht vorgesehen.

Ausrangierte Sachen (insbes. in Kellern und Dachböden) sind nur zum Verkaufspreis (gemeiner Wert) versichert.

Wessen Sachen sind versichert?

Der Versicherungsschutz setzt nicht voraus, dass Sie Eigentümer Ihres Hausrats sind; vielmehr ist der gesamte Hausrat aller Mitglieder eines Haushaltes versichert. Hausrat von Personen, die Sie nur besuchen oder mit Ihnen zusammenleben, sind mitversichert, ebenso geliehene oder unter Eigentumsvorbehalt erworbene Sachen. Nicht versichert ist der Hausrat von Untermietern.

Die automatische Mitversicherung fremden Eigentums ist nicht immer vorteilhaft. Im Extremfall kann durch den Besuch einer Tante mit Pelzmantel und teurem Schmuck eine Unterversicherung eintreten. Die Versicherungssumme sollte deshalb im Zweifel um einen angemessenen Zuschlag erhöht werden.

! UNSER VERSICHERUNGSTIPP

Wenn studierende Kinder einen eigenen Haushalt führen, sind sie nicht über die Eltern mitversichert. Es besteht gleichwohl die Möglichkeit, den Hausrat des Kindes weiterhin über die Eltern zu versichern, soweit

⬇ *dieser als »Abzweigung« deklariert und dem Versicherer mitgeteilt wird.*
Hierzu genügt folgender Hinweis: »Mit Wirkung ab …
erhöht sich die Versicherungssumme um DM …; davon
sind DM … zu Gunsten unseres Kindes …… in … als
Abzweigung zu versichern.«

Selbstbeteiligungen vereinbaren

Die Versicherungswirtschaft hat bisher eine generelle Einführung von Selbstbeteiligungen »im Interesse der Versicherten« abgelehnt. Die Motive dafür sind allerdings vordergründig, wenn man weiß, dass die meisten Gegner im umsatzabhängigen Außendienst sitzen. Hinter den Kulissen wird von den meisten Insidern zugegeben, dass die Abwicklung von Kleinschäden viel Ärger und Kosten verursacht und mehr mit einem Geldwechslergeschäft als mit Versicherungen zu tun habe.

Inzwischen gibt es einige Versicherer auf dem Markt, die auch Selbstbeteiligungen anbieten. Die Rabatte bei DM 300 Selbstbeteiligung belaufen sich auf 15–20 Prozent; insbesondere bei wertvollem Hausrat mit hohen Prämien sollte man davon Gebrauch machen. Bei mehrjähriger Betrachtung ist dies für den Versicherten fast immer ein Vorteil (siehe Versicherungsmodell Seite 20).

Zusätzlich versicherbare Risiken

Für besondere Risiken kann der Versicherungsschutz wie folgt eingeschränkt oder ausgedehnt werden:

Risikobereich	Sonderregelung
Gegenstände von besonderem Wert	Ausschluss wegen anderweitiger Spezialversicherung oder Verzicht auf Versicherungsschutz
Arbeitsgeräte	Ausschluss vom Versicherungsschutz
In Gebäude eingefügte Sachen	Besonders deklarierte Sachen, wie Einbaumöbel, Bodenbeläge, sanitäre Anlagen, sind als Gebäudebestandteil vers.
Hausrat außerhalb der Wohnung	Ausschluss von Wertsachen in Wochenendhäusern oder Zweitwohnungen
Ausgelagerter Hausrat	Versicherung für Hausrat, der außerhalb der Wohnung (z. B. bei einer Spedition) lagert
Besonders vereinbarte Versicherungssumme	Besondere Wertregelung für Kunstgegenstände und Sammlungen
Fahrräder	Versicherungsschutz gegen Zusatzbeitrag
Aquarien	Als Leitungswasser gilt auch Wasser in Aquarien
Überspannungsschäden und Kurzschluss durch Blitz	Überspannungsschäden an Elektrogeräten durch Induktion, Influenz oder Blitzstrom-Wanderwellen sind versichert
Hagel	Versichert sind auch Hagelschäden ohne Sturm
Außenversicherung	Verlängerung des Vers.-Schutzes bei auswärtigem Aufenthalt
Elementarschäden	Versichert sind Elementarschäden (Hochwasser, Erdbeben, Lawinen)
Medienverluste	Versichert sind Verluste von Gas, Wasser, Strom als Folge eines versicherten Schadens.

Außerdem gibt es Spezialversicherungen für folgende Gegenstände mit besonderem Wert:

- Musikinstrumente
- Fotoapparate
- Sportgeräte
- Kunstgegenstände und Antiquitäten

Diese Versicherungen bieten im Allgemeinen eine umfassende All-Gefahren-Deckung – auch beim Transport – allerdings zu höheren Prämien als die Hausratversicherung.

d. Über den Umgang mit dem Versicherer

Welche Obliegenheiten hat der Versicherungsnehmer?

Der Versicherungsnehmer hat bei Schließung des Vertrages alle ihm bekannten Umstände, die für die Übernahme der Gefahr erheblich sind, dem Versicherer schriftlich anzuzeigen. Bei schuldhafter Verletzung dieser Obliegenheit kann der Versicherer vom Vertrag zurücktreten.

Ursprünglich war als Obliegenheit in den VHB 1984 vorgesehen, Türen, Fenster und alle sonstigen Öffnungen der Wohnung ordnungsgemäß zu schließen und alle zusätzlich vereinbarten Sicherungen zu betätigen, solange sich in der Wohnung niemand aufhält. Ein offenes Fenster im Obergeschoss konnte damit schon nach kurzer Abwesenheit zum Verlust des Versicherungsschutzes führen. Diese Obliegenheit ist nach der Rechtsprechung unwirksam. Unabhängig davon kann der Versicherer von Fall zu Fall den Einwand der groben Fahrlässigkeit erheben.

In folgenden Fällen wurde durch gerichtliche Entscheidung der Versicherungsschutz wegen grober Fahrlässigkeit versagt:

- ☒ frische Zigarettenkippen in den Papierkorb geworfen,
- ☒ Kippfenster im Erdgeschoss bei mehrtägiger Abwesenheit offen gelassen,
- ☒ Leiter oder nicht abgeschaltete Außensteckdose am Haus frei zugänglich,
- ☒ Wohnungsschlüssel im Auto liegen gelassen.

Nach Antragstellung darf der Versicherungsnehmer ohne Einwilligung des Versicherers keine Gefahrerhöhung vornehmen oder gestatten. Erlangt der Versicherungsnehmer Kenntnis von einer Gefahrerhöhung, so hat er den Versicherer unverzüglich schriftlich zu informieren. Für die Einbruchdiebstahlversicherung wird es als eine Gefahrerhöhung angesehen, wenn die Wohnung länger als 60 Tage ununterbrochen unbewohnt und unbeaufsichtigt bleibt. Beaufsichtigt ist eine Wohnung nur, wenn sich in dieser nachts eine berechtigte erwachsene Person aufhält. Tritt eine Gefahrerhöhung ein, so kann der Versicherer in den gesetzlich vorgesehenen Fällen kündigen. Verletzt der Versicherungsnehmer eine der Obliegenheiten, so kann der Versicherer leistungsfrei sein.

Der Versicherungsnehmer ist außerdem verpflichtet, einen Umzug innerhalb zweier Wochen (VHB 74) bzw. spätestens bei Umzugsbeginn (VHB 84) anzuzeigen.

Wann zahlt die Versicherung?

Wenn die Leistungspflicht des Versicherers dem Grunde und der Höhe nach feststeht, hat er binnen zwei Wochen die Entschädigung auszuzahlen. Innerhalb eines Monats nach der Schadensanzeige kann eine Abschlagszahlung verlangt werden. Die Entschädigung wird nach Ablauf eines Monats seit der Anzeige des Schadens je nach Basiszinssatz der Europäischen Zentralbank mit 4–6 Prozent verzinst.

Jeder, der schon einmal einen Schaden mit einer Hausratversicherung abgewickelt hat, weiß, wie schwierig es im Einzelfall sein kann, den Wert von beschädigten oder gestohlenen Einrichtungsgegenständen nachzuweisen. Daher sollten Sie Ihren wertvollen Hausrat fotografieren. Die Fotos können in mehrfacher Hinsicht nützlich sein:

- Bei einem Einbruchdiebstahl helfen die Bilder bei der polizeilichen Fahndung.
- Der Schaden und die von der Versicherung zu zahlende Entschädigungssumme lassen sich schneller und präziser ermitteln.
- Sie können ohne Schwierigkeiten feststellen, welche Gegenstände fehlen oder beschädigt wurden.
- Sie haben damit gleichzeitig eine Beweisunterlage für Haftpflicht- oder Reisegepäckschäden.

Wenn Sie teure elektronische Geräte besitzen, sollten Sie darüber hinaus eine Liste mit den wesentlichen Merkmalen von Stereoanlage, Farbfernseher, Computer, Tonbandgerät, Filmprojektor, Kamera oder Videorekorder anlegen. Dazu gehören Art, Marke und Modellbezeichnung des Gerätes, Farbe, Extraausstattung, Anschaffungsjahr und Kaufpreis sowie Gerätenummer.

e. Sonderfragen

Versicherungsschutz für Wertsachen

Die wichtigsten Regelungen und Begrenzungen sind der Tabelle auf Seite 51 zu entnehmen.

Nach den VHB 1984 werden Wertsachen generell je Versicherungsfall bis höchstens 20 Prozent der Versicherungssumme ersetzt. Darunter fallen u.a. Sachen, die über 100 Jahre alt sind (Antiquitäten), mit Ausnahme von Möbeln. Höhere Grenzen sind gegen einen Prämienzuschlag versicherbar.

Sofern die Wertsachen nicht besonders gesichert sind, beispielsweise in einem Geldschrank, zahlt die Versicherung nach einem Einbruch bis zu DM 1500 für Bargeld, bis zu DM 5000 für Urkunden, Sparbücher und Wertpapiere und bis zu DM 40000 für Schmuck, Briefmarken, Münzen, Medaillen sowie Sachen aus Gold und Platin.

Für Antiquitäten, Pelze, Teppiche, Gobelins, Gemälde und Zeichnungen gibt es keine besonderen Aufbewahrungsvorschriften.

Gemäß VHB 1992 sind Antiquitäten nicht zum Neuwert, sondern zu Wiederbeschaffungskosten versichert.

Achtung: Kostbare Erbstücke, antike Landkarten, aber auch seltene Gegenstände aus Porzellan oder Glas sowie Antiquitäten sind als Hausrat unzureichend versichert!

Für Gegenstände mit besonderem Wert ist eine spezielle Kunstversicherung empfehlenswert. Im Gegensatz zur Hausratversicherung deckt die Kunstversicherung grundsätzlich alle Gefahren. Versichert ist auch der einfache Diebstahl (ohne Einbruch), die Beschädigung z. B. beim Reinigen oder das Herunterfallen infolge mangelhafter Befestigung.

Ausgeschlossen sind nur die Folgen von Kriegsereignissen, inneren Unruhen, Atomenergie, Abnutzung und Verschleiß, Schädlinge, falsche Pflege sowie die allmähliche Einwirkung von Temperatur, Licht, Feuchtigkeit, Druck, Rauch, Staub oder Strahlen.

Neben dem umfassenden Versicherungsschutz bieten die Kunstversicherer zusätzlichen Service bei der Bewertung der Kunstgegenstände, bei der notwendigen Sicherheitsberatung und bei evtl. Restaurierungsarbeiten an.

Was ist bei Einbauten zu beachten?

Für die Abgrenzung des versicherten Hausrates zu den nicht versicherten Gebäudebestandteilen gelten folgende Grundsätze:

- Zur Hausratversicherung gehören alle vom Mieter eingebrachten Einbaumöbel, sanitäre Anlagen und Teppichböden. Hat der Gebäudeeigentümer Teppichböden lose verlegt oder nur leicht verklebt, so fallen sie ebenfalls unter die Hausratversicherung.
- Zur Gebäudeversicherung rechnen alle vom Eigentümer eingebrachten Einbaumöbel sowie die von ihm fest verklebten Teppichböden.

Von Bedeutung ist diese Abgrenzung nicht nur im Schadensfall, sondern auch bei der Ermittlung der Versicherungssumme und bei der Prüfung einer Unterversicherung. Deshalb müssen schon bei Vertragsabschluss Einbaumöbel und verlegte Teppichböden richtig zugeordnet werden.

Bei Eigentümern von Einfamilienhäusern ergeben sich normalerweise keine Schwierigkeiten, wenn sowohl der Hausrat als auch das Gebäude bei derselben Gesellschaft versichert sind. Es bleibt dem Versicherungsnehmer dann freigestellt, ob er den Wert der Einrichtungsgegenstände entweder der Gebäude- oder Hausratversicherung zuschlägt. Die Gebäudeversicherung ist erheblich billiger, allerdings umfasst sie keine Diebstahlschäden oder Zerstörungen bei Einbruch.

Versicherungsschutz im Ausland

Grundsätzlich gilt die Hausratversicherung nur innerhalb Deutschlands in der versicherten Wohnung.

Bis zu 10 % der Versicherungssumme sind auch versichert, wenn sich der Hausrat für eine begrenzte Zeit außerhalb der versicherten Wohnung befindet. Je nach Versicherungsbedingung jedoch nur bis zu einem Höchstbetrag von DM 10 000, DM 15 000 oder DM 20 000 (siehe Tabelle Seite 51).

Versicherungsschutz bei Trennung verheirateter Versicherungsnehmer

Zieht ein Verheirateter aus der bisher gemeinsamen Wohnung aus, ist der Hausratversicherungsschutz in Frage gestellt. Maßgebend hängt dies von den folgenden Situationen ab:

- ☒ Die dem Versicherungsvertrag zu Grunde liegende Wohnung wird aufgegeben, und beide Ehegatten beziehen neue Wohnungen mit dem aufgeteilten Hausrat.
- ☒ Ein Ehegatte bezieht eine neue Wohnung, und der andere behält die bisherige Wohnung mit seinem anteiligen Hausrat bei.
- ☒ Einer der Ehegatten übernimmt den gesamten Hausrat in der bisherigen oder einer neuen Wohnung.

Sind beide Ehegatten Versicherungsnehmer, erlischt nach allgemeiner Auffassung der Versicherungsvertrag, wenn die gemeinsame Wohnung aufgegeben wird und jeder eine neue Wohnung bezieht. Behält jedoch ein Ehegatte die Wohnung bei, ist sein anteiliger Hausrat weiterhin versichert. Der Anteil des aus der Wohnung ausziehenden Ehegatten scheidet hingegen aus der Versicherung aus, und die Versicherungssumme kann entsprechend reduziert werden.

Ist nur ein Ehegatte Versicherungsnehmer, bezieht sich die Versicherung auf die Wohnung, die dessen Lebensmittelpunkt darstellt. Sein Hausrat bleibt also weiterhin versichert. Bezieht er eine neue Wohnung, hat er den Umzug dem Versicherer anzuzeigen. Kommt er seiner Anzeigepflicht nicht fristgerecht nach, kann der Versicherer von seiner Leistungspflicht frei sein, wenn mit dem Wohnungswechsel eine Gefahrerhöhung verbunden ist.

Wer zahlt bei übergreifendem Feuer?

Wenn durch Ihr Verschulden ein Brand entsteht, der auf andere Wohnungen oder Gebäude übergreift, sind Sie schadenersatzpflichtig. Wenn die Sachen Ihrer Nachbarn nicht versichert sind, werden diese direkt bei Ihnen Ansprüche geltend machen. Andernfalls nehmen die Versicherer Regress. Die meisten Feuerversicherer verzichten allerdings auf Grund eines besonderen Abkommens auf Regresse zwischen DM 300000 bis DM 1200000. Auf Regressforderungen unter DM 300000 verzichten die Versicherer deshalb nicht, weil man sich hiergegen versichern kann. Umfassend sind derartige Regressansprüche durch die Privathaftpflichtversicherung gedeckt (Ausnahme: Vorsatz).

3. Versicherungsschutz für Hauseigentümer

Bis auf seltene Ausnahmen dürfte fast jeder Hausbesitzer in Deutschland eine Gebäudeversicherung abgeschlossen haben. In vielen Gebieten bestand bis vor wenigen Jahren sogar eine gesetzliche Pflicht, sein Haus bei einer öffentlich-rechtlichen Anstalt zu genau festgelegten Bedingungen und Beiträgen zu versichern. Seit Aufhebung dieser Pflicht- und Monopolrechte bleibt es im Prinzip jedem Hausbesitzer unbenommen, ob er sein Haus versichert, bei welcher Gesellschaft und gegen welche Gefahren. Obwohl kein gesetzlicher Zwang mehr besteht, wird ein kluger Hausbesitzer bereits im eigenen Interesse eine Gebäudeversicherung abschließen, denn nur wenige werden in der Lage sein, ein Haus zweimal zu bezahlen.

a. Was ist Gegenstand der Gebäudeversicherung?

Definition

Die Gebäudeversicherung dient der Erhaltung des Eigentums und der Sicherung von Realkrediten. Im rechtlichen Sinne handelt es sich um eine Schadenversicherung nach dem Vollwertprinzip. Im Allgemeinen wird sie als Neuwert- oder gleitende Neuwertversicherung gegen mehrere Gefahren abgeschlossen. Die Kombination mehrerer Gefahren in einem Vertrags- und Bedingungswerk wird auch als »Verbundene Gebäudeversicherung« bezeichnet. Diese ist heutzutage die übliche Vertragsform.

Unterschiede ergeben sich insbesondere bei der Rohbauversicherung, der Gebäudebewertung und der Mitversicherung bestimmter Außenanlagen. Im Zweifel sollten Sie anhand der Checklisten dieses Kapitels Ihren Versicherungsschutz überprüfen.

Die versicherten Gefahren

Ideal wäre eine Gebäudeversicherung gegen alle Gefahren, wie *Brand*, *Blitzschlag*, *Explosion*, *Leitungswasser*, *Sturm/Hagel*, Hausbock, mechanische Beschädigung und Elementarschäden, wie Erdbeben, Erdrutsch, Hagel, Lawinen, Überschwemmungen usw. Eine derartige Deckung wird auf dem Markt derzeitig nur für Industrierisiken angeboten. Die standardisierten Verträge für Privatgebäude decken grundsätzlich nur die *fünf* erstgenannten Gefahren und Trümmerschäden durch Flugkörper. Mit gewissen Einschränkungen können seit einigen Jahren auch Elementarschäden versichert werden. Der Versicherungsschutz ist jedoch auf außergewöhnliche Ereignisse bzw. durch eine hohe Selbstbeteiligung auf Großschäden beschränkt.

Im Rahmen der Vertragsfreiheit können die versicherten Gefahren frei gewählt werden, allerdings würde wohl niemand auf die Idee kommen, Leitungswasserschäden zu versichern, aber keine Feuerschäden. Soweit das Haus fremdfinanziert ist, würden dies die Gläubiger auch gar nicht akzeptieren.

Bis auf wenige Extremfälle ist es sinnvoll, möglichst alle Gefahren abzudecken. Dabei ist zu berücksichtigen, dass die Feuerschäden an Gewicht verloren haben, dagegen das Leitungswasserrisiko erheblich zugenommen hat. Leitungswasserschäden sind etwa zehnmal so häufig wie Feuerschäden. Im modernen Eigenheim liegen praktisch in allen Räumen wasserführende Leitungen für Bäder, WC,

Küche und Zentralheizung. Da im Gegensatz zu früher fast alle Leitungen unter Verputz liegen, werden Schäden später erkannt, sind schwerer zu identifizieren und damit teurer zu reparieren.

Ursachen von Leitungswasserschäden an Wohnhäusern:

Rost oder andere chemische Ursachen	34,1%
Mechanische Beschädigung	8,4%
Rohrverstopfung	7,8%
Offenlassen von Hähnen oder Ventilen	5,5%
Frost	2,9%
Andere Ursachen	23,2%
Unbekannte Ursachen	18,1%

Neben dem klassischen Rohrbruch spielt in manchen Gegenden der schleichende Rohrfraß durch »aggressives« Wasser eine immer bedeutendere Rolle. Dabei sind Schäden von mehr als DM 50000 keine Seltenheit. Besonders gefährdet sind auch Gebäude mit Fußbodenheizung oder Sonnenkollektoren.

Der Versicherer ist nicht für die Sanierung alter Leitungen zuständig.

Er hat deshalb im Schadensfall nur die Kosten zu erstatten, die notwendig sind, um den Zustand wiederherzustellen, der vor dem Rohrbruch bestanden hat. Der Versicherer ist nicht verpflichtet, im Schadensfall die Sanierungskosten für das gesamte Leitungssystem zu übernehmen, auch wenn dies technisch sinnvoll ist.

Beim Sturmrisiko ist Folgendes zu bedenken: Nicht nur direkte Schäden am Dach, an Antennen, Vordächern usw. sind versichert, sondern auch Folgeschäden im Gebäude durch Regen, Schnee oder Hagel. Ein Sturm im Sinne der Versicherungsbedingungen erfordert allerdings mindestens Windstärke 8 nach der Beaufort-Skala.

Nach den VGB 1988 sind auch Schäden am Gebäude durch Hagel versichert. Soweit noch Versicherungsschutz nach alten Bedingungen besteht, kann das Hagelrisiko auf Antrag mitversichert werden; hierfür verlangen die Versicherer bei einem Einfamilienhaus ca. DM 15 Zuschlag pro Jahr.

Das Glasbruchrisiko ist durch einen besonderen Vertrag versicherbar. Der Versicherungsbedarf ist an der Höhe des möglichen Gesamtschadens zu messen. Wenn man unterstellt, dass die gleichzeitige Zerstörung aller Fensterscheiben unwahrscheinlich ist, kann man von folgender Faustregel ausgehen:

> Wert der gesamten Verglasung plus Aus- und Einbaukosten, davon 50% = wahrscheinlicher Höchstschaden.

In die Versicherung können folgende Verglasungen einbezogen werden: Glasscheiben von Fenstern, Türen, Balkonen, Terrassen, Wänden, Wintergärten, Veranden, Loggien, Wetterschutzvorbauten, Glasbausteine, Profilbaugläser.

Abgrenzung zu anderen Versicherungsarten

Abgrenzungsprobleme können insbesondere mit der Hausratversicherung entstehen, z. B. wenn der Mieter einen Teppichboden verlegt oder eine Küche einbauen lässt.

BEISPIEL Nach einem Urteil des Landgerichts Lübeck vom 25. 11. 1983 – 6 S 246/83 – zählen Einbauküchen nicht zum Gebäude, sondern zum Hausrat, wenn sie ohne weiteres wieder entfernt werden können, ohne dass sie in ihrer Substanz und ihrem Gebrauchswert zerstört werden. Eine Einbauküche wird danach nur dann Gebäudebestandteil, wenn sie speziell angefertigt und in das Gebäude eingefügt ist.

Wenn Sie im eigenen Haus wohnen, können Sie jedoch mit Ihrem Versicherer frei vereinbaren, ob Einbauküche, Sauna, Teppichböden als Gebäudebestandteile oder als Hausrat gelten. Entsprechend sind die Versicherungssummen zu korrigieren. Der Versicherungsschutz über die Gebäudeversicherung ist die billigere Möglichkeit. Allerdings bietet sie keine Deckung für Schäden durch Vandalismus (z. B. wenn ein Einbrecher mit einer Axt die Küche zertrümmert).

Besteht für das Gebäude auch eine Glasversicherung, so ist häufig eine Doppelversicherung gegeben. Im Zweifel sollten Sie dies mit Ihrem Versicherer, Mieter oder Vermieter abstimmen.

Zum Haftpflichtversicherungsschutz aus Haus- und Grundbesitz und bei übergreifenden Brandschäden vgl. die Seiten 32 und 42.

b. Versicherte und nicht versicherte Schäden (allgemeine Regelung)

Gefahr	Versichert sind
Feuer	Schäden durch Brand, Blitzschlag, Explosion, Absturz von Flugkörpern oder deren Ladung, Folgeschäden durch Ruß, Rauch und Löschen.
Leitungs-wasser	Schäden durch bestimmungswidrig austretendes Leitungswasser, auch aus Wasch- und Geschirrspülmaschinen; Schäden durch Überlaufen oder Wasserdampf. Bruch- und Frostschäden an Rohrleitungen im Gebäude; auch Schäden an Zuleitungen außerhalb des Gebäudes, aber innerhalb des versicherten Grundstückes. Frostschäden an Badeinrichtungen, Waschbecken, Klosetts, Wasserhähnen und Wassermesser, an Heizkörpern, Heizkessel, Boilern und Durchlauferhitzern.
Sturm	Schäden durch Sturm (mind. Windstärke 8) am Gebäude und durch Bäume oder sonstige Gegenstände, die der Sturm auf das versicherte Gebäude wirft; Schäden, die eindringende Niederschläge anrichten. Wenn der Sturm das Dach abgedeckt oder Fenster eingedrückt hat.
Hagel	Schäden durch Hagel, ohne dass ein Sturm vorliegt. Zerstörung von Fenstern oder Dächern, Verstopfung von Abflüssen mit nachfolgender Durchnässung; Beschädigung von Kaminen, Außenleuchten, Antennen.

Gefahr	Nicht versichert sind
Feuer	Schäden, die dadurch entstehen, dass Sachen bewusst und ihrem Zweck nach dem Feuer oder der Wärme ausgesetzt werden (z. B. ausgeglühter Heizkessel).
Leitungs-wasser	Durchnässungs-, Bruch- und Frostschäden, die entstehen, bevor ein Gebäude bezugsfertig ist. Schäden durch Erdsenkung oder Erdrutsch, durch Niederschläge, durch Grund- und Hochwasser, stehende und fließende Gewässer, witterungsbedingten Rückstau, Plansch- oder Reinigungswasser, Hausschwamm.
Sturm/Hagel	Schäden vor Bezugsfertigkeit des Gebäudes. Schäden durch Sturmflut und Lawinen; Schäden durch Regen, Hagel, Schnee oder Schmutz, wenn diese Niederschläge durch unverschlossene oder undichte Türen, Fenster und sonstige Öffnungen eindringen.

c. Versicherte und nicht versicherte Sachen

Versichert sind der eigentliche Baukörper sowie bestimmte Einbauten und Einrichtungen des Gebäudes, soweit sie Eigentum des Versicherten sind. Vom Mieter (Pächter) eingebrachte Einbauten und Einrichtungen sind nur versichert, wenn sie bei Beendigung der Mietzeit laut Mietvertrag im Gebäude bleiben und in das Eigentum des Versicherten übergehen (siehe auch Kapitel Hausratversicherung). Gebäudezubehör ist grundsätzlich mitversichert, soweit es der Instandhaltung oder dessen Nutzung zu Wohnzwecken dient und sich in oder an dem Gebäude befindet (z. B. Waschmaschine in Mehrfamilienhaus). Im Einzelnen gilt:

Versichert sind	Nicht versichert sind
1. Alle wesentlichen Bau- und Nutzungsteile	
Grundmauern und Fundamente Kasematten, Kellerlichtschächte mit Abdeckgittern, Ver- und Entsorgungsleitungen und Drainanlagen im Gebäudebereich	Technische und kaufmännische Betriebseinrichtungen. *Kunstwert von Gebäudeteilen und des angebrachten Figurenschmucks.* Fundamente von Maschinen und betrieblichen Einrichtungen, Pfahlgründungen, Spund- und Schlitzwände, Vorsetzen, Stützmauern ohne Verbindung mit Gebäuden

Versichert sind	Nicht versichert sind
Dächer Eindeckungen aller Art, Schornsteine aus Mauerwerk oder Metall einschließlich Laufbohlen, -roste und Steigeisen für Schornsteinfeger, Entlüfter, Abdeckhauben, Regenrinnen und Fallrohre, Schneefanggitter, Wetterfahnen	
Außen am Gebäude angebrachte Sachen wie Vordächer, Balkonverkleidungen, Sichtblenden, Außenleuchten, Inschriften in Putz, Stein oder Metall, ins Mauerwerk eingelassene oder am Gebäude befestigte Briefkästen, Blitzschutzanlagen, *Antennenanlagen für Rundfunk und Fernsehen an oder im Gebäude installiert*, Fahnenstangen mit versicherten Teilen fest verbunden, Außenjalousien mit fester Führung, Markisen (ohne Bespannung), Fassadenreinigungsanlagen	Blumenkästen, Schilder und Inschriften zu Werbezwecken, Transparente, Warenautomaten, Anlagen für Amateur- und CB-Funk, Luftschutzsirenen
Türen, Fenster Glas-, Dreh-, Schiebe- und Falttüren, Faltwände, Fenster mit Verglasung, Oberlichter, Dachflächenfenster, Fenstergitter, Klapp- und Rollläden, Rollgitter, Gardinenbretter	Jalousetten und Rollos, Baldachine, abnehmbare Fliegenfenster
Fußbodenbeläge aus Holz (Dielen, Parkett), Steinholz, Kork, Kunststoff, Linoleum usw., Keramik (Fliesen) einschl. Fußleisten, *Teppich-(Textil-)beläge, wenn sie auf den Raum zugeschnitten sind.*	Lose verlegte Teppichbeläge
Wand- und Deckenverkleidungen wie Tapeten, feste Stoffbespannung, Vertäfelungen, Wand- und Deckenpaneele, Stuckarbeiten und -ornamente, Steinverkleidungen	Über die Normalausstattung hinausgehender vom Mieter eingebrachter Mehrwert
Leitungen die in oder unter dem Gebäude verlegt sind, wie Wasser- und Abwasserleitungen, einschl. Druckerhöhungsanlagen, Schmutzwasserhebeanlagen, Entwässerungspumpen, Wasserpumpen mit Druckbehältern, Wasseraufbereitungsanlagen. Öl- und Benzinabscheider, Gasleitungen, unter Putz verlegte und sonstige, der Hausversorgung dienende elektr. Leitungen einschl. Verteilertafeln, Gas-, Strom- und Wasserzähler (auch im fremden Eigentum, wenn Versicherter dafür die Gefahr trägt), Leerrohre, Klingelleitungen mit Transformatoren und Läutewerken, Fernmeldeleitungen mit Leerrohren, fest installierte Alarmanlagen wie Feuer-, Rauch-, Einbruchmelde-, Polizeirufanlagen, Sprech- und Türöffnungsanlagen, Lichtschranken, Leitungen und fest eingebaute Lautsprecher elektroakustischer Anlagen	*Versorgungs- und Entsorgungsleitungen außerhalb des Gebäudes (freiliegend oder im Erdreich)*, elektr. Freileitungen, elektr. Anlagen und Leitungen (soweit nicht unter Putz verlegt) für Betriebseinrichtungen; Zähler im Eigentum von Versorgungsunternehmen (außer wenn Versicherter dafür die Gefahr trägt), posteigene Leitungen, Telefonapparate, Fernschreiber, Schaltschränke; Fernsehüberwachungsanlagen, elektrische Uhren, austauschbare und bewegliche Teile elektroakustischer Anlagen

Versichert sind	Nicht versichert sind
Beleuchtungsanlagen wie eingebaute Deckenleuchten, fest installierte Wandarme und Leuchten in Räumen, die der allgemeinen Nutzung dienen (Keller-, Treppen-, Bodenräume und Sammelgaragen), Notbeleuchtungsanlage mit Leitungen und Leuchten	Sonstige Leuchten, Glühbirnen und Leuchtstoffröhren
Heizungsanlagen und Herde (für Raumheizung) für Gas-, Öl-, Kohle- und Holzfeuerung komplett mit Heizkörpern, Heizkörperverkleidungen und -abdeckungen, mit der Anlage verbundene Lagertanks (innen und außen), Ausdehnungsgefäße, Schalt-, Steuer-, Mess- und Regelgeräte, Gas-, Öl- und Kohleöfen, Kamine, Ofenbänke an Kachelöfen und Kaminen, Fernheizungsanschlüsse sowie -leitungen im Gebäude, soweit nicht Eigentum des Versorgungsunternehmens, Wärmepumpen und Solarheizungsanlagen,	Brunnen und Tiefbrunnen, Förderpumpen und Verrohrungen außerhalb der Gebäude bei Wärmepumpenanlagen
Elektrische Raumheizgeräte, Fußboden- und Fußleistenheizung, Speicherheizungen, wenn sie fest montiert sind, Be- und Entlüftungsanlagen, Klimaanlagen, E-Herde, Warmwasserbereiter	Heizgeräte mit Steckdosenanschluss, Solarien
Sanitäre Anlagen mit Armaturen, Zu- und Ableitungen, Badewannen, Duschanlagen, Waschbecken, Spülen, WC-Anlagen, Saunaanlagen, Schwimmbecken innerhalb des Gebäudes einschl. Schwimmbadtechnik	Schwimmbecken außerhalb von Gebäuden einschließlich Schwimmbadtechnik
Aufzüge für Personen und Kleinlasten, Küchenaufzüge, Müllaufzüge einschl. Motoren, Winden, Führungsschienen, Seil, Tragkorb, Schalt- und Steuereinrichtungen, Paternosteraufzüge, Aufzugsschächte einschließlich Türen, Rolltreppen	
Hausmüllanlagen Transport-, Pressen-, Verbrennungsanlagen, Müllabwurfschächte einschl. Türen	
Einbauten/Einbaugeräte Einbaumöbel, Einbauküchen usw. vgl. Hinweis Seite 74	Bewegliche Möbel
Technische Einbauten Feuerlöschanlagen aller Art, Hydranten, Staubsauganlagen für die zentrale Gebäudereinigung, Fernsprechzellen (außer Posteigentum)	Feuerlöscher, Feuerlöschschläuche, Rohrpost- und Aktenförderanlagen, Akkumulatoren, Batterien

Versichert sind	Nicht versichert sind
2. Nebenanlagen	
Grundstückseinfriedungen (Gartenmauern, Holz- und Drahtzäune mit Türen und Toren); Flutschutzmauern als Einfriedung; Briefkästen an versicherten Nebenanlagen	Flutschutzmauern und -tore, soweit keine Grundstückseinfriedung
Beläge *auf Gehwegen, Zufahrten, Terrassen*	Gartenanlagen, Wasserbecken, Tiefbrunnen, Straßenpflasterung
Terrassenüberdachungen, -schutzwände, Pergolen	Gartenkamine
Müllboxen, Müllgefäßheber	Müllgefäße
Außenleuchten (ohne Zuleitungen), die an versicherten Nebenanlagen fest montiert sind	Frei stehende Außenleuchten, Fahnenstangen und Turngeräte
3. Sonstige Gebäude (gegen bes. Antrag)	
auf dem Versicherungsgrundstück, wie Garagen, Schuppen, Stallgebäude, Gartenlauben, Gewächshäuser (einschl. fest verlegter Heizung) auf Fundamenten, Dauercontainer mit Fundamenten und Versorgungsleitungen	Baubuden, Container zu vorübergehenden Zwecken, Frühbeetfenster, Kinderspielhäuser
Schwimmhallen (einschl. Schwimmbadtechnik)	Schwimmbecken im Freien

Kursiv = abweichende Regelungen möglich

d. Hinweise und Tipps zur Vertragsgestaltung

Die richtige Versicherungssumme

Für eine ausreichende Versicherungssumme ist grundsätzlich der Versicherungsnehmer verantwortlich. Im Allgemeinen werden Gebäudeversicherungen bereits vor Beginn des Neubaus abgeschlossen, um evtl. Hypothekengläubiger abzusichern. Soweit kein Festpreis vereinbart ist, wird man als Versicherungssumme zunächst den Kostenvoranschlag zu Grunde legen. Häufig werden jedoch die Baukosten überschritten. Sie sollten deshalb die vorläufige Versicherungssumme mindestens um 10 Prozent anheben. Ist der Bau fertig gestellt, kann der Wert anhand der tatsächlichen Baukosten festgelegt werden. Der Kaufpreis eines Hauses – auch der eines Neubaus – ist normalerweise nicht mit den Wiederaufbaukosten identisch. Denn er enthält neben dem Grundstückswert einen evtl. Zuschlag für die Lage bzw. einen Abschlag für das Alter oder den Zustand des Gebäudes. Besonders extrem können Wiederaufbaukosten und Kaufpreis auseinander klaffen, wenn ein Objekt ersteigert wird.

!

● UNSER VERSICHERUNGSTIPP

Als Gebäude gelten nicht nur der eigentliche Baukörper, sondern auch verschiedene Einbauten. Achten Sie deshalb darauf, dass eingebaute Schränke, fest verlegte Fußbodenbeläge, Zentralheizungsanlagen, sanitäre Installationen und elektrische Anlagen erfasst sind. Auch Nebengebäude und Garagen sollten Sie in die Versicherungssumme einbeziehen (vgl. Seite 70).

Im Zweifel sollten Sie das Gebäude nochmals schätzen lassen, insbesondere, wenn in erheblichem Umfang Eigenleistungen erbracht wurden. Wichtig: Auch Architektenhonorare gehören zur Versicherungssumme. Die meisten Versicherer verzichten auf den Einwand der Unterversicherung, wenn

- ☒ die Versicherungssumme auf Grund einer vom Versicherer anerkannten Schätzung eines Bausachverständigen festgesetzt wird,
- ☒ der Versicherungsnehmer im Antrag den Neuwert in Preisen eines bestimmten Jahres zutreffend angibt und der Versicherer diesen Betrag auf seine Verantwortung umrechnet,
- ☒ der Versicherungsnehmer Antragsfragen nach Größe, Ausbau und Ausstattung des Gebäudes zutreffend beantwortet und der Versicherer hiernach die Versicherungssumme 1914 auf seine Verantwortung berechnet.

Im Rahmen der gleitenden Neuwertversicherung werden inflationäre Wertsteigerungen und technische Veränderungen automatisch aufgefangen. Substanzielle Verbesserungen durch Um- oder Ausbauten müssen Sie jedoch trotz Unterversicherungsverzicht im Auge behalten. Wenn Ihr Haus älter als 10 Jahre ist, sollten Sie einmal nachrechnen, was Sie vielleicht in den letzten Jahren investiert haben: Modernisierung der Heizung, neue Fenster, bessere Isolierung, Ausbau von Dach oder Keller, Partyraum oder Sauna, speziell angefertigte Einbauküche, Teppichboden oder ein neues Badezimmer.

Damit Sie von der Unter- nicht in die Überversicherung geraten, sollten Sie aber die Versicherungssumme nur um den Mehrwert erhöhen:

Kosten der neuen Anlage ./. (Neu-)Wert der alten Anlage = Werterhöhung zum Gegenwartswert.

Bei der Prüfung von Gebäudeversicherungssummen stößt man in der Praxis immer wieder auf Ungereimtheiten. Die richtige Bewertung ist wissenschaftlich umstritten. Die Praxis behilft sich häufig mit überhöhten Summen. Dies ist insbesondere dann der Fall, wenn die Summen von Versicherungsvertretern festgelegt werden, die zur Gebäudebewertung weder befugt noch befähigt sind.

Was Sie besonders überprüfen sollten

Aufräumungs- und Abbruchkosten sind bedingungsgemäß bis zu einem Prozent der Versicherungssumme kostenlos mitversichert. Die meisten Versicherer sind bereit, diesen Satz prämienfrei auf 3 Prozent anzuheben.

Mietverlust oder Miete für eine Ersatzwohnung ist kostenlos mitversichert, wenn die Wohnräume nach einem ersatzpflichtigen Schaden nicht benutzbar sind, allerdings nur für die Dauer von sechs Monaten. Die meisten Versicherer sind bereit, Mietentgang auch für 12 Monate zu versichern.

Antennen, Markisen, Überdachungen, Schutz- und Trennwände, Freileitungen und andere außen angebrachte Sachen sind nach den Bedingungen gegen Sturmschäden nicht versichert. Sie können bis zu einem Wert von DM 1000 beitragsfrei eingeschlossen werden.

Zuleitungsrohre außerhalb des Versicherungsgrundstückes, die der Hausversorgung dienen, sind bedingungsgemäß nicht mitversichert. Außerdem sind alle Rohre auf dem Grundstück für Wasseranschlüsse im Freien und für Springbrunnen und Schwimmbäder im Garten ausgeschlossen. Gegen Prämienzuschlag – bei manchen Versicherern kostenlos – können Sie diese Leitungen mitversichern.

Beitragszuschläge sind für folgende Risiken üblich:	
– Schwimmbecken: im Erdgeschoss und Keller in oberen Etagen	25 Prozent, 50 Prozent;
– Deckenstrahlungsheizung und Fußbodenheizung:	50 Prozent;
– Klimaanlage:	25 Prozent.
– Glasscheiben mit mehr als drei Quadratmeter Fläche und – künstlerisch bearbeiteten Scheiben:	10 bis 40 Promille

Checkliste (Angebotsvarianten)
Mögliche Erweiterungen des Versicherungsschutzes

Klausel	Bezeichnung/Inhalt
7262	**Ableitungsrohre auf dem Versicherungsgrundstück** Frost- und sonstige Bruchschäden an Ableitungsrohren der Wasserversorgung sind auch außerhalb der versicherten Gebäude auf dem Grundstück versichert, soweit die Rohre der Entsorgung der versicherten Gebäude dienen.
7163	**Aquarien/Wasserbetten** Wasser, das aus Aquarien oder Wasserbetten austritt, wird dem Leitungswasser gleichgestellt.
7360	**Behördliche Auflagen** Mehrkosten infolge behördlicher Beschränkungen bis 10% der Vers.-Summe, Mehrkosten infolge behördlicher Auflagen
7160	**Blitzschlag** Überspannungsschäden bis 5% der Vers.-Summe
1951	**Bäume/Sturm** Aufräumungskosten für Bäume bis DM 10000

Klausel	Bezeichnung/Inhalt
– –	**Dekontaminationskosten** Kosten für die Dekontaminierung des Grundstückes nach einem Schadensfall
7162	**Flugkörper** Absturz bemannter und unbemannter Flugkörper
– –	**Hotelkosten** Kosten für Hotel oder sonstige Unterbringung, wenn das Haus durch einen versicherten Schaden unbewohnbar wird
0953	**Mietausfall** bis max. 24 Monate
– –	**Nutzwärme**
– –	**Rückstauschäden** bis DM 10000
7164	**Wärmetragende Flüssigkeiten** wie Sole, Öle, Kühlmittel, die aus Klima-, Wärmepumpen- und Solaranlagen austreten, werden dem Leitungswasser gleichgestellt.
– –	**Wasserverbrauch** Wassermehrverbrauch als Folge eines vers. Schadens bis DM 10000
7260 7261	**Wasserzuleitungs- und Heizungsrohre** *auf* dem Versicherungsgrundstück, zur Versorgung nicht versicherter Gebäude; *außerhalb* des versicherten Grundstücks, zur Versorgung versicherter Gebäude.

Immer mehr Gemeinden verlagern den Aufwand für die Unterhaltung, Veränderung und Erneuerung der Anschlussleitungen auf die Hausbesitzer. Als Anschlussleitungen werden die Abzweigungen von der Sammelleitung bis zur Hauptabsperrvorrichtung bezeichnet. Dem Grundstückseigentümer wird somit der gesamte Aufwand der Anschlussleitung (in der Regel vom Gehweg oder Straßenbereich) bis zur Wasseruhr weiter berechnet. Überprüfen Sie insofern Ihren Versicherungsschutz!

Hinweis: Haben Sie in Ihrem Haus eine Schmutz- und Regenwasser-Hebeanlage, weil die öffentliche Kanalisation höher liegt, tragen Sie das Risiko, dass die Anlage ausfällt und Ihr Keller, Gästezimmer oder Hobbyraum überschwemmt wird. Gegen den Ausfall der elektrischen Pumpe gibt es derzeitig keine Versicherungsmöglichkeit.

e. Über den Umgang mit dem Versicherer

Meldepflichtige Veränderungen

Informieren Sie Ihren Versicherer über alle Neu-, Um- und Anbauten, die zu einer Werterhöhung des Objektes führen. Damit vermeiden Sie eine Unterversicherung.

BEISPIELE

- ☒ Einbau einer Zentralheizung an Stelle von Einzelöfen,
- ☒ neue hochwertige Teppichböden,
- ☒ Ausbau von Dach- oder Kellerräumen,
- ☒ Verklinkerung, Dachisolierung, Wärmedämmung, Isolierverglasung an Stelle einfacher Verglasung.

Außerdem interessiert sich Ihr Versicherer für nachträgliche Gefahrerhöhungen, z. B. wenn in Ihrem Haus eine Gaststätte, ein sonstiger Gewerbebetrieb oder in der Nachbarschaft eine Tankstelle eingerichtet werden.

Darüber hinaus sind in den Bedingungen Auflagen enthalten, die den normalen Sorgfaltspflichten eines Hausbesitzers entsprechen: So müssen beispielsweise bei einer Sturmversicherung das Dach, bei einer Leitungswasserversicherung alle Wasserrohre und Heizungsanlagen ordnungsgemäß gewartet werden. Bei Abwesenheit sind in unbeheizten Gebäuden alle wasserführenden Anlagen zu entleeren.

Welche Pflichten bestehen im Versicherungsfall?

Sie sind verpflichtet, den Schaden möglichst gering zu halten und ihn innerhalb von drei Tagen dem Versicherer zu melden. Aufwendungen, die Ihnen für die akute Schadenverhütung und die Schadenminderung entstehen, übernimmt der Versicherer neben der versicherten Summe.

So handeln Sie im Schadensfall richtig:

- ☒ Melden Sie jeden Schadensfall unverzüglich dem Versicherer.
- ☒ Informieren Sie bei Feuer, Blitz oder Explosionsschäden außerdem die Polizei.
- ☒ Schließen Sie bei Leitungswasserschäden den Haupthahn und lassen Sie zugefrorene Rohre und Heizkörper durch einen Fachmann auftauen.

Wann zahlt die Versicherung?

Wenn die Leistungspflicht des Versicherers dem Grund und der Höhe nach feststeht, hat er binnen zwei Wochen die Entschädigung auszuzahlen. Der Versicherer kann die Zahlung aufschieben, wenn eine polizeiliche oder strafrechtliche Untersuchung wegen des Schadens gegen den Versicherungsnehmer eingeleitet wurde, bis die Untersuchung erledigt ist.

Achtung: *Schäden durch Verschulden:* Bei Vorsatz und grober Fahrlässigkeit besteht für den Versicherer keine Leistungspflicht. Seine Leistung beschränkt sich damit auf Fälle, die durch leichte Fahrlässigkeit oder ohne Ihr Verschulden eingetreten sind (bei Brandstiftung durch Dritte geht Ihnen der Versicherungsschutz nicht verloren!).

Ist Ihr Gebäude zerstört, z. B. abgebrannt, erhalten Sie den ortsüblichen Neubauwert. Er richtet sich nach den Preisen am Schadentag. Für mitversicherte Einbauten erhalten Sie die Wiederbeschaffungspreise.

Ist Ihr Gebäude lediglich beschädigt, erhalten Sie die Reparaturkosten.

Sind Aufräumungs- oder Abbrucharbeiten erforderlich, so erhalten Sie hierfür Ersatz bis zu 5% der Versicherungssumme.

Der Versicherer leistet auch Entschädigung für Sachen, die bei Löscharbeiten beschädigt werden. Sind Wohnräume unbenutzbar, zahlt er bis zu 12 Monate den Mietverlust oder den ortsüblichen Mietwert, wenn Sie die Räume selbst bewohnt haben.

Vollen Ersatz des Schadens erhalten Sie, wenn Sie das Gebäude tatsächlich wieder aufbauen oder nachweisen, dass Sie die Entschädigung für die Wiederherstellung verwenden. Wollen Sie dies nicht, so erhalten Sie eine Entschädigung, die dem Zustand des Gebäudes, seinem Alter und seiner Abnutzung entspricht (Zeitwert).

Wann lässt sich die Versicherung kündigen?

Für die Käufer und Erben einer Immobilie gilt: Die Gebäudeversicherung geht beim Wechsel des Eigentümers automatisch auf den neuen Eigentümer über, sobald die Eintragung im Grundbuch geändert ist. Der Erwerber hat das Recht, die Versicherung innerhalb eines Monats nach der Umschreibung im Grundbuch zu kündigen, und zwar mit sofortiger Wirkung oder zum Ende des Versicherungsjahres.

! UNSER VERSICHERUNGSTIPP

Wenig sinnvoll ist es, innerhalb eines Versicherungsjahres mit sofortiger Wirkung zu kündigen, weil sonst die Prämie für das restliche Versicherungsjahr verfällt. Vielmehr empfiehlt es sich, den zeitlichen Spielraum bis zur nächsten Hauptfälligkeit auszuschöpfen, um den Umfang der übernommenen Versicherung zu überprüfen und evtl. Angebote einzuholen.

Im Übrigen bestehen folgende Möglichkeiten für eine Kündigung:

- ☒ Kündigung mit einer Frist von drei Monaten zum Ablauf des Vertrages;
- ☒ Kündigung nach einem Schadensfall innerhalb eines Monats nach Abschluss der Regulierung.

f. Sonderfragen

Versicherungsschutz für Auslandsimmobilien

Für Auslandsimmobilien gilt der Grundsatz: Einbruch, Feuer, Leitungswasser und Haftpflicht »vor Ort« versichern, Rechtsschutz für europäische Immobilien dagegen im Heimatland. Deutsche Sachversicherer übernehmen nur in Ausnahmefällen den Versicherungsschutz für Auslandsimmobilien. Außerdem ist es oft wichtig, einen Versicherungsagenten am Ort als Ansprechpartner zu haben. Dabei kommt es manchmal mehr auf die Person des Agenten an als auf die Versicherung, die er vertritt.

Stets jedoch ist ein Schadensfall unverzüglich dem Versicherer zu melden, ein Einbruchdiebstahl oder Brand außerdem der Polizei anzuzeigen und das Protokoll der Schadenmeldung beizufügen. Diese sollten Sie am besten an die Agentur und an die Schadenabteilung der Versicherungsgesellschaft senden. Je weiter entfernt das Objekt liegt, umso mehr gilt allerdings: Briefe, die nicht in der Landessprache geschrieben sind, landen meistens unbeantwortet in den Akten. Hier setzt die Aufgabe des Versicherungsagenten ein. Handelt es sich bei der Immobilie um eine Ferienwohnung, so sollte diese auch dem Verwalter der Wohnanlage benannt werden. Haben Sie z. B. vergessen, die Elektroheizung abzuschalten, und ein Brand bricht aus, so haften Sie den anderen Wohnungseigentümern für den entstandenen Schaden. Hier kann der Agent dafür sorgen, dass rasch ein Sachverständiger der Versicherung zur Schadenfeststellung kommt und überhöhte Ansprüche abwehrt.

! UNSER VERSICHERUNGSTIPP

Rechtsstreitigkeiten werden sowohl in diesem Fall als auch in anderen Schadensfällen kaum ausbleiben: Deshalb ist es gut, die Auslandsimmobilie in die (inländische) Rechtsschutzversicherung einzubeziehen.

Versicherungsschutz für Bauherren

Vielen Bauherren ist nicht bekannt, dass sie während der Bauzeit eine Vielzahl von Gefahren zu tragen haben, die nicht auf den Architekten oder die bauausführende Firma abgewälzt werden können. Einen Schutz hiergegen bietet die Bauleistungsversicherung als eine Art Unfallversicherung für Neubauten.

Nach der Verdingungsordnung für Bauleistungen (VOB) hat der Auftragnehmer auch dann Anspruch auf eine Vergütung, wenn die Bauleistung durch höhere Gewalt, z. B. Erdrutsch, Überschwemmung oder von ihm nicht zu vertretende Umstände, zerstört oder beschädigt wird. Da häufig nicht festzustellen ist, wer einen Schaden zu verantworten hat, entstehen oft langwierige Auseinandersetzungen zu Lasten des Bauherrn.

Durch eine Bauleistungsversicherung können Sie dieses Risiko abdecken. Versichert ist hierbei das Bauobjekt bzw. die jeweils erbrachte Bauleistung und die dazugehörigen Baustoffe und Bauteile. Der Versicherungsschutz besteht unabhängig davon, ob für einen Schaden der Bauherr, das Bauunternehmen oder ein Handwerker einzutreten hätte.

Die Versicherung deckt unvorhersehbare Beschädigungen oder Zerstörungen an den versicherten Bauleistungen und an sonstigen versicherten Sachen durch höhere Gewalt und Elementarereignisse, unbekannte Eigenschaften des Baugrunds, Konstruktions- und Materialfehler, Fehler bei der Bauausführung, mangelnde Aufsicht, Ungeschicklichkeit, Fahrlässigkeit und Böswilligkeit.

Mitversichern können Sie:

- ☒ Schäden durch Brand, Blitzschlag, Explosion. Die Versicherer decken dieses Risiko als »Vorlauf« zu einer beantragten Gebäudeversicherung beitragsfrei; normalerweise ist dieser Versicherungsschutz aber auf sechs Monate vor der Bauabnahme beschränkt. Ein längerer Zeitraum ist besonders zu vereinbaren.
- ☒ Diebstahl von Bestandteilen, die bereits mit dem Gebäude fest verbunden sind.
- ☒ bestehende Altbauten gegen Einsturz (z. B. bei Um- bzw. Anbauten).

Nicht versichert sind:

- Schäden durch normale Witterungseinflüsse, mit denen nach der Jahreszeit und den örtlichen Verhältnissen gerechnet werden muss,
- Vertragsstrafen und mittelbare Schäden (z. B. Mietentgang),
- Gewährleistungsschäden,
- Schäden durch Krieg, innere Unruhen, Streik und Aussperrung.

Die Versicherungssumme setzt sich aus den Kosten aller Bauleistungen zusammen; nicht einzubeziehen sind der Grundstückswert, Gartenanlagen und Pflanzungen, Baunebenkosten, z. B. Architektenhonorare, behördliche Gebühren und nicht als wesentliche Bestandteile einzubauende Einrichtungsgegenstände.
Vertragspartner sind Bauherren, Architekten oder Bauträger.

Achtung: Die Versicherung durch das Bauunternehmen erstreckt sich im Allgemeinen nur auf Schäden, für die nach VOB gehaftet wird, und ist häufig auf den Rohbau beschränkt. Eine solche Regelung ist für den Bauherrn nicht ausreichend. Voller Versicherungsschutz besteht für Sie nur dann, wenn Sie den Vertrag selbst abschließen.

Neben diesem Eigenschadenrisiko besteht die Gefahr, als Bauherr für Haftpflichtschäden in Anspruch genommen zu werden. Dies gilt auch dann, wenn die Bauaufsicht auf den Architekten oder Bauunternehmer abgewälzt wird. Dabei ist für Schadensfälle »am Bau« von besonderer Bedeutung der Rechtsschutz und die Abwehr unberechtigter Ansprüche durch die Haftpflichtversicherung. Unabdingbar erscheint eine Haftpflichtversicherung für Bauherren, die ganz oder teilweise in Eigenregie bauen. Bis zu einer Bausumme von 20000 bzw. DM 30000 besteht über die Privathaftpflichtversicherung Deckung. Wird dieser Betrag überschritten, entfällt der kostenlose Versicherungsschutz. Es gilt dann bis zur nächsten Prämienfälligkeit die Regelung der Vorsorgeversicherung mit nachträglicher Meldung und Prämienabrechnung (vgl. Seite 33).

Bei gleichzeitigem Abschluss einer Bauherrn-Haftpflicht- und einer Bauleistungsversicherung gewähren die Versicherer einen Prämiennachlass.

! UNSER VERSICHERUNGSTIPP

Neben der Zerstörung der Bauleistung besteht das Risiko, dass das Bauunternehmen Pleite geht und der Weiterbau nur zu höheren Kosten möglich ist. Einen Schutz hiergegen bietet die »Baufertigstellungs-Garantieversicherung«. Der Bauherr erhält von der Versicherung einen »Sicherungsschein«, der gewährleistet, dass die betreffende Baufirma überprüft wurde. Geht die Baufirma trotzdem Pleite, übernimmt die Versicherung die anfallenden Mehrkosten. Wenn für eine Baufirma diese Sicherheit bzw. Versicherung nicht erhältlich ist, sollten Sie vorsichtig sein und die Bonität des Baupartners überprüfen.

Häuslebauer, die Eigenleistungen erbringen, sollten Folgendes beachten:

Die Bauberufsgenossenschaften gewähren für nicht gewerbsmäßige Bauarbeiten automatisch allen Personen Versicherungsschutz, die dem Bauherrn bei der Errichtung seines Familienheims helfen. Darunter fallen Verwandte, Freunde, Nachbarn und andere vom Bauherrn für die Bauarbeiten angestellte Helfer; auf die Zahlung eines Entgeltes kommt es dabei nicht an. Nur ausgesprochen freundschaftliche sowie familiäre und verwandtschaftliche Gefälligkeiten bleiben unversichert.

Der Versicherungsschutz ist melde- und beitragspflichtig!

Der Beitrag ist von den geleisteten Arbeitsstunden abhängig und beträgt für Rohbauarbeiten je nach Region ca. DM 2,35/h und für sonstige Arbeiten ca. DM 1,40/h.

Der Bauherr und seine Ehefrau können diesen Versicherungsschutz nur auf freiwilliger Basis beantragen; der Beitrag ist relativ hoch und beträgt pro Person und Monat ca. DM 150. Es ist deshalb sinnvoll, für eigene Schäden den Versicherungsschutz anderweitig zu regeln.

Bei einem Hausbau mit Eigenleistungen sind im Allgemeinen die Finanzen bis zum Äußersten angespannt. Ein Unfall oder eine längere Krankheit kann deshalb das ganze Objekt zum wackeln bringen. Es ist für einen Bauherrn deshalb dringend zu empfehlen, die wesentlichen persönlichen Risiken wie folgt zu versichern:

- [x] angemessenen Todesfallschutz (Risikolebensversicherung)
- [x] Berufsunfähigkeits- oder hilfsweise eine Unfall-Invaliditätsversicherung
- [x] zusätzliches Krankentagegeld (ab dem 43. Krankheitstag)

Rechtsschutzversicherung für Hausbesitzer
In der Rechtsschutzversicherung (Familienrechtsschutz) sind die Risiken aus Hausbesitz automatisch mitversichert, soweit die Objekte in der Police dokumentiert sind.

Rechtsschutzfälle von Hausbesitzern

BEISPIELE
- [x] Ein Passant verletzt sich bei Glatteis auf Ihrem Grundstück, worauf gegen Sie ein Strafverfahren eingeleitet wird.
- [x] Mit Ihrer Hypothekenbank kommt es 3 Jahre nach dem Kauf Ihres Hauses zu einem Streit über eine Vertragsklausel.

- ☒ Wegen der Einrichtung einer »wilden« Autowerkstätte wollen Sie gegen Ihren Nachbarn auf Unterlassung klagen.
- ☒ Ihre Gebäudeversicherung verweigert die Entschädigung wegen angeblich grober Fahrlässigkeit.
- ☒ Wegen der Höhe der Grundsteuer kommt es zu einem Finanzgerichtsverfahren.
- ☒ Durch Nachbarkinder wird Ihr Haus beschädigt, weshalb Sie auf Schadenersatz gegen die Eltern klagen wollen.

Hinweis: Es besteht allerdings kein prämienfreier Versicherungsschutz für das Vermietungsrisiko, wenn es z. B. zu einem Rechtsstreit kommt, weil der Mieter eine Mieterhöhung nicht anerkennt. Dieses Risiko ist nur gegen Prämienzuschlag versicherbar. Besonders zu versichern sind auch unbebaute Grundstücke.

Achtung: Bitte beachten Sie: Schadensfälle aus Baustreitigkeiten (Gewährleistungsmängel) sind nicht versicherbar. Die Versicherer gehen diesem Risiko bewusst aus dem Wege, da erfahrungsgemäß jeden Bauherrn irgendwann einmal »die Klagewut packt«. Ausgeschlossen bleiben auch in jedem Fall Enteignungs- und Planfeststellungsverfahren.

Versicherungsschutz für Mieter und Besitzer von Eigentumswohnungen

Wer eine Wohnung mietet, genießt nur bedingt Versicherungsschutz für Schäden, die durch sein Verschulden am Gebäude entstehen.

Der Mieter ist nicht automatisch in den Schutz der Vereinbarung zwischen Hausbesitzer und Versicherung einbezogen. Auch die Umlage der Prämie auf die Mieter schützt nicht generell vor einem Regress der Versicherung. Neben dem Gebäudeversicherer können bei einem schuldhaft verursachten Brand auch die Hausratversicherungen der Mitbewohner und alle in der Nachbarschaft Betroffenen Regress nehmen. Hiergegen schützt nur der Abschluss einer Privathaftpflichtversicherung.

Im Gegensatz zum Mieter ist für Wohnungseigentümer eine besondere Klausel üblich, wonach diese als Mitversicherte deklariert und grundsätzlich vom Regress bei übergreifendem Feuer ausgeschlossen sind. Der Wohnungseigentümer kann jedoch bei grober Fahrlässigkeit für seinen Wohnungsanteil den Versicherungsschutz verlieren. Hiergegen gibt es keine anderweitige Versicherungsmöglichkeit.

4. Die Autoversicherung

Was als eine historische Einheit aussieht, die zusammen mit dem Massenverkehrsmittel Auto geboren wurde, ist in Wirklichkeit aus verschiedenen Quellen der allgemeinen Haftpflicht-, Sach- und Unfallversicherung entstanden. Erst allmählich hat sich daraus die Autoversicherung entwickelt.

Ihr wichtigster Risikobereich ist die Auto-Haftpflichtversicherung. Als Pflichtversicherung ist sie streng reglementiert und bei der Zulassung eines Fahrzeuges durch eine Doppelkarte nachzuweisen.

An zweiter Stelle steht die Kaskoversicherung (Fahrzeugversicherung), die Sachschäden am versicherten Fahrzeug abdeckt. Als Teilkaskoversicherung kann sie auf bestimmte Ursachen beschränkt werden. Außerdem sind verschiedene Selbstbeteiligungen möglich.

Eine geringere Rolle spielt die Insassenversicherung, die einen zusätzlichen Schutz für Fahrer und Beifahrer bietet. Sie kann auf Todesfälle, Invalidität, Heilkosten oder Tagegeld ausgedehnt werden. Ihre Leistungen sind grundsätzlich unabhängig von evtl. Haftpflichtansprüchen.

Alle drei Versicherungsarten sind in den Allgemeinen Bedingungen für die Kraftfahrtversicherung (AKB) geregelt, die normalerweise jeder Police beiliegen.

Ergänzend hierzu bieten die meisten Versicherer die Verkehrsserviceversicherung oder einen Auto-Schutzbrief an.

a. Die gemeinsamen Regelungen

Wann beginnt der Versicherungsschutz?

Der Versicherungsschutz beginnt mit der Einlösung des Versicherungsscheines. Soll der Versicherungsschutz sofort beginnen, ist von einer bevollmächtigten Person eine vorläufige Deckungszusage einzuholen. Dies ist insbesondere in der Kasko- und Insassenversicherung von Bedeutung. In der Auto-Haftpflichtversicherung gilt dagegen als vorläufige Deckungszusage bereits die Aushändigung einer Doppelkarte.

Wann ist der Versicherer von der Leistung frei?

- [x] Wenn das Fahrzeug zu einem anderen Zweck verwendet wird als im Antrag angegeben,
- [x] wenn ein Unberechtigter das Fahrzeug benutzt,
- [x] wenn der Fahrer keine vorgeschriebene Fahrerlaubnis hat oder
- [x] wenn eine dauernde Gefahrerhöhung eintritt (z. B. abgefahrene Reifen).

Gelegentlich kommt es beim Abschluss einer Autoversicherung absichtlich oder versehentlich zu falschen Angaben, indem z. B. kW- und PS-Zahlen verwechselt werden. Normalerweise erfolgt über die im Antrag anzugebenden Typen- und Herstellerschlüssel beim Versicherer automatisch eine Korrektur. Es gibt jedoch Fälle, in denen der Fehler nicht zu entdecken ist. Bei streng gesetzlicher Auslegung liegt ein Verstoß gegen die vorvertragliche Anzeigepflicht vor, die den Versicherer zum Rücktritt vom Vertrag berechtigt. In der Autoversicherung wird davon allerdings nur in Extremfällen Gebrauch gemacht. Anders sind falsche Angaben über einen Vorvertrag oder das Verschweigen von früheren Schäden zu werten. Hier hat der Versicherer das Recht, rückwirkend das Doppelte des Beitrages zu verlangen, der bei richtiger Einstufung hätte erhoben werden müssen.

Nach dem Pflichtversicherungsgesetz bleibt der Haftpflichtversicherer einem inländischen Geschädigten gegenüber – trotz Verlust des Versicherungsschutzes – eintrittspflichtig. Er kann jedoch den Halter oder Fahrer in begrenztem Umfang regresspflichtig machen. In der Kaskoversicherung sind Schäden durch grobe Fahrlässigkeit, z. B. »Trunkenheit am Steuer«, grundsätzlich vom Versicherungsschutz ausgeschlossen.

BEISPIELE **Praktische Fälle, die zum Verlust des Versicherungsschutzes führen:**

- Wenn Sie Ihr Fahrzeug außerhalb Europas benutzen,
- wenn Sie Ihren Sohn ohne gültigen Führerschein fahren lassen,
- wenn Sie dauernd mit abgefahrenen Reifen fahren,
- wenn Sie an Geschwindigkeitsrennen teilnehmen,
- wenn Sie Ihr Auto vermieten,
- wenn Sie Fahrerflucht begehen oder
- wenn ein Schaden Ihre Versicherungssumme übersteigt.

Wann endet die Versicherung?

Soweit eine Autoversicherung auf mindestens ein Jahr abgeschlossen wurde, verlängert sich der Vertrag automatisch, wenn er nicht spätestens ein Monat vor Ablauf schriftlich gekündigt wird. Beträgt die Versicherungsdauer weniger als ein Jahr, endet der Vertrag automatisch zum vorgesehenen Zeitpunkt.

Ein außerordentliches Kündigungsrecht besteht:

- Im Schadensfall durch den Versicherungsnehmer oder Versicherer. Bei Kündigung durch den Versicherungsnehmer ist zu beachten, dass dem Versicherer die Prämie bis zum Ende des laufenden Versicherungsjahres zusteht.
- Bei Eigentumswechsel kann der Erwerber des Fahrzeugs innerhalb eines Monates kündigen. Der Abschluss einer neuen Versicherung gilt als Kündigung des alten Vertrages.

■ Bei Erhöhung der Beiträge um mehr als 5 Prozent des
letzten Beitrags oder mehr als 25 Prozent des ersten
Beitrages.

Achtung beim Fahrzeugverkauf:

Sie sollten das Datum der Fahrzeugübergabe und
die Aushändigung der Papiere schriftlich festhalten.
Außerdem sollten Sie unverzüglich der Zulassungsstelle und Versicherung mitteilen, wann und an
wen das Fahrzeug verkauft wurde. Verpflichten Sie
den Käufer vertraglich, das Fahrzeug am nächsten
Tag umzumelden. An einen Ausländer ohne deutschen Wohnsitz ist es wichtig, das Fahrzeug nur in
abgemeldetem Zustand zu verkaufen oder selbst
mit ihm zur Zulassungsstelle zu gehen. Fährt der
Käufer ins Ausland, ohne das Fahrzeug abzumel-
den, haften Sie weiterhin für die Kfz-Steuer und den
Versicherungsbeitrag. Auch ein Unfall wird auf
Ihren Schadenfreiheitsrabatt angerechnet.

In der *Kaskoversicherung* gilt folgende Besonderheit:
Erhöht sich der Beitrag aufgrund einer Regionalumstu-
fung, Typenklassenänderung oder allgemeinen Anpassung, kann der Versicherungsnehmer den Vertrag zu dem
Zeitpunkt kündigen, an dem die Erhöhung wirksam wird.
Der Versicherungsvertrag endet auch infolge Wagnisweg-
falls, z. B. bei Zerstörung durch Totalschaden oder Ver-
schrottung des Fahrzeugs. Ein Wagniswegfall ist unverzüglich anzuzeigen.

Wie funktioniert das Rabattsystem?

In der Autoversicherung hat sich allgemein ein Bonus-/
Malussystem eingebürgert. Damit sollen das Können und
Verhalten des Fahrers belohnt oder bestraft werden.
Anfänger sind ein hohes Risiko und müssen deshalb mehr
als die vierfache Prämie im Vergleich zu »alten Autoha-

sen« bezahlen. Damit decken sie trotzdem nicht alle Scha-
denkosten ab und werden somit noch teilweise subven-
tioniert. Wer lange fährt und viele Unfälle verursacht,
kann ebenfalls auf dem Prämienniveau eines Anfängers
landen. Die meisten Autofahrer profitieren jedoch von
einer günstigen Einstufung.

! UNSER VERSICHERUNGSTIPP

*Es ist durchaus legal, das Fahrzeug eines Kindes als
»Zweitwagen« auf die Eltern zuzulassen. Dabei kann
das Kind Eigentümer, und die Eltern können Halter und
Versicherungsnehmer sein. Der Beitrag beträgt dann
statt 175 bzw. 240 nur 120 Prozent. Es ist auch möglich,
den Schadenfreiheitsrabatt auf sein Kind zu übertragen, wenn dieses das Fahrzeug nicht nur gelegentlich
fährt. Dabei kann allerdings ein Teil des Vorteils wieder
verloren gehen. Denn die Eltern können nur so viele
schadenfreie Versicherungsjahre übertragen, wie das
Kind seit dem Ausstellungsdatum des Führerscheins
hätte selbst erreichen können.*

Für das Rabattsystem zählen grundsätzlich nur Kalender-
jahre (bei wenigen Gesellschaften die Versicherungsjahre). Wer einen Zweitwagen fährt oder seit drei Jahren
einen Führerschein besitzt, wird mit 120% eingestuft.
Autoneulinge zahlen nach den Tarifbestimmungen – je
nach Versicherer 175% und mehr – und rücken dann Jahr
für Jahr um eine Stufe weiter, falls sie keinen Schaden
verursachen. In der Realität bieten jedoch viele Versicherer von Fall zu Fall auch günstigere Einstiegskonditionen
an.
Spätestens nach drei Schadensfällen wird ein Vertrag in
M = Malus eingestuft, und damit ist im folgenden Jahr
die doppelte Basisprämie fällig. Im Schadensfall ist außerdem der Versicherer berechtigt, den Vertrag zu kündigen.
Bleibt der Vertrag im Folgejahr schadenfrei, wird er im
übernächsten Jahr mit SF 1 = 100% eingestuft.

In der *Kaskoversicherung* ist der ungünstigste Beitragssatz 120 Prozent. Darüber hinaus kann der Versicherer bei ungünstigem Schadenverlauf von seinem Kündigungsrecht Gebrauch machen.

Weshalb Sippenhaftung in der Autoversicherung?
In einigen Ländern wird nicht das Auto, sondern der Fahrer versichert. Die Autoversicherung gilt dann auch für fremde Fahrzeuge.
Das deutsche Bonus-/Malussystem geht von der Fiktion aus, dass das versicherte Auto nur vom Versicherungsnehmer gefahren wird. In Wirklichkeit ist jedoch jeder berechtigte Fahrer versichert. Verursacht ein Kind mit dem elterlichen Fahrzeug einen Schaden, werden Vater oder Mutter als schlechte Risiken zurückgestuft. Das Kind behält dagegen seine weiße Weste.
Als Ausgleich für die »Sippenhaftung« gibt es andererseits in folgenden Fällen Erbrecht auf erworbenen Bonus:

- ☒ Wenn der Vater oder die Mutter ihren Wagen auf ein Kind umschreiben lässt und nachweist, dass das Kind den Wagen selbst gefahren hat.
- ☒ Wenn die Eltern den von ihrem Kind mitbenutzten Wagen endgültig abschaffen und das Kind dann ein eigenes Auto kauft.
- ☒ Wenn jemand von seinem Arbeitgeber den Firmenwagen erwirbt, den er bisher fuhr, und der Arbeitgeber den Schadenfreiheitsrabatt aufgibt.

Besondere Tarife und Prämien gelten für folgende Fahrzeuge:

- ☒ Leichtkrafträder, Mopeds, Krafträder, Kraftroller
- ☒ Personenmietwagen und Taxi (Kraftdroschken)
- ☒ Selbstfahrer-Vermietfahrzeuge
- ☒ Kraftomnibusse
- ☒ Kraftfahrzeuge im Güter- und Umzugsverkehr
- ☒ landwirtschaftliche Zugmaschinen und Raupenschlepper
- ☒ Elektrofahrzeuge
- ☒ Anhänger, Auflieger und Wechselaufbauten jeder Art

☒ Wagnisse des Kraftfahrzeughandels und -handwerks
☒ Kraftfahrzeuge, die ein Ausfuhrkennzeichen führen.

b. Haftpflichtversicherung

Was ist die Aufgabe des Versicherers?

In erster Linie muss der Auto-Haftpflichtversicherer den Schadenhergang prüfen und sich mit dem Geschädigten auseinander setzen. Dabei gelten dieselben Prinzipien wie in der allgemeinen Haftpflichtversicherung. In der Auto-Haftpflichtversicherung können darüber hinaus insbesondere folgende Punkte zu Streitigkeiten führen:

☒ Die Unfallschilderungen der Beteiligten stimmen mit der Realität nicht überein: Beispielsweise wenn zwei Autofahrer behaupten, bei Grün über die Kreuzung gefahren zu sein.

☒ Die Juristen haben unterschiedliche Meinungen, z. B. über das Mitverschulden bei einem Auffahrunfall wegen einer nicht zu erwartenden Vollbremsung.

☒ Der Wert eines Fahrzeuges oder seine Wertminderung ist strittig, z. B. bei einem Oldtimer.

Es ist grundsätzlich das Risiko des Versicherers, wenn er sich in seiner juristischen Beurteilung irrt und vorschnell die Ansprüche des Geschädigten ablehnt. Die dadurch provozierten Kosten der Rechtsverfolgung gehen zu seinen Lasten.

Kraftfahrzeughalter haften auch ohne Verschulden (Gefährdungshaftung). Sie müssen für den Schaden des Unfallgegners jedoch nicht aufkommen, wenn ein »unabwendbares Ereignis« vorliegt (z. B. Herzinfarkt am Steuer, höhere Gewalt). In jedem Fall gehen Mängel am Fahrzeug auch ohne Verschulden zulasten des Halters.

Es liegt im Interesse des Versicherten, dass nicht jegliche Ansprüche zulasten seines Vertrages reguliert werden. Deshalb ist es nicht ohne Bedeutung, dass die Haftpflichtversicherung unberechtigte Ansprüche ablehnt. Sie hält damit gleichzeitig dem Versicherten den Rücken für eigene Ansprüche frei, wenn ein Unfall strittig ist oder gemeinsam verursacht wurde.

Der Autofahrer ist fast immer der Dumme

Als der Außendienstmitarbeiter der Fa. M. relativ flott bei Grün um die Ecke bog, stieß er mit einem Radfahrer zusammen, der ebenfalls Grün hatte, aber aus der falschen Richtung kam. Am Auto entstand ein Lackschaden von DM 1200, das Fahrrad war verbogen und der Fahrer leicht verletzt. Während die Autoversicherung für den Schaden des Radfahrers DM 2000 bezahlte, ging der Autofahrer leer aus. Wie ist das möglich?

Wenn ein Autofahrer mit einem Radfahrer zusammenstößt und beide »geschlafen« haben, beißen sich zwei Rechtsprinzipien: Der Radfahrer haftet nur bei Verschulden, der Autofahrer dagegen nach dem Gefährdungsprinzip. Will der Autofahrer seinen Schaden vom Radfahrer ersetzt haben, muss er ihm ein Verschulden nachweisen. Gelingt ihm dies nicht, geht er leer aus. Gleichzeitig muss er nachweisen, dass der Unfall für ihn unabwendbar war, sonst haftet er für den Schaden des Radfahrers.

Die Gefährdungshaftung beruht auf dem Gedanken der sozialen Verantwortung für Gefahrenquellen, die im eigenen Interesse geschaffen werden. Die gesetzliche Regelung findet sich in § 7 des Straßenverkehrsgesetzes. Danach ist der Halter eines Fahrzeugs verpflichtet, den Personen- oder Sachschaden zu ersetzen, der bei dem Betrieb eines Kraftfahrzeuges eintritt. Die Ersatzpflicht ist lediglich ausgeschlossen, wenn der Unfall durch ein unabwendbares Ereignis verursacht wird, das nicht auf technischen Mängeln am Fahrzeug beruht.

In folgenden Fällen wurde zulasten des Kfz-Halters ein Unfall als abwendbar angesehen:

- [x] wenn ein besonders umsichtiger Fahrer die Gefahr noch abwenden kann,
- [x] wer auf steiniger Straße einen Radfahrer überholt und diesen durch einen hochgeschleuderten Stein verletzt,

- ☒ wenn mangelhaft befestigte Ladung durch heftigen Wind vom Fahrzeug fällt,
- ☒ wer einen Radfahrer zu dicht überholt,
- ☒ wer auf vereister Straße weiter bremst, obwohl die Räder blockieren,
- ☒ wenn ein LKW bei Sturm einen Radfahrer überholt und dieser im Windschatten gegen das Fahrzeug geworfen wird,
- ☒ wenn ein Fahrzeug bei Dunkelheit auf ein unbeleuchtetes Hindernis auffährt,
- ☒ wenn jemand durch plötzliche Bewusstlosigkeit fahrunfähig wird,
- ☒ wenn sich ein Anhänger auf vereister Gefällstrecke quer stellt,
- ☒ wenn der Blinker unzuverlässig arbeitet, die Lenkung oder die Benzinzufuhr gestört ist, die Bremsen oder der Motor ausfallen,
- ☒ wenn ein Fahrer von einer Wespe gestochen wird,
- ☒ wenn ein vorfahrtsberechtigter Fahrer mit hoher Geschwindigkeit auf die Wartepflicht des Querverkehrs vertraut.

In folgenden Einzelfällen wurde von den Gerichten eine Haftung wegen »unabwendbarem Ereignis« verneint:

- ☒ wenn einem Kraftfahrer in einer Kurve plötzlich ein Motorrad vor den Kühler fährt,
- ☒ wenn ein Sechsjähriger einen Zaun übersteigt und sofort über die Fahrbahn rennt,
- ☒ wenn ein Pferd über die Fahrbahn springt,
- ☒ wenn plötzlich ein Kind zwischen parkenden Fahrzeugen hervortritt,
- ☒ wer Splitt von einer bestreuten Straße hochschleudert, wo hohe Geschwindigkeit erlaubt ist,
- ☒ wenn ein LKW in eine unterspülte Fahrbahn einbricht,
- ☒ wer auf einer nicht erkennbaren Ölspur rutscht,
- ☒ wenn ein Motorradfahrer plötzlich vor dem Überholen stürzt,
- ☒ wenn ein Fahrzeug überholt wird und dieses ohne Ankündigung plötzlich nach links fährt,
- ☒ wenn der Unfall durch Sturm verursacht wurde.

Bloße Zweifel am umsichtigen Fahrverhalten schließen ein unabwendbares Ereignis aus. Dem Autofahrer bleibt dann nur noch die Möglichkeit, ein Mitverschulden des Geschädigten einzuwenden. Hierfür ist er jedoch beweispflichtig.

Wie errechnet sich die Versicherungsprämie?

Die wichtigsten Merkmale für die Beitragsberechnung in der Haftpflichtversicherung sind:

- ☒ Art und Verwendung des Fahrzeuges

  Die Beiträge sind zunächst davon abhängig, ob es sich um einen PKW oder um andere Fahrzeugarten (z. B. Kraftrad oder LKW) handelt. Innerhalb der einzelnen Fahrzeugarten kommt es darauf an, zu welchem Zweck das Fahrzeug verwendet wird. So ist es beispielsweise bei einem PKW wichtig, ob das Fahrzeug privat genutzt oder vermietet wird.

- ☒ Typklasse

  Für die Höhe des Beitrages ist bei PKWs außerdem die Typklasse maßgebend, die sich aus der Statistik des Gesamtverbandes der Versicherungswirtschaft ergibt. Bis vor einigen Jahren wurde anstelle der Typklasse die Fahrzeugstärke berücksichtigt. Dieses Merkmal hat sich jedoch als nicht risikogerecht erwiesen.

- ☒ Wohnort des Versicherungsnehmers

  Die Versicherungsbeiträge für PKW richten sich in der Auto-Haftpflichtversicherung – von Sonderregelungen für die Landwirtschaft abgesehen – nach der Region, in welcher der Wohnort des Versicherungsnehmers liegt. Jede Region wird, entsprechend der Zahl und Schwere der Unfälle, einer Regionalklasse zugeordnet.

- ☒ Schadenfreiheit

  Der Schadenfreiheitsrabatt berücksichtigt die Unfallhäufigkeit des versicherten Fahrzeuges.

Ob ein Kraftfahrer mehr oder weniger Unfälle verursacht, ist von vielen Faktoren abhängig.
Die wichtigsten Faktoren sind in der folgenden Tabelle dargestellt.

Risikokriterien und ihre Auswirkungen auf den Beitrag

Risikokriterium	Begründung	Beitragsrelevant
Alter	je jünger, desto risikofreudiger	bedingt ja
Antialkoholiker	Alkohol ist häufige Unfallursache	nein*)
Anzahl der Fahrer	je weniger Fahrer, desto weniger Unfälle	nein*)
Beruf	Beamte und Pfarrer fahren besonders vorsichtig	ja
Fahrpraxis	Anfänger verursachen viele Unfälle	ja
Fahrtraining	durch bes. Fahrtraining erhöht sich die Fahrsicherheit	nein*)
Fahrzeugfarbe	dunkle Fahrzeuge werden häufig übersehen	nein
Familienstand	Verheiratete mit Kindern fahren vorsichtiger	nein
Garagenrabatt	Garage reduziert das Schadenrisiko	ja in Kasko**)
Geschlecht	Frauen verursachen weniger schwere Unfälle	nein*)
Gesundheitszustand	Krankheiten beeinträchtigen das Fahrvermögen	nein
Kilometer	je weniger Kilometer, umso weniger Unfälle	ja
Landwirte	weniger Unfälle in dünn besiedelten Gebieten	ja
Nationalität	Ausländer fahren mehr km, Autos oft überladen	nein
Fahrzeugalter	ältere Fahrzeuge sind weniger verkehrssicher	nein*)
Fahrzeugstärke	je mehr kW, umso größer die Unfallwirkung	nein
Region	je höher die Verkehrsdichte, umso mehr Unfälle	ja
Schadenhäufigkeit	wer einen Unfall baut, neigt zur Wiederholung	ja
Treuerabatt	langjährige Kunden verursachen weniger Kosten	nein*)
Umweltbewusstsein	Bahncard-Besitzer fahren wenig und vernünftig Auto	nein*)

*) Einige Versicherer gewähren für dieses Kriterium einen Rabatt.
**) Einige Versicherer gewähren für dieses Kriterium auch einen Rabatt in der Haftpflichtversicherung.

Viele Rabatte haben mit einer gerechten Kalkulation nichts mehr zu tun. Auf dem Markt hat sich ein gewisser Wildwuchs entwickelt, der es immer schwieriger macht, einen Überblick zu behalten. Wem der Nachweis gelingt, dass Blonde weniger Schäden verursachen als Dunkelhaarige, wird dafür sicherlich auch einen rabattwilligen Versicherer finden.

Vor *personenbezogene Rabatte* haben die Versicherer einige Hürden gesetzt. Deshalb sollten Sie nur mit Vorsicht und nach Lektüre der Bedingungen entsprechende Vereinbarungen treffen. Hierzu einige negative Beispiele aus der Praxis:

- ☒ DM 1000 Strafe, wenn bei »Lady-Rabatt« ein Mann am Steuer den Unfall verursacht.
- ☒ DM 2000 Strafe, wenn bei »Single-Rabatt« ein anderer Fahrer den Unfall verursacht.
- ☒ Ein Jahresbeitrag als Vertragsstrafe, wenn ein »Wenigfahrer« die km-Grenze überschreitet.
- ☒ Keine Kaskoentschädigung, wenn ein Auto in Rumänien gestohlen wird, der Versicherungsschutz aber nur für die EU vereinbart war.
- ☒ Doppelter Jahresbeitrag, wenn ein nicht autorisierter Fahrer bei »Single-« oder »Partner-Rabatt« das Auto gefahren hat (auch wenn sich kein Unfall ereignet hat).

! UNSER VERSICHERUNGSTIPP

Wichtig ist die Vereinbarung von Ausnahmen, wie zum Beispiel: »Im Krankheitsfall kann auch ein Dritter das Fahrzeug steuern, ohne dass sich dies auf den Versicherungsschutz negativ auswirkt.« Wenn Sie allerdings nicht sicher sind, die vereinbarten Bedingungen einhalten zu können, sollten Sie auf die betreffenden Rabatte verzichten und andere Möglichkeiten zur Beitragseinsparung ausschöpfen.

Welche Wahlfreiheit hat der Versicherungsnehmer?
Zwischen den rund 120 in Deutschland tätigen Autoversicherern kann man frei wählen. Dabei gibt es erhebliche Beitragsunterschiede. Die meisten »Billig«-Versicherer unterhalten allerdings keinen Außendienst oder versichern nur bestimmte Berufe, Risiken oder Regionen. Wer den Direktkontakt und Schriftwechsel mit den Versicherern scheut, ist bei einem etwas teureren Vertreter sicher besser aufgehoben als bei einem Direktversicherer. Versicherung ist eben auch Serviceleistung, und die gibt es nicht als Gratiszugabe.

Bei der Versicherungssumme sollten Sie nicht knausern: Großschäden sind zwar sehr selten, aber für keinen Autofahrer auszuschließen. Jedes Jahr ereignen sich in Deutschland etwa 15 Unfälle mit einem Schaden von mehr als DM 2 Mio., ein Viertel davon übersteigt sogar die 5-Millionen-Grenze. Es ist somit möglich, dass die Mindestversicherungssummen von DM 5 Mio. für Personenschäden und DM 1 Mio. für Sachschäden nicht ausreichen. Da Sie nach dem Bürgerlichen Gesetzbuch unbegrenzt haften, sollten Sie die Mehrprämie von etwa 2 Prozent akzeptieren und unbegrenzte Versicherungssummen wählen. In keiner anderen Versicherungssparte bekommen Sie für einen solch geringen Zuschlag Ihr Risiko vollständig abgenommen.

c. Kaskoversicherung
Wer in der Auto-Haftpflichtversicherung einen Schadenfreiheitsrabatt erworben hat, erhält bei einer neu abgeschlossenen Vollkaskoversicherung den gleichen günstigen Rabattsatz angerechnet. Diese Regelung gilt allerdings nicht für kurzfristige Urlaubsversicherungen.
Außer den auf Seite 97 aufgeführten Rabatten werden in der Kaskoversicherung zusätzlich folgende Rabatte gewährt:
- Rabatt für Vorsteuer-Abzugsberechtigte (Telcon-Vers.)
- Rabatt für einheitlichen Selbstbehalt bei Teil- und Vollkaskoschäden

Mit weiteren Sondertarifen ist zu rechnen, denn die Versicherer sind in ihrer Kalkulation frei, soweit sie die Gesetze der Versicherungstechnik (viele gleichartige Risiken) einhalten. Bei über 40 Mio. PKWs dürfte es in Deutschland nicht schwer sein, noch viele spezielle Risikogruppen zu finden. Das Massenprodukt »Auto« fordert aber nicht nur immer differenziertere Versicherungstarife, sondern auch individuelle Fahrzeugextras und Sonderausstattungen, die nicht ohne weiteres mitversichert sind. Welche Fahrzeug- und Zubehörteile generell mitversichert sind, können Sie der Anlage zu den allgemeinen Bedingungen für die Kraftfahrtversicherung entnehmen, die normalerweise Ihrer Police beiliegen.

Teile, für die Sie einen Prämienzuschlag bezahlen müssen, sind z. B.

- ☒ automatische Geschwindigkeitsregler
- ☒ Dachkoffer
- ☒ Kotflügelverbreiterungen
- ☒ Sonderlackierungen
- ☒ Tonanlagen im Wert über DM 1000
- ☒ Turbolader (soweit nicht serienmäßig)

Die Versicherer verzichten auf einen Beitragszuschlag, wenn der Neuwert der Zusatzteile DM 1000 nicht übersteigt.

Welche Schäden sind versichert?

Versicherte Teilkaskoschäden	Beispiele
Schäden durch Brand oder Explosion	Selbstzündung, Vergaserbrand, Kurzschluss, übergreifendes Feuer von außen
Entwendung und unbefugter Gebrauch durch betriebsfremde Personen	Unbekannte entwenden ein Fahrzeug und verkaufen es im Ausland; auf einer Diebesfahrt landet ein Fahrzeug im Graben
Unmittelbare Einwirkung von Sturm, Hagel, Blitzschlag oder Überschwemmung	Durch Sturm fällt ein Baum auf ein Fahrzeug; Blitz verschmort die Elektroinstallation; durch Hochwasser rutscht Erdreich ab und zerstört das Fahrzeug

Versicherte Teilkaskoschäden	Beispiele
Zusammenstoß mit Haarwild	Durch Aufprall eines Rehbockes wird die Karosserie beschädigt
Bruchschäden an der Verglasung	ein hochgewirbelter Stein zerstört die Windschutzscheibe
Vollkaskoversicherung deckt zusätzlich	
Unfallereignisse/Kollisionsschäden	Schäden durch Fahrzeuge oder Tiere aller Art; (Auffahr)-unfälle bei Nebel, Glatteis; sonstige Unfälle durch eigenes oder fremdes Verschulden
Mut- und böswillige Handlungen betriebsfremder Personen	Betrunkene klettern auf ein Fahrzeug und beschädigen die Karosserie. Jugendliche werfen Zucker in den Tank und verursachen damit einen Motorschaden.

Schneelawine aufs Auto – zahlt die Versicherung?

Mit einer Geschwindigkeit von 110 km/h blies der Sturm die Lawine ins Tal. In letzter Minute rettete sich der Urlauber in den Schweizer Alpen aus seinem Auto. Wenige Sekunden später wurde dieses von den Schneemassen in ein Flussbett gerissen. Die Teilkaskoversicherung lehnte die Regulierung des Totalschadens über DM 18000 ab, da kein Sturm-, sondern ein Schneeschaden vorlag. In der Vollkaskoversicherung wäre der Schaden als Unfallereignis versichert gewesen.

Ab dem Jahr 2001 sind in der Kaskoversicherung folgende Änderungen geplant:

- Aufteilung in eine Basiskaskoversicherung und eine Kollisionskaskoversicherung.
- Die Basiskaskoversicherung entspricht der bisherigen Teilkaskoversicherung, allerdings unter Ausschluss sämtlicher Schäden durch Tiere.
- Einführung eines Schadenfreiheitsrabattsystems für die Basiskaskoversicherung.

- ☒ Für einen Vollkaskoschutz im bisherigen Umfang muss eine Basis- und Kollisionskaskoversicherung abgeschlossen werden (Baukastensystem).

Die vorgesehene Regelung gilt nicht für alte, sondern nur für neu abgeschlossene Verträge!

Was entschädigt der Versicherer?

Der Versicherer ersetzt einen Schaden bis zum Wiederbeschaffungswert des Fahrzeuges. Dies ist der Kaufpreis für ein gleichwertiges Fahrzeug oder Fahrzeugteil. In allen anderen Fällen sind die Reparaturkosten und die notwendigen Frachtkosten versichert. Die Kosten für Ersatzteile, Lackierung und Reifen werden entsprechend der Abnutzung nur teilweise entschädigt.

! UNSER VERSICHERUNGSTIPP

Der Wertverlust eines PKW kann im ersten Jahr bis zu 40 Prozent betragen, sodass sich im Schadensfall eine erhebliche Finanzierungslücke ergibt. Einzelne Versicherer bieten gegen Beitragszuschlag die Möglichkeit an, für PKWs bis 12 Monate nach der ersten Zulassung, den Neupreis zu versichern.

Schäden an der Bereifung sind nur dann versichert, wenn sie durch ein Ereignis verursacht wurden, das gleichzeitig zu anderen Schäden an dem Fahrzeug geführt hat.
Im Gegensatz zur Haftpflichtversicherung hat der Kaskoversicherer die Kosten für einen Sachverständigen nur dann zu übernehmen, wenn er dem Auftrag im Voraus zustimmt.

Nicht erstattungsfähig sind:

- ☒ Nutzungsausfall
- ☒ Mietwagenkosten
- ☒ Kosten der Rückführung eines wieder aufgefundenen Fahrzeuges

- ☒ Überführungs- und Zulassungskosten für Ersatzfahrzeug
- ☒ Wertminderung
- ☒ Treibstoffverlust

Achtung: Wie in allen anderen Sachversicherungen sind auch in der Kaskoversicherung Schäden durch grobe Fahrlässigkeit nicht versichert! – Die Gerichte sind in diesem Punkt zulasten der Versicherten sehr restriktiv. Von vier Prozessen wegen grober Fahrlässigkeit, werden drei zulasten der Versicherten entschieden. Inzwischen empfinden selbst die Versicherer die Rechtsprechung als zu streng und denken über eine neue Abgrenzung nach. Dabei ist der Wunsch nach umfassendem Versicherungsschutz und die Erhaltung der Verkehrssicherheit abzuwägen. Da die ersten Versicherer erklärt haben, gegen Zuschlag künftig auch Schäden durch grobe Fahrlässigkeit zu versichern, wird der Markt in Bewegung geraten. Als alternative Lösung wird diskutiert, bei Schäden durch grobe Fahrlässigkeit den Versicherungsschutz nicht voll, sondern nur hälftig zu versagen. Vielleicht wird man auch nur langjährig schadenfrei Versicherten diesen Zusatzschutz anbieten. Welche Lösung sich durchsetzen wird und zu welchem Preis, lässt sich derzeitig nicht abschätzen.

Teil- oder Vollkaskoversicherung?
Die bestehenden Kaskotarife sind nach der Reparaturfreundlichkeit und Diebstahlgefahr in insgesamt 40 Fahrzeugklassen eingeteilt. Dabei spielt das Fahrzeugalter keine Rolle. Die Prämie ist deshalb für neue Fahrzeuge relativ günstig, für ältere Fahrzeuge dagegen unangemessen hoch. Daraus kann jedoch nicht die vielfach empfohlene Schlussfolgerung abgeleitet werden, die Vollkaskoversicherung ab dem 5. Jahr in eine Teilkaskoversicherung umzuwandeln. Maßgebend für den Versicherungsbedarf sind nicht bestimmte Ursachen, sondern der Wert des Fahrzeuges. Da ältere Fahrzeuge bei Dieben weniger beliebt sind, ist selbst der Diebstahlschutz der Teilkaskoversicherung sein Geld nicht wert. Nach fünf Jahren kann

ein Fahrzeug noch einen Wiederbeschaffungswert von DM 10 000 oder mehr haben. Es ist deshalb unlogisch, den Versicherungsschutz auf bestimmte Gefahren zu reduzieren (vgl. die Ausführungen zum »Versicherungsmodell«, Seite 14). Mit der gleichen Logik könnte der Versicherungsschutz auf Schäden an der Vorderfront, am Heck, bei Dunkelheit, bei Glatteis oder auf Unfälle am Montag und Freitag begrenzt werden. Eine solche Idee würde aber fast jeder absurd finden.

Versuchen Sie, anstelle der Umwandlung von einer Voll- in eine Teilkaskoversicherung ab dem 4. oder 5. Jahr einen (zusätzlichen) Prämienrabatt von 10% für den reduzierten Versicherungswert zu vereinbaren. Außerdem sollten Sie in jedem Fall eine einheitliche Selbstbeteiligung von DM 1000 für Voll- und Teilkaskoschäden wählen, denn unterschiedliche Selbstbeteiligungen – abhängig von der Schadenart – widersprechen jeder Logik und sind nur historisch zu erklären.

Achtung: Die Teilkaskoversicherung ist deshalb relativ billig, weil die meisten Schäden nicht versichert sind!

Über 60% aller Kaskoschäden sind nur durch eine Vollkaskoversicherung gedeckt. Ob ein Schaden versichert ist, wird somit bei einer Teilkaskoversicherung zu einem Glücksspiel. Dies zeigt sich besonders deutlich beim Versicherungsschutz für Schäden durch Tiere.

Versicherungsschutz bei Schäden durch Tiere

Unfallursache	versichert
Vogel in Windschutzscheibe	ja
Lackschäden durch Taubenmist	nein
Überfahren eines toten Rehes	ja
Schäden durch Wild an geparktem Fahrzeug	nein
Kabelbiss durch Nagetiere (z. B. Marder)	nein

Unfallursache	versichert
indirekte Schäden durch stechende Wespe	nein
Biss vom eigenen Hund	nein
Ausweichmanöver wegen Hirsch	bedingt ja
Zusammenstoß mit Kuhherde	nein
Rehbock	ja
Fasan	nein
Wildsau	ja
Zuchtsau	nein
Iltis	ja
Hauskatze	nein
Wildkatze	ja
Langhaardackel	nein
Fuchs	ja
Ratte	nein
Bisamratte	ja
Igel	nein
Dachs	ja
Wildente	nein
Steinbock	ja

BEISPIEL Ein Autofahrer, der bei Tempo 90 einem Hasen ausweicht und dabei die Kontrolle über sein Fahrzeug verliert, hat gegenüber seiner Teilkaskoversicherung keinen Anspruch auf Entschädigung (Entscheidung des BGH, Az: IV ZR 321/ 95). Mit der Begründung, das Ausweichmanöver wäre grob fahrlässig gewesen, blieb der Versicherte auf seinem 150 000 DM-Schaden sitzen.

Was tun, wenn die gegnerische Haftpflicht- und die eigene Kaskoversicherung eintreten müssen?
Ist ein Schadensfall strittig, kann es sinnvoll sein, zunächst die eigene Vollkaskoversicherung einzuschalten und mit ihr abzurechnen. Die anfallende Mehrprämie für die Rückstufung muss der Schädiger übernehmen, wenn seine Versicherung die Regulierung verzögert. Wenn Sie den Unfall zu 50% oder mehr mitverschuldet haben, gilt dies allerdings nicht, da dann die Kaskoversicherung ohnehin einen Teil des Schadens regulieren würde.

Mithilfe der Kaskoversicherung können Sie nicht nur die Abzüge für ein Mitverschulden, sondern auch die Selbstbeteiligung auffangen.

BEISPIEL

Alter des Fahrzeuges	18 Monate
Neupreis des Fahrzeuges	DM 28 000
Reparaturkosten (= Totalschaden)	DM 29 500
Wiederbeschaffungswert (vor Unfall)	DM 19 000
Restwert	DM 1500
Mitverschuldensquote	40 %

So können Sie mit den Versicherungen abrechnen:

Schadenart	Haftpflicht	Kasko
Wiederbeschaffungswert	DM 19 000	DM 19 000
Restwert	./. DM 1500	./. DM 1500
Fahrzeugschaden	DM 17 500	DM 17 500
Mietwagen	DM 1800	nicht vers.
Gutachten	DM 470	DM 370
Abschleppkosten	DM 340	DM 340
Kostenpauschale	DM 40	nicht vers.
Kasko-Mehrprämie für Rückstufung (SFR)	DM 950	nicht vers.
Gesamtschaden	DM 21 100	DM 18 310
./. 40 % Mitverschulden	DM 8440	nicht relevant
Selbstbeteiligung	–	./. DM 650
Versicherungsanspruch	DM 12 660	DM 17 660

Die beiden Beträge »Versicherungsanspruch« dürfen Sie allerdings nicht voll kassieren, denn ein Schadensfall darf zu keiner Bereicherung führen.

Wenn Sie zunächst über die Kaskoversicherung DM 17660 abrechnen, verbleiben als Haftpflichtanspruch folgende Kosten: Mietwagen, Kostenpauschale, Kaskomehrprämie und die Selbstbeteiligung mit

insgesamt DM 3440

Die gesamten Versicherungsleistungen belaufen sich somit auf DM 21100

Der Schaden ist damit in vollem Umfang ausgeglichen. Soweit Ihr Fahrzeug gemäß einer Sonderregelung in den ersten beiden Jahren zum Neuwert versichert ist, erhalten Sie vom Kaskoversicherer zusätzlich die Differenz zwischen Wiederbeschaffungswert (DM 19000) und Neupreis (DM 28000) erstattet, sodass sich die gesamten Versicherungsleistungen um DM 9000 erhöhen auf DM 31660.

d. Welche Möglichkeiten und Leistungen bietet die Insassenunfallversicherung?

Der Versicherungsschutz bezieht sich auf Unfälle beim Gebrauch des Fahrzeuges. Die Versicherung kann nach folgenden Systemen abgeschlossen werden:

▣ Pauschalsystem

Hier wird die Versicherungssumme durch die Zahl der Fahrzeuginsassen geteilt. Damit sind alle mit der gleichen Summe versichert. Es kann auch vereinbart werden, dass sich die Versicherungssumme um 50 Prozent erhöht, wenn sich zwei oder mehr Insassen im Fahrzeug befinden.

▣ Platzsystem

Für jeden Platz des Fahrzeuges ist die gleiche Summe versichert. Sind bei einem Unfall mehr Personen im Fahrzeug als versichert, wird die Entschädigung für die einzelne Person entsprechend gekürzt.

▣ Namentliche Versicherung

Für einen bestimmten Personenkreis ohne Beschränkung auf ein bestimmtes Fahrzeug.

☒ **Versicherung für Berufsfahrer**

Namentliche oder pauschale Versicherung für Berufsfahrer mit oder ohne Beschränkung auf ein bestimmtes Fahrzeug.

Je nach Vereinbarung sind Leistungen versichert für:

☒ den Fall des Todes (für Personen unter 14 Jahren begrenzt auf DM 10000)
☒ den Fall dauernder Beeinträchtigung der Arbeitsfähigkeit (Invalidität)
☒ Tagegeld
☒ Krankenhaustagegeld und Genesungsgeld

Die Eintrittspflicht und der Leistungsumfang sind grundsätzlich mit den Regelungen der allgemeinen Unfallversicherung identisch (vgl. Seite 180 ff.).

Welche Personen sind versichert?

Versicherte Personen sind bei der Insassenunfallversicherung nach dem Pauschalsystem oder Platzsystem die berechtigten Insassen des Fahrzeugs unter Ausschluss von Kraftfahrern und Beifahrern, die beim Versicherungsnehmer angestellt sind (Berufsfahrer). Berechtigte Insassen sind Personen, die sich mit Wissen und Willen des Fahrzeugberechtigten im Fahrzeug befinden oder im ursächlichen Zusammenhang mit ihrer Beförderung beim Gebrauch des Fahrzeugs tätig werden.

Die Berufsfahrerversicherung bezieht sich entweder

☒ auf den jeweiligen Kraftfahrer oder Beifahrer des im Vertrag bezeichneten Fahrzeugs oder
☒ unabhängig von einem bestimmten Fahrzeug auf namentlich bezeichnete Kraftfahrer und Beifahrer oder
☒ unabhängig von einem bestimmten Fahrzeug und ohne Namensnennung auf sämtliche beim Versicherungsnehmer angestellten Kraftfahrer oder Beifahrer.

Was ist Gegenstand der Versicherung?

Die Versicherung bezieht sich auf Unfälle in ursächlichem Zusammenhang mit dem Lenken, Benutzen, Behandeln, dem Be- und Entladen sowie Abstellen des Kraftfahrzeugs oder Anhängers. Unfälle beim Aussteigen sind mitversichert.

Ein Unfall liegt vor, wenn der Versicherte durch ein plötzlich von außen auf seinen Körper wirkendes Ereignis unfreiwillig eine Gesundheitsschädigung erleidet (siehe Seite 181).

Benötigen Insassen und Fahrgemeinschaften einen besonderen Versicherungsschutz?

Die Auto-Haftpflichtversicherung deckt auch Ansprüche von Insassen eines Fahrzeugs. Schäden des Fahrers sind jedoch immer ausgeschlossen, da es sich hierbei nicht um Haftpflicht-, sondern um Eigenschäden handelt. Ausgeschlossen sind auch Ansprüche des Versicherungsnehmers, Halters oder Eigentümers gegen den Fahrer aus Sachschäden oder Vermögensschäden (z. B. Schäden am Reisegepäck oder verpassten Flug).

Versicherungsschutz und Haftung müssen jedoch klar unterschieden werden. Im Allgemeinen haftet der Fahrer gegenüber den Insassen nur dann, wenn er den Unfall verschuldet hat.

BEISPIELE

- ☒ überhöhte Geschwindigkeit
- ☒ abgefahrene Reifen
- ☒ Auffahren durch Unachtsamkeit
- ☒ Übersehen von Verkehrszeichen

In keinem Fall haftet er für Schäden durch höhere Gewalt oder »unabwendbare Ereignisse«.

Wurde der Unfall durch einen anderen Verkehrsteilnehmer verursacht, so wird der Insasse von der gegnerischen Haftpflichtversicherung entschädigt. Es sind jedoch auch Schäden durch nicht versicherte oder vermögenslose Verkehrsteilnehmer möglich.

☒ Der Fahrer wird durch einen Arbeitslosen ohne festen Wohnsitz oder durch eine streunende Katze zu einer Notbremsung gezwungen und landet im Graben.

☒ Die Insassen werden durch jemanden verletzt, der nicht zu ermitteln ist. Werfen z. B. Rowdys von einer Brücke Steine auf Autos und verletzen die Insassen, so erhalten diese keine Entschädigung.

Gegenüber den verletzten Insassen besteht dann keine Haftung; Schäden am Fahrzeug oder Gepäck sind nur über eine Vollkasko- bzw. Reisegepäckversicherung gedeckt.

Für den Fahrer stellt sich die Frage, ob ihm nach einem Unfall persönliche, finanzielle Nachteile entstehen können. Dies lässt sich grundsätzlich verneinen. Wenn die Versicherung mangels Haftung nicht zu leisten hat, muss auch der Fahrer nicht eintreten. Es verbleibt jedoch das strafrechtliche Risiko. Dagegen hilft aber eher eine Rechtsschutzversicherung, als eine Insassenunfallversicherung; sie ist deshalb nur in Sonderfällen empfehlenswert. Familienangehörige oder Mitglieder von Fahrgemeinschaften sollten sich zweckmäßigerweise über eine allgemeine Unfall- oder Lebensversicherung versichern. Dabei lassen sich die individuellen Versorgungsverhältnisse viel besser berücksichtigen; außerdem ist dies eine preisgünstigere Lösung.

Insbesondere bei Fahrgemeinschaften kann strittig sein, ob eine Haftung auch bei einem unverschuldeten Unfall gegeben ist. Trotz einer gewissen Rechtsunsicherheit ist zu bedenken, dass sich ein Beifahrer in keinem Falle ungünstiger als in seinem selbst gelenkten Fahrzeug stellt, denn dort würde er ohnehin nicht unter die eigene Haftpflichtversicherung fallen. Aus Risikogesichtspunkten ergeben sich deshalb keine gravierenden Gründe gegen eine Fahrgemeinschaft.

Bei Fahrgemeinschaften liegt außerdem ein Berufsunfall (Wegeunfall) vor. Der Versicherungsschutz gilt auch dann, wenn der Versicherte wegen einer Fahrgemeinschaft vom unmittelbaren Weg zwischen der Wohnung und dem Ort der Tätigkeit abweicht.

e. Sonderfragen

Lohnt sich ein Auto-Schutzbrief?
Über einen Auto-Schutzbrief können Sie die finanziellen Folgen von Pannen, Unfällen oder Erkrankungen versichern; das Standardpaket umfasst folgende Leistungen:

☒ Pannenhilfe	Mietwagen
☒ Ersatzteilversand	Berge- und Abschleppkosten
☒ Fahrzeugrücktransport	Übernachtungskosten
☒ Verzollung/Verschrottung	Fahrtkosten

Bei Erkrankung, Verletzung oder Tod des Fahrers oder der Insassen

☒ Fahrzeugrückholung	Übernachtung
☒ Krankenrücktransport	Kinderrückholung

Mögliche Zusatzleistungen (Komfortschutz)

☒ Ersatz von Reisedokumenten	Vermittlung ärztlicher Betreuung
☒ Ersatz von Zahlungsmitteln	Arzneimittelversand
☒ Kostenerstattung für Reiseabbruch	Reise-Rückrufservice

Die Frage, ob sich ein Auto-Schutzbrief lohnt, lässt sich am besten im Zusammenhang mit dem gesamten Versicherungsschutz eines Haushaltes beantworten. Der Leistungs- und Schadenumfang ist als »weniger wichtig« einzustufen. Viele Leistungen liegen unter dem üblichen Selbstbehalt in der Vollkaskoversicherung. Das Risiko ist aus finanzieller Sicht weniger spektakulär als allgemein angenommen. Dies beweist auch der allgemein günstige Schadenverlauf. Der Hauptvorteil liegt deshalb im Service bei Schadensfällen, der sich in den vergangenen Jahren allgemein positiv entwickelt hat. Sie können jedoch nicht damit rechnen, dass Sie in jedem Falle mit einem Telefonat allen Ärger los haben. Außerdem sind die Verständigungs- und technischen Probleme im Ausland mit einem Schutzbrief nicht automatisch aus der Welt zu schaffen. Der Auto-Schutzbrief ist deshalb kein Retter aus allen Nöten.

Risiko- und kostenbewusste Autofahrer kommen auch ohne Schutzbrief aus. Mit der Verbreitung des Mobiltelefons und der Möglichkeit schneller Hilferufe haben Autopannen etwas von ihrem Schrecken verloren. Einige der Schutzbriefleistungen können Sie im Notfall auch selbst übernehmen, z. B. die Beschaffung von Ersatzausweisen oder den Anruf bei der Hausbank. Innerhalb Deutschlands helfen die gelben Engel des ADAC entweder selbst oder durch einen Vertragspartner auch Nichtmitgliedern. Auch über den Zentralruf der Autoversicherer können Pannen- und Abschleppdienste im Bereich des Unfallortes erfragt und beauftragt werden. Im Ausland bieten die deutschen Botschaften und Konsulate im Notfall erste Hilfe.

! UNSER VERSICHERUNGSTIPP

Soweit Ihr Versicherer einen Schutzbrief für DM 15–20 als Anhängsel zur Autohaftpflicht anbietet, sollten Sie Ja sagen. Voraussetzung für diese Empfehlung ist allerdings, dass Sie dieses »Sonderangebot« nicht über einen überhöhten Haftpflicht- oder Kaskobeitrag subventionieren.

Wer einen Neuwagen besitzt, profitierte je nach Fabrikat ein bis drei Jahre von der Mobilitätsgarantie des Autoherstellers. Diese Garantie umfasst die Kosten der Pannenhilfe, Bergen, Abschleppen und bei längeren Reparaturen auch die Ausgaben für Hotel, Taxi oder Mietwagen. Einige Autohersteller übernehmen auch die Kosten für eine Rückreise mit Bus, Bahn oder Flugzeug.

Achtung: Einer besonderen Vorsorge bedürfen Krankheiten im Ausland. Dafür ist aber ein Auto-Schutzbrief nur bedingt hilfreich, denn die Kosten der medizinischen Versorgung übernimmt er nicht. Es ist deshalb wichtiger, bei Reisen in

Länder ohne Sozialversicherungsabkommen eine Zusatz-krankenversicherung abzuschließen. Damit sind dann sowohl die Kosten der medizinischen Versorgung als auch die seltenen Fälle von teuren Rücktransporten versichert.

Versicherungsschutz für weitere Risiken

☒ Fährschiffversicherung

Wer seinen Urlaub auf einer Insel verbringt, kommt nicht umhin, eine Fähre zu benutzen. Ferienziele wie Irland, Großbritannien oder die Inseln im Mittelmeer sind mit dem Auto auf anderem Wege nicht zu erreichen. Die meisten Fahrzeughalter sind sich dabei des Risikos nicht bewusst, das sie dabei eingehen. Kommt es zu einer Schiffshavarie, geht der Kaskoversicherte leer aus.

Wichtig: Die Auto-Kaskoversicherung tritt nicht ein bei Strandung, Kollision, Leck oder Untergang von Schiffen sowie das Über-Bord-Gehen oder Über-Bord-Werfen von Ladung (Havarie-grosse). Hierfür haftet der Beförderer im Allgemeinen nur bei Verschulden, aber auch dann deckt die Entschädigung in den meisten Fällen den Schaden nur teilweise ab. Insbesondere bei neuwertigen Fahrzeugen empfiehlt sich daher eine gesonderte Fährschiffversicherung. Anbieter sind die Europäische Reiseversicherung oder die Elvia.

☒ Schneeausfallversicherung

Um die Kaufentscheidung für Winterreifen zu erleichtern, bieten einzelne Reifenhersteller eine Versicherung gegen »den Fehlkauf von Winterreifen« an. Aufgrund der begrenzten Schadenhöhe ist ein echter Versicherungsbedarf für dieses Angebot nicht ersichtlich.

☒ Garantieschutzbrief

Hierbei handelt es sich um eine Ausdehnung der Herstellergarantie auf zwei bis drei bzw. 50000 oder 100000 km. Aufgrund der allgemein verlängerten Gewährleistungsfristen und der hohen Qualität der meisten Autoaggregate ist für dieses Angebot nur bedingt ein Versicherungsbedarf ersichtlich.

5. Die Rechtsschutzversicherung

Zwischen »Recht haben und Recht bekommen« kann ein gewaltiger finanzieller Abgrund liegen. Denn wer vom »Recht des Bürgers« und vom »gleichen Recht für alle« spricht, darf die wirtschaftlichen Rahmenbedingungen der Justizia nicht außer Betracht lassen. Im Folgenden sind zwei typische Rechtsfälle dargestellt:

Streit wegen Anstellungsvertrag

Peter M. war drei Jahre als **Geschäftsführer** für eine Hilfsorganisation tätig. Er hatte für diese einen jährlichen Etat von über DM 10 Mio. zu betreuen. 1995 kam es mit dem Verwaltungsrat zu einer Auseinandersetzung wegen DM 3 Mio., mit der M. eine politisch orientierte Gruppe in Afrika unterstützt hatte. M. vertrat die Ansicht, dass er satzungsgemäß gehandelt habe und ihm im Übrigen ein Ermessensspielraum über die Verwendung seines Etats zugesichert worden war. Als die Revision bei einer Kassenprüfung nicht klärbare Fehlbeträge feststellte, wurde M. von der Hilfsorganisation entlassen. M. war anschließend fast zwei Jahre arbeitslos und verklagte die Hilfsorganisation auf entgangene Einkünfte von DM 200000 + Zinsen. Der Prozess läuft inzwischen in der dritten Instanz, und die Kosten haben bereits DM 50000 überschritten.
Aufgrund seiner ehemaligen Tätigkeit als Geschäftsführer war für diesen Streitfall seine Familienrechtsschutzversicherung nicht eintrittspflichtig.

Streit wegen medizinischer Fehlbehandlung

Infolge Sauerstoffmangels bei der Geburt kam das Kind von Frau S. aus München im Herbst 1995 schwer behindert zur Welt. Obwohl es geboten gewesen wäre, hatte der zuständige Arzt keinen Kaiserschnitt durchgeführt. Die ärztlichen Versäumnisse wurden von einer Kommission der Ärztekammer bestätigt, trotzdem konnte Frau S. erst nach vier Jahren wegen eines Teils ihrer Ansprüche in Höhe von DM 500000 einen vorläufigen Erfolg verbuchen. Der Prozess ist inzwischen in der zweiten Instanz – und dessen Ausgang ist noch nicht abzusehen. Die bisher von der Familienrechtsschutzversicherung übernommenen Kosten belaufen sich auf DM 25000. Das gesamte Kostenrisiko liegt bei über DM 100000.

a. Der teure Weg zum Recht

Die deutsche Rechts- und Sozialphilosophie hat das frühere Ideal einer Rechtsprechung zum Nulltarif hinter sich gelassen. Als Grundsatz gilt vielmehr: Wer verliert, trägt die gesamten Kosten des Rechtsstreites.

In anderen Ländern hat der Verlierer zum Großteil nur die eigenen und die Gerichtskosten, nicht dagegen die Kosten der Gegenpartei zu tragen. In den angelsächsischen Ländern sind Erfolgshonorare üblich, die den Anwalt in das Gewinn- oder Verlustrisiko des Rechtsstreites einbinden. Bei kleinen Auseinandersetzungen und Strafverfahren ist diese Methode jedoch nur bedingt anwendbar.

Der juristische Apparat (Gerichte, Staatsanwälte, Rechtsanwälte, Gutachten etc.) umfasst in Deutschland über 100000 Personen, wobei insbesondere das Heer der Anwälte immer weiter wächst. Wie in anderen Dienstleistungsbereichen sind auch im Rechtsbereich die Kosten in den letzten Jahrzehnten überproportional gestiegen. Zum Teil liegt das Prozesskostenrisiko, bei Inanspruchnahme mehrerer Instanzen, höher als der Streitwert.

Prozesskosten in zivilrechtlichen Streitfällen:

Streitwert	1. Instanz*)	1. + 2. Instanz*)
DM 1000	DM 923	entfällt
DM 2000	DM 1595	DM 3541
DM 3000	DM 1931	DM 4296
DM 4000	DM 2355	DM 5260
DM 5000	DM 2780	DM 6222
DM 10000	DM 4902	DM 11036
DM 20000	DM 7767	DM 17491
DM 30000	DM 9141	DM 20570
DM 40000	DM 10515	DM 23650
DM 50000	DM 11890	DM 26728
DM 100000	DM 17620	DM 39674
DM 150000	DM 21028	DM 47116

*) Rechtsanwalts- und Gerichtskosten; hinzu kommen ggf. Auslagen wie Reisekosten, Zeugengelder, Gutachtenhonorare usw.

Strafverteidigung
(Vertretung in Bußgeld- oder Strafverfahren)

Vorverfahren	bis DM 700
1. Hauptverhandlung	bis DM 1300
jeder weitere Termin	
a) im Abstand von mehr als 10 Tagen	bis DM 1300
b) innerhalb von 10 Tagen	bis DM 700

Durchschnittliches Honorar des Verteidigers
für einen Hauptverhandlungstermin in der
ersten Instanz ca.   DM 1080

Hinzu kommen allg. Auslagen, Kosten der Nebenkläger und Zeugen, Gutachten z. B. für medizinische Untersuchungen, Mehrwertsteuer.

Besonders teuer können Verfahren wegen Gesundheitsschäden durch Verkehrsunfälle oder medizinische Fehlbe-
handlungen werden.

Ebenso Prozesse vor Arbeits- oder Sozialgerichten, z. B.
wegen Aufhebung des Arbeitsverhältnisses. Dabei können durchaus Streitwerte von mehr als DM 50000
erreicht werden. Dagegen sind Schäden im Straßenverkehr wohl relativ häufig, rechtfertigen deshalb aber keine
besondere Versicherungsregelung (siehe Ausführungen
zur Schadenwahrscheinlichkeit, Seite 12).

Recht auch ohne Anwalt?

Vor den Amtsgerichten besteht kein Anwaltszwang. Es
bleibt somit jedem selbst überlassen, sich zu verteidi-
gen oder seine Ansprüche darzulegen.

In der Praxis laufen immer weniger Prozesse ohne
Anwälte, weil die meisten sich ohne rechtliche Hilfe im
juristischen Dschungel verfangen. Welcher Nichtjurist
kennt schon die neueste Rechtsprechung und hat die
entsprechende Literatur vorliegen?

---

b. Was ist Gegenstand der Versicherung?

Definition

Der Versicherer sorgt nach Eintritt eines Versicherungsfalles für die Wahrnehmung der rechtlichen Interessen des
Versicherten und trägt die dabei anfallenden Kosten. Die
Wahrnehmung der rechtlichen Interessen setzt eine hin-
reichende Aussicht auf Erfolg voraus. Lehnt Ihr Versicherer
die Übernahme der Kosten wegen angeblicher Aussichts-
losigkeit ab, gibt es zwei Möglichkeiten:

- Bei Verträgen auf Basis ARB 75 entscheidet Ihr Anwalt
  über die Erfolgsaussichten.
- Bei Verträgen auf Basis ARB 94 ist ein Schiedsverfah-
  ren zu beantragen.

In keinem Fall können Sie mithilfe Ihrer Rechtsschutzversicherung gegen Ihre eigene Versicherung klagen, wenn Sie mit der Entscheidung nicht zufrieden sind!

Mitversichert sind:

- ☒ Auslandsreise- und Übernachtungskosten, wenn ein Gericht das Erscheinen des Versicherten zum Verhandlungstermin anordnet.
- ☒ Kosten für technische Sachverständige bei Verfahren wegen Verletzung verkehrsrechtlicher Vorschriften.
- ☒ Kautionen, um eine Strafverfolgung im Ausland abzuwehren.

Eine wichtige Nebenfunktion des Versicherungsschutzes ist die Mitwirkung bei der Festlegung des Streitwertes und die Prüfung der Anwalts- und Gerichtskosten. Dazu ist ein Laie im Allgemeinen nicht in der Lage.

Bezogen auf die gesamte rechtliche Sphäre – von der Scheidung bis zum internationalen Schiedsgerichtsverfahren – deckt die Rechtsschutzversicherung nur einen schmalen Bereich ab. Die Fälle des täglichen Lebens und der gängige Risikobereich sind jedoch weitgehend erfasst.

Armenrecht als Alternative?

Wer die Kosten eines Prozesses nicht tragen kann, darf das Armenrecht (seit 1984 Prozesskostenhilfe) beanspruchen. Es stellt ihn frei von der Bezahlung der Gerichtskosten und Anwaltskosten. Aber ein paar Haken hat diese Möglichkeit: Die Armut des Antragstellers muss eindeutig nachgewiesen werden! Dafür wird man auch einen Anwalt brauchen. Und als »amtlich beglaubigter armer Mann« vor Richter und Anwalt zu treten, ist sicher nicht jedermanns Sache. Hinzu kommt, dass die Prozesskostenhilfe keinesfalls die unentgeltliche Benutzung des Gerichts garantiert, sondern die Zahlungsverpflichtung nur bis zu dem Tag aufschiebt, an dem der Betreffende finanziell wieder in der Lage ist, die Gerichtskosten zu begleichen.

Hinweis: Die Beratung in Rechtsfragen, wie sie Mitgliedern von Organisationen und Verbänden gewährt wird, ist keine ausreichende Lösung der Rechtsschutzfrage. Denn diese Rechtshilfen beschränken sich immer auf einen Teilbereich. Davon abgesehen, trägt der Rechtsuchende in jedem Fall das Kostenrisiko für das Gerichtsverfahren und den gegnerischen Anwalt.

Versicherungsarten und Versicherungskombinationen
▣ Verkehrs-Rechtsschutz
Für Eigentümer und Halter von Kraftfahrzeugen und für die, die berechtigt sind, in den betreffenden Fahrzeugen zu fahren.
Versichert sind hierbei Schadenersatz-Rechtsschutz, Straf-Rechtsschutz, Führerschein-Rechtsschutz und Vertrags-Rechtsschutz für das jeweilige Fahrzeug. Außerdem hat der Versicherungsnehmer Rechtsschutz beim Lenken fremder Fahrzeuge.

▣ Familien-Rechtsschutz
Für die Risiken des täglichen Lebens.
Versichert sind hierbei Schadenersatz-Rechtsschutz, Straf-Rechtsschutz (ohne Verkehrsbereich), Vertrags-Rechtsschutz (ohne Verkehrsbereich), Arbeits-Rechtsschutz, Sozialgerichts-Rechtsschutz, Steuer-Rechtsschutz und Beratungs-Rechtsschutz.
Eine Erweiterung um den Grundstücks- und Miet-Rechtsschutz ist möglich und bei vielen Versicherern automatisch eingeschlossen.
Daneben gibt es spezielle Rechtsschutzversicherungen für das Vermietungsrisiko, für Berufsfahrer, Landwirte, Gewerbebetriebe, Wertpapierbesitzer.
In familien- und erbrechtlichen Angelegenheiten bieten die Rechtsschutzversicherer nur einen stark eingeschränkten Versicherungsschutz. Gedeckt sind bisher lediglich die Kosten einer mündlichen oder schriftlichen Beratung oder Auskunft durch einen Rechtsanwalt oder Notar, wobei der Beratende nach außen hin gegenüber einem Dritten nicht in Erscheinung treten darf. Ein Anwaltsschreiben an

die Gegenpartei z. B. in einem Unterhaltsstreit ist daher ebenso wie alle anderen nach außen gerichteten Maßnahmen in familien- oder erbrechtlichen Streitfällen nicht vom Kostenschutz umfasst. Eine Wahrnehmung rechtlicher Interessen nach außen lässt sogar den Kostenschutz für die vorhergehende Rechtsberatung entfallen, da diese nun mit einer anderen gebührenpflichtigen Tätigkeit des Rechtsanwaltes zusammenhängt. Dies gilt sogar für die Fälle, in denen der Auftrag des Versicherten zunächst nur auf eine interne Beratung gerichtet war, jedoch anschließend auf eine Rechtsvertretung nach außen erweitert wurde. Von den Rechtsschutzversicherern wird diese Beschränkung allerdings großzügig gehandhabt. Ohnehin ist es für viele Versicherte schwer verständlich, warum ihnen unter der Bezeichnung »Familien-Rechtsschutz« ausgerechnet in familienrechtlichen Auseinandersetzungen Kostendeckung nur für eine Beratung gewährt wird, während für andere Bereiche des Familien-Rechtsschutzes generell die Kosten der Interessenwahrnehmung gedeckt sind.

Abgrenzung zu anderen Versicherungszweigen
Jede Versicherung deckt nur genau abgegrenzte Risiken. Die Rechtsschutzversicherung lässt sich also weder durch eine Haftpflichtversicherung noch durch eine Unfallversicherung oder eine Kaskoversicherung ersetzen.

BEISPIELE   **▣ Kaskoversicherung/Rechtsschutzversicherung**
Die Kaskoversicherung tritt für Schäden am Fahrzeug des Versicherungsnehmers ein. Ergeben sich daraus zusätzliche Schadenersatzansprüche (insbesondere durch Personenschäden, die sich aus einem Unfall durch Verschulden Dritter herleiten), können diese nur mithilfe einer Rechtsschutzversicherung risikofrei durchgesetzt werden. Denn diese trägt in solchen Fällen auch die Kosten für die Durchsetzung der Ansprüche auf Krankenhaus- und Pflegekosten, Schmerzensgeld, Verdienstausfall etc.

☒ Unfallversicherung/Rechtsschutzversicherung

Bei Unfalltod oder dauernder Invalidität zahlt die Unfallversicherung die vereinbarte Versicherungssumme. Ansprüche auf Schadenersatz/Lohnentgang, Schmerzensgeld oder weitergehende Ersatzleistungen, auch wenn sie in unmittelbarem Zusammenhang mit dem Unfall stehen, können nur mithilfe einer Rechtsschutzversicherung ohne Verfahrensrisiko verfolgt werden.

☒ Haftpflichtversicherung/Rechtsschutzversicherung

Die Haftpflichtversicherung schützt den Versicherungsnehmer vor unberechtigten Schadenersatzansprüchen Dritter oder zahlt sie, wenn sie zu Recht bestehen.
Die Kosten für die Durchsetzung von (eigenen) Schadenersatzansprüchen gegenüber Dritten können nur von einer Rechtsschutzversicherung übernommen werden.

c. Leistungskatalog und typische Fälle

Schadenersatz-Rechtsschutz
Durchsetzung eigener Haftpflichtansprüche gegen einen Schädiger oder dessen Haftpflichtversicherung.

BEISPIEL Wenn der Unfallgegner nach einem Verkehrsunfall den angerichteten Schaden nicht bezahlen will.

Allgemeiner Vertrags-Rechtsschutz
Durchsetzung oder Abwehr schuldrechtlicher Ansprüche (z. B. aus Darlehens-, Dienstleistungs-, Kauf- oder Werkverträgen).

BEISPIEL Wenn eine neue Waschmaschine nach der dritten Reparatur immer noch nicht funktioniert und der Käufer eine andere verlangt.

Der Vertrags-Rechtsschutz erfasst auch Streitigkeiten aus Versicherungsverträgen (z. B. Deckungsklagen in der Haftpflichtversicherung) und Streitigkeiten mit Kreditinstituten beispielsweise wegen einer Fehlberatung im Rahmen der privaten Vermögensverwaltung.

Straf-Rechtsschutz
Zur Verteidigung des Versicherten gegen den Vorwurf, eine Ordnungswidrigkeit begangen oder eine Strafvorschrift verletzt zu haben.

BEISPIEL Wenn der Versicherte die Geschwindigkeitsbegrenzung missachtet haben soll oder bei Rot über die Kreuzung gefahren sein soll.

Führerschein-Rechtsschutz
Widerspruchsverfahren vor Verwaltungsbehörden und in Verfahren vor Verwaltungsgerichten, bei Einschränkung, Entzug oder Wiedererlangung der Fahrerlaubnis.

BEISPIEL Ein Zuckerkranker soll seinen Führerschein von der Behörde nicht wiederbekommen, obwohl seine Krankheit sich stabilisiert hat.

Arbeits-Rechtsschutz
Für Streitigkeiten aus dem Arbeitsverhältnis oder einem öffentlich-rechtlichen Dienstverhältnis.

BEISPIEL Wenn ein Arbeitnehmer glaubt, nicht nach dem richtigen Tarif bezahlt zu werden.

Streitigkeiten aus Anstellungsverträgen von Geschäftsführern und Vorstandsmitgliedern fallen nicht unter die Familien-Rechtsschutzversicherung. Hierfür bieten die Versicherer einen gesonderten Managerrechtsschutz mit variablen Bausteinen für die Risikobereiche Strafrecht, Vermögensschäden und Anstellungsverträge an.

Sozialgerichts-Rechtsschutz
Prozesse vor deutschen Sozialgerichten (z. B. mit Sozialversicherern oder Arbeitsamt; wegen Kindergeld usw.).

BEISPIEL Wenn nach einem Arbeitsunfall geklärt werden muss, ob als Folge davon Erwerbsunfähigkeit oder Berufsunfähigkeit vorliegt.

Beratungs-Rechtsschutz
Rechtsberatung durch einen Rechtsanwalt oder Notar in allen Fragen des deutschen Familien- und Erbrechts und der freiwilligen Gerichtsbarkeit, soweit während der Laufzeit des Versicherungsvertrages eine Änderung in der Rechtslage eingetreten ist.

BEISPIEL Wenn der Versicherte wissen will, ob ihm aus der Annahme einer Erbschaft Nachteile entstehen.

Grundstücks- und Miet-Rechtsschutz
Zur Klärung von Streitigkeiten aus Miet- und Pachtverhältnissen und nachbarrechtlichen Auseinandersetzungen.

BEISPIEL Wenn der Versicherte eine Mieterhöhung nicht anerkennt und es darüber zu einem Streit kommt, der gerichtlich geklärt werden muss.

Steuer-Rechtsschutz
Streitigkeiten vor deutschen Finanz- und Verwaltungsgerichten (Steuer- und Abgabenrecht, einschließlich Strafrechtsschutz für Steuerordnungswidrigkeiten).

BEISPIEL Wenn das Finanzamt bestimmte Werbungskosten oder Sonderausgaben nicht anerkennt.

d. Nicht versicherte Fälle
Die Rechtsschutzversicherung will einer möglichst großen Zahl von Versicherten einen wirksamen, aber auch beitragsgünstigen Rechtsschutz bieten. Aus diesem Grund sind besonders schwere oder kalkulierbare Risiken sowie rechtliche Randgebiete, die nur für eine Minderheit von Interesse sind, vom Rechtsschutz ausgeschlossen, so vor

allem: Ehescheidungsverfahren, Unterhaltsverfahren, Erbauseinandersetzungen, Auseinandersetzungen als Bauherr, Enteignungs- und Planfeststellungsverfahren, Verwaltungsverfahren (z. B. gegen Schulbehörden), Verfahren vor Verfassungsgerichten sowie internationalen Gerichtshöfen. Der Versicherer hat außerdem die Zusatzkosten für »Staranwälte« oder das Wechseln von Anwälten nicht zu übernehmen. Im Zweifel sollten Sie sich mit dem Versicherer abstimmen.

BEISPIELE ☒ Eine Frau verklagt unter Hinweis auf das Grundgesetz einen Altherrenklub, weil dieser sie nicht als Mitglied aufnehmen möchte.

☒ Ein Grenzgänger klagt vor dem europäischen Gerichtshof wegen steuerlicher Diskriminierung.

Alle Verfahren wegen vorsätzlicher Straftaten wie Beleidigung, Diebstahl und Betrug sind ebenfalls nicht versicherbar. Im Straßenverkehrsrecht wird jedoch so lange Rechtsschutz gewährt, wie kein rechtskräftiges Urteil wegen Vorsatzes ergangen ist. Bei Bußgeldverfahren besteht Rechtsschutz ohne Rücksicht darauf, ob Vorsatz oder Fahrlässigkeit vorliegt.

e. Auswahlkriterien für den Abschluss einer Rechtsschutzversicherung

Immer mehr Haushalte versichern das Kostenrisiko bei Rechtsstreitigkeiten über eine Rechtsschutzversicherung. Laut Statistik besteht für jeden zweiten Haushalt eine Rechtsschutzversicherung. Diese Versicherungsfreudigkeit ist jedoch oft von begrenztem Wert, da sich die meisten Verträge auf den Verkehrsrechtsschutz beschränken. Dies ist einmal auf die historische Entwicklung der Rechtsschutzversicherung zurückzuführen, zum anderen aber auch auf falsche Auswahlkriterien beim Vertragsabschluss. Der Fahrzeugrechtsschutz wird von den meisten Haushaltungen überbetont. Er umfasst aber letztlich nur einen kleinen Teil der Prozessrisiken eines Haushaltes.

Prozesskostenrisiko

Deckungs-/Rechtsbereich	wahrscheinliche max. Prozesskosten
Schadenersatzverfahren	DM 200000
Allg. Vertragsstreitigkeiten	DM 100000
Strafverfahren	DM 25000
Führerscheinverfahren	DM 3000
Arbeitsprozesse	DM 25000
Sozialrechtliche Verfahren	DM 3000
Streitigkeiten aus Mietverträgen	DM 25000

Eine Begrenzung der Rechtsschutzversicherung auf den Verkehrsbereich ist kein sinnvolles Mittel zur Prämienreduzierung. Zu überdenken wäre allenfalls, den Beratungs-, Führerschein- oder Sozialgerichtsrechtsschutz zu streichen, da es sich dabei um überschaubare Risiken handelt. Dies ist jedoch in den Standardangeboten nicht vorgesehen.

Wer eine Rechtsschutzversicherung abschließt, sollte deshalb nach dem Motto »alles oder nichts« versichern. Da die Beiträge für einen umfassenden Versicherungsschutz relativ hoch sind, sollten Sie unbedingt eine Selbstbeteiligung von DM 300 oder mehr vereinbaren. Damit begrenzen Sie – entsprechend dem Versicherungsmodell – den Versicherungsschutz auf die wesentlichen Risiken und vermeiden gleichzeitig, dass Sie über Ihren Beitrag die Kosten für »Prozesswütige« mitfinanzieren.

Im Rahmen der Standardangebote für den Familien- und Verkehrsrechtsschutz sind die Bedingungen in allen wesentlichen Punkten identisch. Es ist deshalb relativ einfach, den preiswertesten Rechtsschutzversicherer unter den ca. 35 Anbietern auszuwählen.

f. Hinweise und Tipps zur Vertragsgestaltung

Wer ist mitversichert?

☒ In der Familien-Rechtsschutzversicherung sind automatisch der Ehegatte des Versicherungsnehmers und die minderjährigen Kinder versichert. Die unverheirateten volljährigen Kinder bis zum Ende des 25. Lebensjahres sind mitversichert, soweit sie sich noch überwiegend in der Schul- oder Berufsausbildung befinden (Bedingungsvariante alt) oder erstmalig eine auf Dauer angelegte berufliche Tätigkeit ausüben (Bedingungsvariante neu).

☒ In der Verkehrs-Rechtsschutzversicherung sind alle berechtigten Fahrer oder Insassen der auf den Versicherungsnehmer zugelassenen Fahrzeuge versichert. Nach dieser Regelung sind Schadensfälle bei der Benutzung fremder Fahrzeuge (z. B. Mietfahrzeuge) durch die Ehefrau oder Kinder nicht versichert. Manche Versicherer sind bereit, den Versicherungsschutz durch Sondervereinbarungen zu erweitern.

☒ In der Mieter-Rechtsschutzversicherung ist nur der Versicherungsnehmer versichert.

Die Rechte aus dem Versicherungsvertrag stehen ausschließlich dem Versicherungsnehmer zu. Der Versicherer ist jedoch berechtigt, den mitversicherten Personen Rechtsschutz zu gewähren, solange der Versicherungsnehmer nicht widerspricht. Ausgeschlossen sind rechtliche Auseinandersetzungen zwischen den Versicherten.

Wann sind Wartefristen zu beachten?

Bei Streitigkeiten mit dem Arbeitgeber, vor Sozialgerichten, aus Verträgen des täglichen Lebens und bei Streitigkeiten, die sich auf Kraftfahrzeuge beziehen (Kauf, Reparatur), sowie bei Grundstücks- oder Mietangelegenheiten hat der Versicherer nur für solche Fälle zu leisten, die nach einer Wartefrist von drei Monaten eintreten. Maßgebend ist, zu welchem Zeitpunkt sich die Rechtslage in dem Streitfall geändert hat. Keine Rolle spielt dagegen, wann ein Prozess beginnt. Sofortiger Versicherungsschutz besteht somit nur bei Schadenersatzansprüchen, Straf- und Ordnungswidrigkeitsverfahren.

Achtung: Bahnt sich ein Rechtsstreit an, hilft Ihnen der schnelle Abschluss einer Rechtsschutzversicherung nicht weiter. Insbesondere dann, wenn bereits Schriftstücke ausgetauscht wurden, müssen Sie davon ausgehen, dass die Versicherung die Eintrittspflicht verweigert.

Wenn Sie den Versicherer wechseln und den neuen Vertrag nahtlos auf den neuen Versicherer übertragen, können Sie einen »Verzicht auf die Wartezeit« beantragen. Im Allgemeinen berücksichtigen dies die Versicherer automatisch, wenn Sie die entsprechenden Fragen nach einer Vorversicherung im Antrag beantworten.

Gestaltung der Selbstbeteiligung

Bisher gibt es nur wenige Versicherer, die Tarife mit Selbstbeteiligungen anbieten. Da die Beiträge für einen umfassenden Versicherungsschutz recht hoch sind, empfehlen sich Tarife mit DM 300 oder noch höheren Selbstbeteiligungen. Damit können Sie Ihre Beitragslast deutlich senken.

Versicherungssumme

Die Wahrscheinlichkeit, dass Rechtsstreitigkeiten Kosten von mehr als DM 100000 verursachen, ist sehr gering. Andererseits soll sich eine Versicherung auch auf Ereignisse erstrecken, mit denen Sie normalerweise nicht rechnen. Unter diesem Gesichtspunkt ist es sinnvoll, eine Versicherungssumme von mehr als DM 100000 zu vereinbaren. Marktüblich sind inzwischen Versicherungssummen von DM 300000. Einzelne Versicherer bieten unbegrenzte Versicherungssummen an – hierfür ist jedoch nur ein Beitragszuschlag von 5 Prozent gerechtfertigt.

g. Über den Umgang mit dem Versicherer

Welche Pflichten bestehen im Schadensfall?
Der Versicherungsnehmer hat den Versicherer unverzüglich, vollständig und wahrheitsgemäß über sämtliche Umstände des Versicherungsfalles zu unterrichten sowie Beweismittel und Unterlagen zur Verfügung zu stellen. Er muss dem beauftragten Anwalt Vollmacht erteilen und diesen wahrheitsgemäß informieren.

Wann zahlt die Versicherung?
Die Versicherung rechnet grundsätzlich mit dem beauftragten Anwalt ab, sodass der Versicherungsnehmer normalerweise nicht in Vorlage treten muss. Die Rechtsschutzversicherung bezahlt:

- Vorschüsse und Kosten für Anwalt, Gerichtsvollzieher und Gericht (einschließlich aller Gebühren für Zeugen und Sachverständige, die vom Gericht hinzugezogen werden).
- In verkehrsrechtlichen Straf- und Bußgeldverfahren auch die Kosten für die Gutachten öffentlich bestellter technischer Sachverständiger, die vom Versicherten oder dessen Anwalt zugezogen wurden – also auch schon im Ermittlungsverfahren!
- In inländischen Zivilprozessen auch die Kosten eines Korrespondenzanwalts, wenn der Wohnsitz des Versicherten mehr als 100 km vom Gerichtsstand entfernt ist.
- Die Kaution im Ausland – damit der Versicherte von Strafverfolgungsmaßnahmen verschont bleibt.
- Bei Strafverfahren die Kosten für den gegnerischen Nebenkläger.
- Die Kosten, die dem Prozessgegner zu erstatten sind.

Die genannten Kosten übernimmt der Rechtsschutzversicherer durch alle Instanzen bis zur vertraglich vereinbarten Höhe.

h. Sonderfragen

Rechtsschutz für wilde Ehen?

Für Ansprüche aus wilden Ehen gibt es keine besondere rechtliche Regelung. Der Versuch, diesen Bereich dem Familienrecht zu unterwerfen, wurde von der Rechtsprechung abgelehnt.

Gibt es zwischen den Partnern einen sachenrechtlichen Streit, z. B. über die Frage, wem das Bett oder der Kühlschrank gehört, hat der Versicherer hierfür Rechtsschutz aus dem Eigentumsrecht zu gewähren. Auch für die übrigen Rechtsbereiche (z. B. Strafrecht, Schadenersatz) wird der Versicherungsschutz nicht beeinträchtigt.

Wer dagegen 10 Jahre das Studium einer Studentin finanziert, damit sie ihn später heiratet oder sie ihn im Alter pflegt, hat keinen Versicherungsschutz für »Schadenersatzansprüche«. Im Allgemeinen fehlt es hierfür auch an der Rechtsgrundlage, da die meisten Absprachen in wilden Ehen mündlich oder stillschweigend erfolgen. Ansprüche aus enttäuschten Hoffnungen sind hier nicht abzuleiten.

Die meisten Versicherer beziehen auch unverheiratete Partner und deren Kinder in den Versicherungsschutz ein, soweit sie laut Melderegister im selben Haushalt wohnen. Im Zweifel sollten Sie sich diesen Versicherungsschutz bestätigen lassen.

Wer seinen Partner in den Versicherungsschutz einbezieht, verliert jedoch wie bei Familienmitgliedern den Versicherungsschutz für gegenseitige Rechtsstreitigkeiten.

Versicherungsschutz im Ausland

Die Rechtsschutzversicherung gilt in Europa und den nichteuropäischen Randstaaten am Mittelmeer.

Strittig ist, ob bei Reisen ins außereuropäische Ausland für Streitigkeiten mit dem Reiseveranstalter Versicherungsschutz besteht. Nicht versichert sind in jedem Falle

Schadenersatzansprüche, die Sie im außereuropäischen Ausland erleiden, z. B. wenn Sie in der Karibik von einem Motorradfahrer verletzt werden oder in einem Restaurant eine Lebensmittelvergiftung erleiden. Lassen Sie sich von Ihrem Versicherer den Einschluss von Streitigkeiten und Schadenersatzansprüchen bei außereuropäischen Reisen bestätigen. Auch im Ausland besteht freie Wahl des Anwalts, wobei die Rechtsschutzversicherer Deutsch sprechende Anwälte nachweisen. Zur Abwendung von Strafverfolgungsmaßnahmen übernimmt der Versicherer auch ausländische Kautionen.

i. Neue Bedingungen: Rechtsschutz 2000

Die neuen Bedingungen enthalten im Wesentlichen folgende Änderungen:

Ordnungswidrigkeiten:
Der Versicherungsschutz beschränkte sich bei vorsätzlich begangenen Ordnungswidrigkeiten bisher auf den verkehrsrechtlichen Bereich. Künftig besteht im Rahmen der Familien-Rechtsschutzversicherung für alle vorsätzlich begangenen Ordnungswidrigkeiten Versicherungsschutz.

Geltungsbereich:
Einführung der weltweiten Deckung. Versicherungsschutz besteht auch für Ansprüche, die außerhalb Europas geltend gemacht werden.

Wohnungswechsel:
Der Übergang des Versicherungsschutzes auf neue Wohnräume und dessen Erhalt für die alten Räume erfolgte bisher nur dann, wenn der Versicherungsnehmer die neuen Räume tatsächlich bezog. Nach der neuen Regelung reicht bereits ein beabsichtigter Wohnungswechsel aus.

Berufliche Räume:
Der Versicherungsschutz besteht beim Wechsel von (gleichartigen) gewerblich oder beruflich genutzten Räumen weiter.

Obliegenheiten:

Bisher war bei vorsätzlicher oder grob fahrlässiger Verletzung einer Obliegenheit der Verlust des Versicherungsschutzes vorgesehen. Künftig wird unterschieden

- ☒ bei grob fahrlässiger Verletzung, ob ein Einfluss auf die Feststellung des Versicherungsfalles und die Leistungspflicht vorliegt und
- ☒ bei vorsätzlicher Verletzung, ob die Verletzung zu einer Beeinträchtigung der Interessen des Versicherers führt und ob das Verschulden des Versicherungsnehmers erheblich ist.

Deckungsstreit:

Künftig ist es möglich – je nach Versicherer – für den Streitfall folgende Regelung zu vereinbaren:

- ☒ Schiedsgericht: Vom Präsidenten der Anwaltskammer wird ein Rechtsanwalt benannt, der über die Eintrittspflicht des Versicherers entscheidet.
- ☒ Stichentscheid: Der vom Versicherungsnehmer beauftragte Anwalt entscheidet über die Eintrittpflicht des Versicherers.

Fahrzeuge:

Im Privat-Rechtsschutz für Selbstständige sind Fahrzeuge generell vom Versicherungsschutz ausgeschlossen (bisher nur zulassungs- und versicherungspflichtige Fahrzeuge).

Garagen:

Mitversichert sind alle Garagen und PKW-Abstellplätze, die der Wohneinheit zuzurechnen sind, unabhängig davon, ob sie dem Eigentümer der Wohnung gehören.

III. Personenversicherungen

Personenversicherungen decken den finanziellen Mittelbedarf, der aus Krankheit, Unfall, Pflegebedürftigkeit oder Tod entsteht. Die privaten Personenversicherungen stellen insofern eine Besonderheit dar, als sie nur dann sinnvoll zu regeln sind, wenn auch die Leistungen der Sozialversicherung berücksichtigt werden. Dabei ergeben sich zwei Schwierigkeiten: Personenversicherungen sind stark emotional belastet und es überschneiden sich die Leistungen der verschiedenen Versicherungszweige. Besonders schwierig ist es, die gesetzliche Unfallversicherung in ein Gesamtkonzept einzubetten. Aber auch zwischen den anderen Zweigen der Sozialversicherung und der privaten Personenversicherung mangelt es an einem Zusammenspiel.

Privatversicherungen und Sozialversicherungen

Versicherungszweig/ Risikobereich	Berufliche Tätigkeit	Außerberufl./ Freizeit	Innere Ursachen	Äußere Ursachen	Örtlicher Geltungsbereich
Privatversicherungen					
1. Leben	Ja	Ja	Ja	Ja	Alle Länder
2. Unfall	Ja/Nein*)	Ja	Nein	Ja	Alle Länder
3. Kranken	Ja	Ja	Ja	Ja	Europa oder Welt
Sozialversicherungen					
1. Renten	Ja	Ja	Ja	Ja	Alle Länder
2. Unfall (BG)	Ja	Nein	Ja/Nein**)	Ja	dto., max. 2 Jahre
3. Kranken	Ja	Ja	Ja	Ja	Europa (eingeschränkt)

*) Wahlmöglichkeit   **) bestimmte Berufskrankheiten sind versichert

Zusammenspiel zwischen Sozial- und Privatversicherung
Neben Unterschieden beim örtlichen Geltungsbereich und den gedeckten Schadenereignissen weichen auch die Leistungen der verschiedenen Versicherungszweige stark voneinander ab. Ein Unfall im Urlaub führt fast immer zu einer ungünstigeren Versorgungslage als ein Arbeitsunfall. Leider bieten private Personenversicherungen keine

konsequente Ergänzung zur gesetzlichen Unfall- und Rentenversicherung. Häufig werden durch sie die Ungleichheiten sogar noch verstärkt.

BEISPIEL Am 23. November 1995 fuhren die beiden Brüder Anton und Bertram Meyer mit dem Fahrzeug der Firma Kleinschmidt von Hamburg nach München. Anton M. war dienstlich unterwegs und hatte seinen Bruder mitgenommen, der einen Bekannten besuchen wollte. Die beiden Brüder wechselten sich gegenseitig am Steuer ab. Auf der Autobahn bei Augsburg verlor Bertram M. infolge eines Schlaganfalls die Herrschaft über das Fahrzeug und verursachte einen Unfall, bei dem beide Brüder getötet wurden.

- Anton M. war 35 Jahre alt und hinterließ eine 30-jährige Frau mit 2 Kindern (5 und 9 Jahre alt). Sein Einkommen betrug monatlich DM 5000 (netto ca. DM 3250). Neben der Sozialversicherung bestand eine Lebensversicherung über DM 100000.
- Bertram M. war 32 Jahre alt und hinterließ eine 29-jährige Frau mit 2 Kindern (1 und 3 Jahre alt). Sein Einkommen betrug DM 4800 (netto ca. DM 3180). Neben der Sozialversicherung bestand eine Unfallversicherung für den Todesfall über DM 200000. ──────

Wie sieht in diesem Fall die Versorgungslage der Hinterbliebenen aus?

- Die Witwe von Anton M. erhielt für sich und die beiden Kinder folgende Leistungen:
  Rente der Berufsgenossenschaft und
  Rentenversicherung   DM   4000
  Rente der betrieblichen Altersversorgung DM   250
  Kapitalzahlung der Lebensversicherung   DM 100000
- Die Witwe von Bertram M. erhielt für sich und die beiden Kinder folgende Leistungen:
  Rentenversicherung   DM   1750
  Kapitalzahlung der Unfallversicherung
  (Schlaganfall ist in der Unfallversicherung
  nicht versichert)   DM   0

betriebliche Altersversorgung (Karenzzeit für
außerberufliche Unfälle nicht erfüllt)   DM   0

Die Auto-Haftpflichtversicherung kam als weiterer Leistungsträger nicht zum Zuge, da für Bertram M. ein unabwendbares Ereignis vorlag. Außerdem konnte er selbst als Fahrer keine Haftpflichtansprüche geltend machen, sodass auch seine Witwe insofern leer ausging.
Die Deckungslücken für Bertram M. wären vermieden worden, wenn er seinen Versicherungsschutz am Mittelbedarf für den Versorgungsfall, anstatt nach bestimmten Ursachen ausgerichtet hätte. Hier zeigt sich gleichzeitig, dass eine Unfallversicherung einen Großteil von Schadenmöglichkeiten unversichert lässt und somit nur einen begrenzten Schutz gegen Versorgungsfälle bietet.

Leistungen der gesetzlichen Unfallversicherung
Arbeitnehmer sind bei beruflicher Erkrankung und Invalidität über die Berufsgenossenschaften versichert, Selbstständige können sich unter bestimmten Bedingungen freiwillig versichern. Die Leistungen sind reichlich bemessen und würden – ausgedehnt auf den privaten Lebensbereich – zusätzliche Unfall- und Lebensversicherungen für den vorzeitigen Versorgungsfall weitgehend überflüssig machen.

- ☒ Wer länger als die üblicherweise vom Arbeitgeber überbrückte Sechs-Wochen-Frist ausfällt, erhält während der Zeit der medizinischen Versorgung das Verletztengeld. Es beträgt wie in der GKV 80% vom »Regellohn«, jedoch nicht mehr als 90% des Nettogehaltes.
- ☒ Während einer beruflichen Rehabilitation (Umschulung) wird das Übergangsgeld gewährt. Dieses beträgt je nach Familienstand 70% bzw. 80% vom Verletztengeld.
- ☒ Wer durch einen Unfall dauernd erwerbsunfähig wird, erhält die Verletztenrente. Sie beträgt bei 100%iger Invalidität zwei Drittel des Jahresarbeitsverdienstes. Bei geminderter Arbeits- oder Erwerbsunfähigkeit

wird die Rente anteilig gewährt. Voraussetzung ist aber in jedem Fall, dass die Erwerbsfähigkeit wenigstens um 20% gemindert ist.

Für den Leistungsanspruch ist kein konkreter Einkommensverlust nachzuweisen. Die Berechnung erfolgt abstrakt nach der theoretischen Auswirkung auf dem Arbeitsmarkt. Es ist deshalb bei Teilinvalidität denkbar, dass sich die Einkommensverhältnisse durch einen Arbeitsunfall verbessern, wenn das bisherige Einkommen unverändert bleibt und daneben Anspruch auf eine Unfallrente besteht.

Die Angehörigen von tödlich Verunglückten erhalten Hinterbliebenenrente
Sie beträgt für Witwen 30 bzw. 40 Prozent, für Halbwaisen 20 Prozent und für Vollwaisen 30 Prozent. Die Höchstgrenze für eine Familie liegt bei 80 Prozent.

Leistungen im Todesfall

	Witwen ohne Kinder		Witwen mit Kindern	
Monatsgehalt brutto im Jahr vor dem Unfall	Unter 45 Jahre und erwerbsfähig 30%	Über 45 Jahre oder erwerbsunfähig 40%	Ab einem Kind 60%	Ab zwei Kindern 80%
DM 3000	DM 900	DM 1200	DM 1800	DM 2400
DM 4000	DM 1200	DM 1600	DM 2400	DM 3200
DM 5000	DM 1500	DM 2000	DM 3000	DM 4000
DM 6000	DM 1800	DM 2400	DM 3600	DM 4800
DM 7000	DM 2100	DM 2800	DM 4200	DM 5600

Leistungen aus der gesetzlichen Unfallversicherung sind im Allgemeinen steuer- und sozialversicherungsfrei, dadurch ist es möglich, dass die Rente über dem bisherigen Nettoeinkommen liegt (siehe Beispiel Witwe

Anton M.). Lediglich beim Verletzten- und Übergangsgeld besteht eine teilweise Beitragspflicht zur Renten- bzw. Arbeitslosenversicherung.

Ab einer bestimmten Grenze werden Nebeneinkünfte teilweise auf die Witwenrente angerechnet. Der Anspruch auf Kindergeld wird dagegen durch Renten aus der gesetzlichen Unfallversicherung nicht beeinträchtigt. Treffen mehrere Sozialversicherungen zusammen, bleibt es bei den angegebenen Obergrenzen.

Häufig wird eine Vollrente zu höheren Einkünften führen als das bisherige Nettogehalt. Die Unfallrenten sind außerdem dynamisiert. Unberücksichtigt bleibt allerdings der theoretische berufliche Werdegang, sodass Versorgungsfälle am Anfang einer Karriere auf das dann bestehende Gehaltsniveau fixiert bleiben. Es ist außerdem zu berücksichtigen, dass auch in der gesetzlichen Unfallversicherung eine Beitragsbemessungsgrenze besteht, die je nach Berufsgenossenschaft zwischen DM 6000 und DM 10000 monatlich liegt. Für Besserverdienende kann sich deshalb insofern ein zusätzlicher Versicherungsbedarf ergeben.

Die Leistungspflicht der gesetzlichen Unfallversicherung beschränkt sich auf

- ☒ Arbeitsunfälle,
- ☒ Unfälle auf dem Weg von und zur Arbeit und
- ☒ Berufskrankheiten.

Nicht alle Unfälle im Betrieb sind automatisch Arbeitsunfälle. Maßgebend ist vielmehr, dass der »Betrieb« als Schadenverursacher infrage kommt. Unfälle des privaten Lebensbereiches sind auch dann nicht versichert, wenn sie sich im Betrieb ereignen.

Die Abgrenzung zwischen beruflichen und privaten Unfällen ist allerdings nicht eindeutig und führt deshalb häufig zu Auseinandersetzungen vor den Sozialgerichten. Dies lässt sich am einfachsten an einigen ausgewählten Grenzfällen verdeutlichen:

Dienstreisen	Arbeitsunfall
– grundsätzlich	ja
– Privatsphäre (z. B. Spaziergang, essen)	nein
– Duschen im Hotel	ja*)
– unter Alkoholeinfluss (ab 1,3 ‰)	nein
– Schlangenbiss, Malaria und sonstige Sonderrisiken in exotischen Ländern	ja

Ausflüge, Feste

– vom Arbeitgeber veranstaltet	ja
– im Kollegenkreis	nein
– Freikarten der Firma für Theater/Kino	nein

Einkaufen

– Fahrkarte für Weg zur Arbeit	nein
– für Mittagessen	nein
– für Gästebewirtung	ja
– persönliche Arbeitsbekleidung	nein
– Arbeitsgeräte	ja

Kochen, Essen, Trinken

– dienstlich (für Gäste)	ja
– privat	nein
– Trinken wegen staubigem Arbeitsplatz	ja

Urlaub, Kur

– grundsätzlich	nein
– bei bes. gefährdeten Berufen	ja

Körperpflege

– zur Toilette gehen	ja*)
– Haare-, Nägelschneiden	nein
– Duschen im Betrieb	ja*)

Arztbesuch

– wegen Berufsunfall	ja
– sonstige Gründe	nein

Lärmschäden

– durch Arbeit	ja
– durch Wohnsituation	nein

Weg zur Arbeitsstätte
- Fahren ohne Sicherheitsgurt   nein
- über Mittag nach Hause   ja
- kurzer Besuch einer Gaststätte   ja

Umwege zur Arbeitsstätte
- ohne besonderen Grund   nein
- für Fahrgemeinschaft   ja
- Verirren, Verfahren   ja
- Brötchenholen   nein
- zum Tanken   nein
- zum Kindergarten   ja

Kinder-/Schülerunfall
- Umweg mit Freund vom Kindergarten   ja
- Weg zum Kiosk in der Pause   ja
- Einkaufen von Unterrichtsmaterial   ja
- Experiment mit Sprengstoff auf dem Schulweg   nein
- Hausaufgaben- und Nachhilfeunterricht   nein
- Tanzschulen- und sonstiger Privatunterricht   nein

Geld abheben
- erster Weg zur Bank nach Gehaltszahlung   ja
- durch Ehegatte   nein

Sonstiges
- Wespenstich am Arbeitsplatz   ja
- privater Aufenthalt auf Werksgelände nach
  Betriebsschluss   nein
- Fallen vom Bürostuhl   ja*)
- Reparatur von Arbeitsgeräten
  (auch Dienstwagen)   ja
- Fort- und Weiterbildung außer Haus   ja
- Weg zum Vorstellungsgespräch   nein

---

* Soweit besondere Gefahrenumstände vorliegen.

Tätigkeiten, die sowohl eigenwirtschaftlichen Zwecken als auch unternehmerischen Interessen dienen, stehen unter dem Schutz der gesetzlichen Unfallversicherung, wenn der dem Unternehmen dienende Teil der Tätigkeit nicht nur ein Nebenzweck, sondern ein wesentlicher Anlass für die »gemischte Tätigkeit« ist (Urteil des BSG vom 27.11.86 – 2 RU 4/86).

Nach einem Unfall tragen die Berufsgenossenschaften die Kosten für eine umfassende medizinische Rehabilitation, insbesondere

- ambulante und stationäre Behandlung mit allen geeigneten Mitteln zeitlich unbegrenzt sowie
- Hilfe bei Wiedereingliederung in das Berufsleben (Umschulung, Stellenvermittlung).

Es würde die Versicherungsproblematik erheblich vereinfachen, wenn es eine Möglichkeit gäbe, die Deckung der Berufsgenossenschaft auf den privaten Lebensbereich auszudehnen. Dies auch deshalb, weil die Berufstätigkeit und deren Gefahren ständig zurückgehen, die Freizeit dagegen ein immer stärkeres Gewicht bekommt. Außerberufliche Unfälle sind aber meist unzureichend versichert, während bei Berufsunfällen oft eine Überversorgung besteht.

Die Ergänzung durch private Unfallversicherungen ist nicht befriedigend, da einerseits Risikolücken verbleiben und andererseits durch Überschneidungen überflüssige Beitragsausgaben entstehen. Dieses Problem stellt sich sowohl für den Invaliditäts- als auch für den Todesfall.

Versicherungsschutz bei ehrenamtlicher Tätigkeit

Ehrenamtliche Tätigkeit im öffentlichen Interesse ist durch die gesetzliche Unfallversicherung gedeckt. Darunter fallen:

- Zeugen vor Gericht
- Geschworene oder Beisitzer bei Gerichten
- Elternbeiräte
- ehrenamtliche Mitarbeiter in den Kommunalparlamenten
- ehrenamtliche Mitarbeiter in der sozialen, wirtschaftlichen und berufsständischen Selbstverwaltung

Zu den versicherten Tätigkeiten gehört alles, was mit der Wahrnehmung des Ehrenamtes verbunden ist, darunter fallen Vorbereitung und Teilnahme an Sitzungen, Verhandlungen und Besprechungen.

Gesetzliche Unfallversicherung für Kinder, Schüler und Studenten

Im Rahmen der gesetzlichen Unfallversicherung sind Kinder, Schüler und Studenten automatisch und beitragsfrei versichert. Der Schutz umfasst folgenden Personenkreis:

- ☒ Kinder in Kindergärten, Kindertagesstätten, Vorschulklassen,
- ☒ Schüler während des Besuchs allgemein bildender Schulen, Privatschulen, soweit sie staatlich anerkannt sind,
- ☒ Lernende in berufsbildenden Schulen, wie Berufs- und Berufsfachschulen, Fachoberschulen, höhere Fachschulen,
- ☒ Studierende an Hochschulen, Fachhochschulen, Akademien und Universitäten.

Als nicht versichert gelten:

- ☒ Säuglinge und Kleinkinder in Kinderbetreuungsstätten, Krabbelstuben, Kinderkrippen,
- ☒ Schüler in Kinderhorten außerhalb des Schulbesuchs.

Die Leistungen im Versicherungsfall leiten sich vom durchschnittlichen Entgelt zur gesetzlichen Rentenversicherung (Bezugsgröße) ab und sind nach dem Alter des Kindes zum Zeitpunkt des Unfalles gestaffelt. Für 1999 errechnen sich auf der Basis der Bezugsgröße von DM 52920 folgende Renten:

Alter am Unfalltag	⅔ von	Jahresrente	Monatsrente
ab 18 Jahre	60%	DM 21225	DM 1769
unter 18 Jahren	40%	DM 14110	DM 1176
unter 14 Jahren	33%	DM 11641	DM 970
unter 6 Jahren	25%	DM 8811	DM 734

Bei Teilinvalidität werden die Leistungen entsprechend gekürzt; Erwerbsminderungen von weniger als 20 Prozent führen zu keinem Rentenanspruch. In den neuen Bundesländern liegen die Bezugsgröße und die Renten zurzeit noch ca. 20 Prozent unter dem Westniveau.

1. Die Lebensversicherung

a. Lebensversicherung im Zeittrend

Die Angebote der Lebensversicherer sind in den letzten Jahren immer vielfältiger und damit auch undurchschaubarer geworden. Dies ist dem Konkurrenzdruck durch ausländische Versicherer zu verdanken. Während es bisher um neue Kombinationen aus Risikoschutz, Sparanteil und Laufzeit ging, sind seit einigen Jahren auch Angebote auf dem Markt, die dem Versicherungsnehmer eine Mitwirkung bei der Kapitalanlage einräumen oder Zusatzleistungen bei schweren Erkrankungen erbringen. Die früher langfristig angelegte und ziemlich konservative deutsche Lebensversicherung ist dadurch in unruhige Fahrwasser geraten. Neben der Produktvielfalt ist für den Verbraucher auch die zukünftige steuerliche Behandlung immer schwieriger abzuschätzen.

Durch Verbraucherschützer wird immer häufiger gefordert, die Beiträge der Lebensversicherung in Verwaltungskosten, Risikoschutz und Sparanteil aufzusplitten. Im Zusammenhang damit ist es nicht unlogisch, die Zinserträge der Kapital-Lebensversicherung mit Zins- und Dividendenerträgen anderer Kapitalanlagen steuerlich zu vergleichen und eine gleichartige Behandlung zu fordern. Der Gesetzgeber hat jedoch die schwierige Aufgabe zu lösen, einerseits die private Altersvorsorge zu fördern, andererseits steuerliche Ungereimtheiten und Mitnahmeeffekte, die nicht der Altersvorsorge dienen, zu verhindern. Je nach politischer Wetter- und Kassenlage sind bei Regierungswechseln hinsichtlich der steuerlichen Behandlung von Zinserträgen (auch bei bestehenden Verträgen!) im Rahmen der Lebensversicherung künftige

Änderungen nicht auszuschließen. Die Kapital-Lebensversicherung ist damit als alleiniges Versorgungsinstrument nur noch bedingt empfehlenswert.

b. Was ist Gegenstand der Versicherung?

Definition

Die Lebensversicherung ist wie die Kranken- und Unfallversicherung eine Personenversicherung. Der Versicherungsfall wird durch den Tod der versicherten Person oder das Erleben eines im Voraus bestimmten Zeitpunktes ausgelöst. Die häufigste Form ist die gemischte Versicherung auf den Todes- und Erlebensfall.

Die Lebensversicherung dient der Deckung eines durch den Versicherungsfall entstehenden Geldbedarfs: Sicherstellung der Begräbniskosten, wirtschaftliche Versorgung der Hinterbliebenen, Zahlung der Erbschaftssteuer, Sicherung der Berufsausbildung und Töchteraussteuer, Auszahlung des Geschäftsanteils an die Erben beim Tode eines Teilhabers, Sicherung des eigenen Lebensabends durch Kapital oder Rente. Da der wirtschaftliche Nachteil, der einer Familie durch den Tod ihres Ernährers erwächst, nicht eindeutig messbar ist, bleibt die Schätzung des voraussichtlichen Bedarfes dem Ermessen des Versicherungsnehmers vorbehalten.

Je nach Bedarf und Versorgungszweck stehen an Versicherungsformen zur Auswahl:
- die reine Todesfallversicherung mit lebenslänglicher oder abgekürzter Prämienzahlungsdauer,
- die Versicherung auf den Todes- und Erlebensfall auf ein oder mehrere verbundene Leben,
- die Versicherung mit festem Auszahlungstermin,
- die Renten- und Pensionsversicherung.

Im Rahmen der üblichen Tarife führen die meisten Lebensversicherer auch
- die Unfall-Zusatzversicherung und
- die Berufsunfähigkeits-Zusatzversicherung.

Der besondere Vorteil der Lebensversicherung, im Vergleich zur gesetzlichen Rentenversicherung, ist, dass schon mit dem ersten Beitrag der volle Versicherungsschutz erworben wird. Die Lebensversicherung kennt auch keine Wartezeiten. Im Gegensatz dazu wachsen die Ansprüche aus der gesetzlichen Rentenversicherung erst allmählich im Laufe der Jahre. Sind bestimmte Wartezeiten nicht erfüllt, besteht nur für Berufsunfälle und -krankheiten Versicherungsschutz.

Kapital-Lebensversicherung

> Merkmal: Die Versicherungssumme wird im Todesfall oder im Erlebensfall (zum vereinbarten Zeitpunkt) fällig.
> Steuerliche Mindestlaufzeit: 12 Jahre

Wenn Sie eine Lebensversicherung für die Altersversorgung abschließen, geht es nicht primär um den Schutz vor einem unvorhersehbaren Risiko, sondern um die Vermögensbildung. Insoweit ist eine Kapital-Lebensversicherung lediglich eine Alternative zu anderen Formen der Vermögensbildung.

> Zwei von drei Arbeitnehmern in der Wirtschaft haben verbindliche Zusagen aus einer betrieblichen Altersversorgung. Nach 40 Dienstjahren ist damit im Allgemeinen, zusammen mit den Leistungen aus der Rentenversicherung, das bisherige Nettoeinkommen nach der Pensionierung knapp gesichert. In allen anderen Fällen verbleibt eine Versorgungslücke, die mit steigenden Einkommen immer größer wird.

Den Effekt einer Kapital-Lebensversicherung können Sie auch damit erreichen, dass Sie lediglich eine Risiko-Lebensversicherung abschließen und die ersparten Beitragsteile in Geldwerten und Sachwerten anlegen. Durch die Steuerfreiheit auf Zins- und Dividendeneinnahmen von DM 6000 für Verheiratete bzw. DM 3000 für Ledige hat die Lebensversicherung einen Teil ihres früheren Vorteiles verloren.

Die Lebensversicherer bevorzugen bei der Kapitalanlage inländische Rentenpapiere, Staatsanleihen, Hypotheken und andere Nominalwerte. Der Aktien- und Immobilienanteil liegt dagegen im Durchschnitt lediglich bei 10–15 Prozent; ausländische Werte und Immobilien sind fast unbekannt.

! UNSER VERSICHERUNGSTIPP

Wenn Sie sich für eine Kapital-Lebensversicherung entscheiden, sollten Sie auch prüfen, ob Sie mit der Kapitalanlage des Versicherers einverstanden sind. Eine Alternative bietet auch die fondsgebundene Lebensversicherung.

Die Rückzahlungen der Lebensversicherungen erwecken häufig den Anschein besonders hoher Renditen, wobei die Werbung aus der Gewinnbeteiligung gar eine Wundertüte macht (vgl. Seite 167).

Wer vor dreißig Jahren eine Lebensversicherung abgeschlossen hat und monatlich DM 100 einzahlte, erhält heute im Branchendurchschnitt DM 80000 ausbezahlt. Davon ist etwa die Hälfte mit den Prämienzahlungen selbst angespart, der Rest stammt aus den Kapitalanlagen des Versicherers. Das angesparte Kapital verdoppelt sich somit in etwa 30 Jahren; dies entspricht einer effektiven Verzinsung von 5,5%. Dabei ist zu berücksichtigen, dass zusätzlich ein »kostenloser Risikoschutz« besteht.

> **! UNSER VERSICHERUNGSTIPP**
>
> *Wer in relativ hohem Alter eine Kapitalversicherung zur Vermögensbildung abschließt, muss zwangsläufig den Risikoschutz für seinen Jahrgang mitbezahlen. Dadurch verschlechtert sich die Rendite. Deshalb kann es sinnvoll sein, als Versicherten einen jüngeren Verwandten einzusetzen. Besonders preiswert ist der Versicherungsschutz für junge Frauen und Kinder. Wenn Sie jedoch nicht nur Beiträge bezahlen, sondern auch evtl. die Versicherungsleistung kassieren wollen, brauchen Sie dazu das schriftliche Einverständnis des Versicherten.*

Da eine gemischte Versicherung erheblich teurer als eine Risikoversicherung ist, wird dies häufig durch relativ niedrige Summen ausgeglichen. Ein ausreichender Schutz für die Hinterbliebenen ist dann aber nicht mehr gegeben. Es ist sinnvoll, in derartigen Fällen eine Versicherungsform zu wählen, bei der hohe Risikosumme und niedrige Kapitalsumme kombiniert sind, oder lediglich eine Risiko-Lebensversicherung abzuschließen.

Wichtig: Vor dem Abschluss einer Kapital-Lebensversicherung sollten Sie folgende Faktoren klären:
- ☒ familiäre Situation in absehbarer Zeit
- ☒ steuerliche Situation (Sonderausgaben, Zinsen)
- ☒ Anwartschaften in der Rentenversicherung
- ☒ Umfang der betrieblichen Altersversorgung
- ☒ Kapitalanlage-Alternativen (z. B. Eigentumswohnung).

Achtung: Lassen Sie sich nicht vorschnell zu einer Kapitalversicherung verleiten. Die Lebensversicherung gleicht einer Ehe, die nur schwer und mit hohen Kosten wieder aufgelöst werden kann. Im Zweifel sollten Sie eine Risikoversicherung mit einer freien Vermögensbildung koppeln, womit Sie gleichzeitig eine Option auf einen späteren Umtausch in eine Kapitalversicherung erwerben.

Ein Vorteil der Lebensversicherung lag bisher darin, dass die Zinserträge bzw. der Vermögenszuwachs im Rahmen der gesetzlichen Regelungen steuerfrei blieb. Unter diesen Voraussetzungen ist eine Lebensversicherung im Allgemeinen günstiger als andere konservative Kapitalanlagen. Im Übrigen liegt der Vorteil einer Lebensversicherung wie bei Immobilien oft weniger in der Rendite als in einem gewissen Zwang zur Vermögensbildung und der Befriedigung des subjektiven Bedürfnisses nach Sicherheit.

! UNSER VERSICHERUNGSTIPP

Nutzen Sie vor dem Abschluss einer Lebensversicherung die sonstigen Möglichkeiten steuerfreier Zins- und Dividendenerträge aus.
Zahlen Sie außerdem die Versicherungsprämie jährlich. Wenn Sie eine Lebensversicherung mit monatlicher Beitragszahlung abschließen, verschenken Sie Zinsen. Der Zuschlag beträgt im Allgemeinen 5%, obwohl der Beitrag im Durchschnitt nur ein halbes Jahr gestundet ist. Daraus errechnet sich ein Effektivzins von mehr als 10 Prozent.

Kleinkredit von Ihrer Lebensversicherung

Bis zur Höhe des Rückkaufwertes können Sie aus Ihrer Lebensversicherung jederzeit ein Darlehen erhalten. Da Sie praktisch Geld aus Ihrem eigenen Guthaben leihen, gibt es normalerweise keine Probleme mit Sicherheiten. Ihre vertraglichen Ansprüche werden durch das Policendarlehen nicht beeinträchtigt, es ist aber zu verzinsen. Der Zinssatz liegt im Allgemeinen knapp unter dem Kapitalmarktzins. Über die Rückzahlung können Sie selbst entscheiden. Ein Policendarlehen ist deshalb fast immer günstiger als ein Kleinkredit.

Kapital oder Rente

Sowohl bei der Kapital- als auch bei der Rentenversicherung können Sie Ihre ursprüngliche Entscheidung korrigieren und das Kapital verrenten oder die Rente in ein

Kapital umwandeln. Bei der Rentenversicherung müssen Sie sich normalerweise bereits einige Jahre vor Vertragsende entscheiden. Es sind auch Zwischenformen möglich, z. B. die Gewinnanteile werden ausgeschüttet und die Rente beschränkt sich auf den ursprünglich vereinbarten Betrag.

Dynamische Lebensversicherung
Wer eine befreiende Lebensversicherung abgeschlossen hat oder aus sonstigen Gründen seine Lebensversicherung an die Einkommensentwicklung ankoppeln möchte, erreicht dies am einfachsten mit einer dynamischen Lebensversicherung.

Vorteil: Die Versicherungssumme braucht nicht jährlich überprüft zu werden, außerdem entfallen weitere ärztliche Untersuchungen.

Nachteil: Die Dynamik erhöht nicht nur die Versicherungssumme, sondern auch die Beiträge. Besonders nachteilig ist dabei, dass der Sparanteil am Beitrag von Jahr zu Jahr geringer wird. Dies ergibt sich aus dem steigenden Altersrisiko.

Achtung: Da bei jeder Anpassung 3,5% der Versicherungssumme als Vermittlungsgebühr anfallen, wird die Beitragserhöhung allmählich von Kosten und Risikoschutz aufgefressen. Ab dem 50. Lebensjahr ist deshalb die dynamische Anpassung nur noch mit Einschränkungen zu empfehlen.

Die Direktversicherung
Als Arbeitnehmer ohne betriebliche Altersversorgung können Sie aus der Umwandlung von Gehaltsanteilen in Beiträge zu einer Lebensversicherung Steuern sparen.
Als Direktversicherung kann Ihr Arbeitgeber eine Lebensversicherung auf Ihren Namen abschließen. Nach den gesetzlichen Regelungen können bis zu DM 3408 pro Mitarbeiter und Jahr an Beiträgen für eine Lebensversicherung abgeführt werden, für die lediglich eine pauschale Lohnsteuer von 20% sowie die anteilige Kirchensteuer und der Solidaritätszuschlag zu entrichten sind.

So hoch ist Ihre Steuerersparnis bei einer Gehaltsumwandlung

	Ledige			Verheiratete		
Zu versteuerndes Einkommen (in DM)	40 000,–	60 000,–	80 000,–	80 000,–	120 000,–	180 000,–
Beitrag zur Direktversicherung **Pauschale Lohnsteuer**	3408,– 682,–	3408,– 682,–	3408,– 682,–	3408,– 682,–	3408,– 682,–	3408,– 682,–
Steuerersparnis 1999[1] ☒ wenn der Arbeitgeber die Pauschalsteuer trägt	1055,–	1193,–	1372,–	1044,–	1218,–	1460,–
☒ wenn Sie die Pauschalsteuer tragen müssen	373,–	511,–	690,–	362,–	536,–	778,–

[1] Die Steuerersparnis erhöht sich noch, wenn Solidaritätszuschlag und Kirchensteuer berücksichtigt werden.

Die Gehaltsumwandlung in eine Lebensversicherung ist allerdings nur dann zu empfehlen, wenn
☒ die Sonderausgaben-Höchstbeträge ausgeschöpft sind und
☒ die Beitragszahlung zur Rentenversicherung nicht beschnitten wird.

In einigen Berufen, z. B. bei Beamten und dem öffentlichen Dienst, wird die Gehaltsumwandlung vom Arbeitgeber nicht zugelassen. Mitglieder einer Firmen-Pensionskasse können meist nicht umwandeln, weil die Pauschalversteuerung hier schon genutzt wird.

Fondsgebundene Lebensversicherung (FLV)

Anders als bei der traditionellen Lebensversicherung ist bei der fondsgebundenen Lebensversicherung (FLV) der Anlagestock nicht breit gestreut, sondern besteht lediglich aus Investmentanteilen. Im Grunde handelt es sich dabei um die Konzentrierung des Anlagestocks auf Aktien oder festverzinsliche Papiere unter bewusster Inkaufnahme der damit verbundenen Risiken.

Da die Wertentwicklung der Investmentanteile nicht voraussehbar ist, kann in der fondsgebundenen Lebensversicherung kein bestimmter DM-Betrag garantiert werden. Der Versicherungsnehmer hat aber die Chance, bei Kurssteigerungen einen höheren Wertzuwachs als in der normalen Lebensversicherung zu erzielen. Bei einem Kursrückgang trägt er allerdings auch das Risiko einer Wertminderung. Bei der traditionellen Lebensversicherung werden die Erträge und Risiken durch eine breitere Streuung in Immobilien, Hypothekendarlehen, Festverzinsliche, Aktien, Schiffsanteile und Beteiligungen stärker nivelliert.

Die Beiträge in der fondsgebundenen Lebensversicherung sind in gleicher Höhe während der ganzen Vertragsdauer einzuzahlen. Diese werden abzüglich eines Teils zur Deckung der vorzeitigen Todesfallsumme und der Verwaltungskosten dem Anlagestock zugeführt.

Der Anlagestock besteht aus Anteileinheiten, deren Wert sich nach der Entwicklung des Anlagestocks richtet. Entsprechend dem Anteilswert zum Beitragstag erhält der Versicherungsnehmer jeweils eine bestimmte Anzahl neuer Anteile. Somit erhöht sich mit jeder Beitragszahlung die Anzahl der gutgeschriebenen Anteile.

Erlebt die versicherte Person den Ablauf der Versicherungsdauer, so erhält der Bezugsberechtigte entsprechend seiner Anteileinheiten Wertpapiere aus dem Anlagestock gutgeschrieben. Ihr Wert kann bei entsprechender Kurssteigerung während der Vertragsdauer höher als die vereinbarte Mindesttodesfallsumme liegen. Er kann jedoch auch niedriger sein, wenn Kursverluste nicht durch die Erträge aufgefangen werden.

Stirbt die versicherte Person vor Ablauf der Versicherung, werden ebenfalls Wertpapiere aus dem Anlagestock, entsprechend den Anteileinheiten, gutgeschrieben. Liegt deren Wert zu diesem Zeitpunkt niedriger als die vereinbarte Mindesttodesfallsumme, wird dazu noch ein Betrag in Höhe des Unterschiedes zwischen Mindesttodesfallsumme und Anteilwert ausgezahlt.

Der Versicherungsnehmer kann entscheiden, ob die Leistung aus dem Anlagestock in Wertpapieren oder in Deutscher Mark erbracht werden soll. Bei der Leistung in Wertpapieren wird eine Gebühr von zurzeit 1%, höchstens jedoch DM 300, berechnet. Damit sind zugleich sämtliche mit der Übertragung der Investmentzertifikate anfallenden Gebühren abgegolten.

Die laufenden Erträge des Anlagestocks werden sofort wieder angelegt und in zusätzliche Einheiten umgewandelt. Überschüsse durch einen günstigen Verlauf der Sterblichkeiten oder Kosten werden zum Fälligkeitszeitpunkt als Anteileinheiten dem Deckungskapital zugeführt.

Eine Weiterentwicklung der fondsgebundenen Lebensversicherung ist die variable Investmentpolice. Die Besonderheit liegt darin, dass der Versicherungsnehmer selbst bestimmen kann, wie der Sparanteil angelegt werden soll. Dafür stehen ihm drei Möglichkeiten offen:

- ☒ (deutscher) Rentenwertfonds
- ☒ (deutscher) Aktienfonds
- ☒ internationaler Mischfonds

Die Entscheidung für den einen oder anderen Fonds kann jederzeit revidiert werden. Es ist auch möglich, das Kapital auf mehrere Fonds zu verteilen. Wenn Sie spekulativ eingestellt sind, also häufig Ihre Entscheidungen ändern und Aktiengewinne mitnehmen wollen, sollten Sie bei der Fondsauswahl auf günstige Gebühren achten.

Die neue Versicherungsform ist auch auf der Beitragsseite flexibel. Innerhalb bestimmter Grenzen kann der Versicherungsnehmer jederzeit festlegen, wie viel von seinem Beitrag für den Risikoschutz und wie viel für die Vermögensanlage zu verwenden ist. Damit kann der Todesfallschutz kurzfristig persönlichen Veränderungen angepasst werden.

Risiko-Lebensversicherung

> Merkmal: Die Versicherungssumme wird nur fällig, wenn während der vertraglichen Laufzeit der Todesfall eintritt.
> Steuerliche Mindestlaufzeit: Keine

Der Urtyp der Lebensversicherung, die Risikoversicherung, spielt in Deutschland eine geringe Rolle. Die meisten Verträge werden hier als gemischte Lebensversicherung abgeschlossen. Dabei stehen die Vermögensbildung und Altersversorgung im Vordergrund, der Risikoschutz dagegen an zweiter Stelle.

> **! UNSER VERSICHERUNGSTIPP**
> *Für junge Familien besteht im Allgemeinen ein hoher Versicherungsbedarf. Andererseits sind die Mittel begrenzt. Am ehesten lässt sich diese Konfliktsituation durch eine Risiko-Lebensversicherung mit kurzer Laufzeit überbrücken.*

Bei der Risiko-Lebensversicherung wird der Versicherungsschutz gezielt auf den vorzeitigen Versorgungsfall ausgerichtet. Die Versicherungssumme dient als einmalige Kapitalzahlung oder als Rentenzahlung. Bleibt der Versicherte während der Laufzeit des Vertrages am Leben, sind die Beiträge verfallen. Dies ist aber kein Argument gegen die Risiko-Lebensversicherung, denn auch bei der gemischten Versicherung wird ein entsprechender Beitragsanteil für den Risikoschutz aufgebracht.

Neben der Absicherung des vorzeitigen Versorgungsfalls für die Hinterbliebenen spielt die Risiko-Lebensversicherung eine wichtige Rolle

- ☒ als Restschuldversicherung zur Abdeckung von Bankkrediten (mit fallender Versicherungssumme),
- ☒ zur Absicherung von Bauspardarlehen und

■ als Einstieg in eine gemischte Versicherung insbesondere für junge Familien.

Die meisten Tarife sehen vor, dass die Risikoversicherung in den ersten 10 Jahren oder bis zum Ablauf in eine Kapitalversicherung umgewandelt werden kann. Der Vorteil dieser Tarife liegt darin, dass keine erneute Gesundheitsprüfung gefordert wird und die tarifliche Einstufung sich nach dem Alter bei Abschluss der Risiko-Lebensversicherung richtet. Doppelt verdienende Ehepaare, die beide für die Rückzahlung von Schulden – insbesondere Hypotheken – aufkommen, können sich mit einer Versicherung für zwei Personen relativ günstig absichern. Die Todesfallsumme wird allerdings nur einmal beim zuerst Ablebenden fällig. Dadurch ist aber der Beitrag geringer als bei zwei getrennten Verträgen. Außerdem entspricht dies auch eher der Risikolage. Denn wenn beide Partner tot sind, dürfte das Vermögen ohnehin liquidiert werden. Eine Lebensversicherung ist dann nur noch sinnvoll, wenn Kinder vorhanden sind.

Hinweis: Risikoversicherungen lassen sich günstig mit Sparplänen koppeln. Damit lässt sich das vorgesehene Versorgungs- und Sparziel zugunsten der Familie absichern und erreicht damit einen Effekt, der einer gemischten Lebensversicherung ähnlich ist.

Der Beitragsvergleich ist in der Risiko-Lebensversicherung einfacher als in der Kapitalversicherung. Der Beitrag errechnet sich nach dem Alter und Geschlecht des Versicherten, der vorgesehenen Laufzeit des Vertrages und der voraussichtlichen Gewinnbeteiligung. Wer vorrangig Wert auf einen niedrigen Beitrag legt, sollte eine Risiko-Lebensversicherung abschließen, bei der die Gewinnanteile mit den jährlichen Beiträgen verrechnet werden. Je nach Versicherer können die Gewinnanteile auch zur Erhöhung der Versicherungssumme verwendet oder verzinslich bis zum Vertragsende angesammelt werden (weitere Erläuterungen zur Gewinnbeteiligung siehe Seite 167).

Zusatzversicherungen

Eine bedeutende Ergänzung zur Lebensversicherung ist die Berufsunfähigkeits-Zusatzversicherung (BUZ) (siehe Seite 202).

Üblich, aber wenig sinnvoll ist eine Unfall-Zusatzversicherung für den Todesfall (siehe hierzu die Ausführungen im folgenden Kapitel).

Überlegenswert ist eine Lebensversicherung mit Leistungen im Falle schwerer Erkrankung *(dread disease)*. Grundgedanke ist hierbei, dass ein besonderer Versicherungsbedarf nicht nur für die Hinterbliebenenversorgung und Altersversorgung, sondern auch bei schwerer Krankheit besteht.

Grundsätzlich sind die Kosten der ärztlichen Versorgung in Deutschland für fast sämtliche Personen über eine Krankenversicherung abgedeckt. Es gibt jedoch Zusatzkosten, die von den Krankenversicherern nur bedingt übernommen werden:

- Behandlung bei einem Spezialisten im Ausland
- nicht anerkannte Heilmethoden
- Umbauten eines Hauses oder Autos
- Umzugskosten
- Einstellung von Pflegepersonal und Haushaltshilfen
- berufliche Umschulung
- Tilgung von Verpflichtungen
- Ausgleich von Einkommensverlusten wegen anderer Tätigkeit, Teilzeit oder Vorruhestand

Diese Zusatzkosten können durch eine *Dread-Disease-Police* abgedeckt werden.

Der Versicherungsschutz bezieht sich auf folgende Erkrankungen:

- schwerer Herzinfarkt
- chronisches Nierenversagen
- bestimmte Arten von Krebs
- Schlaganfall
- Bypassoperationen
- multiple Sklerose

Achtung: Die Zusatzversicherung bietet keine umfassende Absicherung für alle schweren Krankheiten und ist insofern eine Ausschnittsversicherung. Unversichert sind z. B.

- ☒ Alzheimerkrankheit,
- ☒ Parkinsonkrankheit,
- ☒ Erblindung,
- ☒ allgemeine Nervenleiden,
- ☒ Infektionskrankheiten, wie Aids oder Malaria,
- ☒ alle anderen nicht ausdrücklich versicherten Krankheiten.

! ● UNSER VERSICHERUNGSTIPP

Einzelne Versicherer decken auch Blindheit, Taubheit, Lähmung, Parkinson, Pflegebedürftigkeit und schwere Verbrennungen. Achten Sie insofern auf die Bedingungen!

Eine Entschädigung gibt es nur bei besonders schweren Symptomen der versicherten Krankheiten. Nicht versichert sind deshalb z. B. stumme Herzinfarkte, Versagen nur einer Niere, Lähmung nur eines Armes oder Beines. Die besonders häufigen Invaliditätsfälle der Verschleißerkrankungen an Knochen, Muskeln und des Bindegewebes sind vom Versicherungsschutz ganz ausgeschlossen. Außerdem ist zu berücksichtigen, dass die Versicherungssumme nur für eine Leistungsart zur Verfügung steht oder entsprechend aufgeteilt wird. Somit steht den Hinterbliebenen im Todesfall keine oder nur noch die halbe Versicherungssumme zur Verfügung, wenn zuvor Versicherungsleistungen wegen einer schweren Krankheit fällig wurden.

Lassen Sie sich den Mehrbeitrag für die Zusatzleistung bei schweren Krankheiten offen legen und stellen Sie diesen einer Berufsunfähigkeits-Zusatzversicherung gegenüber. Da die Berufsunfähigkeits-Zusatzversicherung die umfassendere Deckung bietet, ist sie grundsätzlich einer Dread-Disease-Police vorzuziehen.

Wer in einer gesetzlichen Kasse krankenversichert ist, sollte auch abwägen, ob die Mehrprämie nicht besser für eine Krankenzusatzversicherung angelegt ist.

Abgrenzung zu anderen Versicherungsarten

Die Lebensversicherung wird nach dem Summenprinzip betrieben, wonach grundsätzlich der Schadenbedarf im Voraus festgelegt wird. Dabei sind allenfalls die Grenzen einer unangemessenen Versicherungssumme von Bedeutung. Dies ist jedoch primär ein Problem bei der Antragsprüfung durch den Versicherer.

Das Summenprinzip bedeutet, dass im Schadenfall

- anderweitige Leistungen nicht angerechnet werden und
- der Lebensversicherer keinen Regress nehmen kann (z. B. beim Verursacher eines Verkehrsunfalles).

Dadurch ist der Versicherungsschutz relativ teuer. Außerdem lassen sich die unterschiedlichen Leistungen und Lücken anderer Versorgungssysteme mit einer Lebensversicherung nicht auf ein einheitliches Gesamtniveau anheben.

! UNSER VERSICHERUNGSTIPP

Die Lebensversicherung bietet aber aufgrund ihrer All-Gefahren-Deckung die Möglichkeit einer überschaubaren Zusatzversicherung. Sie sollten diesen Vorteil konsequent ausschöpfen. Leistungsdifferenzierungen, die von bestimmten Todesursachen abhängig sind, sollten Sie daher möglichst vermeiden. Bei einem vorzeitigen Todesfall ist es für die Hinterbliebenen vollkommen gleichgültig, ob Sie durch Malaria, Herzinfarkt, Flugzeugabsturz oder Mord ums Leben gekommen sind. Es gibt deshalb kein überzeugendes Argument, für einen Tod durch Unfall besonders hohe Versicherungssummen zu vereinbaren. Dies bedeutet nämlich, dass bei Tod durch Krankheit eine entsprechend niedrige

Summe versichert wäre. Diese simple Konsequenz wird in der Praxis oft übersehen. Aus dem gleichen Grund sind auch zusätzliche Insassen-Unfall-, Flug-Unfall-, Reise- und Auslandsunfall-Versicherungen nicht zu empfehlen, soweit sie das Todesfallrisiko betreffen. Sie sind außerdem unangemessen teuer. Benutzen Sie den ersparten Beitrag, um die Summe Ihrer Lebensversicherung zu erhöhen. Damit konzentrieren Sie Ihren Versicherungsschutz auf das wesentliche Risiko und machen ihn gleichzeitig überschaubar.

c. Die wichtigsten Tarife der Lebensversicherer

Versicherungsform	Leistungen	Anwendungsbereiche
Kapitalversicherung auf den Todes- und Erlebensfall	Die Versicherungssumme wird beim Tode des Versicherten, spätestens beim Ablauf der Versicherungsdauer, fällig.	☒ Alters- und Hinterbliebenenversorgung ☒ Hypothekentilgung ☒ Direktversicherung
Kapitalversicherung auf den Todes- und Erlebensfall mit fallender Risikozusatzversicherung	Die Versicherungsleistung wird im Todesfall, spätestens beim Ablauf der Versicherung fällig. Die Summe der Risikoversicherung fällt zu Beginn jedes Jahres etwa um den Betrag, um den die Überschüsse in der Kapitalversicherung steigen. Dadurch wird bei unveränderter Überschussbeteiligung ein gleich hoher Versicherungsschutz während der gesamten Versicherungsdauer erzielt.	☒ Versorgungsoptimierung mit hohem Hinterbliebenenschutz ☒ Absicherung und Tilgung von Hypotheken und Darlehen
Kapitalversicherung auf den Todesfall	Die Versicherungssumme wird beim Tode des Versicherten fällig.	☒ Hinterbliebenenschutz ☒ Erbschaftsteuerfinanzierung
Kapitalversicherung mit festem Auszahlungszeitpunkt (Ausbildungsvers.)	Die Versicherungssumme wird beim Ablauf der Versicherungsdauer fällig. Bei Tod des Versicherten wird die Versicherung in voller Höhe beitragsfrei.	☒ Finanzierung der Lehre oder des Studiums von Kindern.
Kapitalversicherung auf den Todes- und Erlebensfall für 2 Personen	Die Versicherungssumme wird beim zuerst Verstorbenen, spätestens beim Ablauf der Versicherungsdauer, fällig. Bei gleichzeitigem Tod beider Versicherter wird die Versicherungssumme nur einmal fällig.	☒ Gegenseitige Absicherung von Ehepartnern ☒ Teilhaberversicherung

Versicherungsform	Leistungen	Anwendungsbereiche
Kapitalversicherung auf den Heiratsfall (Aussteuerversicherung)	Die Versicherungssumme wird bei Heirat des zu versorgenden Kindes (Mädchen oder Junge), spätestens mit 25 Jahren, ausgezahlt. Bei Tod des Versorgers wird die Versicherung in voller Höhe beitragsfrei. Bei Tod des Kindes vor Heirat oder Ablauf wird der Beitrag erstattet.	☒ Bereitstellung von Kapital zur Gründung eines Haushaltes.
Kapitalversicherung auf den Todes- und Erlebensfall mit mehrfachen Teilauszahlungen	Im Erlebensfall bestimmter Zeitpunkte werden Teile der Versicherungssumme ausgezahlt. Die erste Teilzahlung erfolgt nach 12 Jahren, die zweite nach 15 Jahren, alle weiteren in Abständen von 5 Jahren. Beim Tode des Versicherten wird die volle Versicherungssumme oder – alternativ – abzüglich erfolgter Teilauszahlungen fällig.	☒ Alters- und Hinterbliebenenversorgung mit vorzeitigem Kapitalbedarf, z. B. für Tilgung von Darlehen für Hausrenovierung oder Anschaffungen
Kapitalversicherung auf den Erlebens- und Todesfall mit Leistungen bei schweren Krankheiten (dread disease)	Ganz oder teilweise Auszahlung der vereinbarten Versicherungssumme bei bestimmten schweren Krankheiten; bei Ablauf oder Tod Auszahlung der (restlichen) vereinbarten Summe.	☒ Alters- und Hinterbliebenenversorgung; Ausgleich von Zusatzkosten bei schweren Krankheiten
Risiko-Zusatzversicherung mit gleich bleibender Todesfall-Leistung	Die gleich bleibende Versicherungssumme wird beim Tode des Versicherten innerhalb der Versicherungsdauer fällig.	☒ Preiswerte Erhöhung der Hinterbliebenenversorgung ☒ Direktversicherung
Risiko-Zusatzversicherung mit linear fallender Todesfall-Leistung	Die Versicherungssumme fällt jährlich um einen gleich bleibenden Betrag	☒ Hinterbliebenenversorgung ☒ Darlehensabsicherung
Risikorenten-Zusatzversicherung	Rente für eine begrenzte Laufzeit. Bei Tod des Renten-Bezugsberechtigten während der Rentenzahlungsdauer erfolgt eine Kapitalabfindung für die bis zum Vertragsablauf noch ausstehenden Renten.	☒ Hinterbliebenenschutz ☒ Familienabsicherung durch »Waisenrente« ☒ Kreditrückzahlung
Risikoversicherung mit gleich bleibender Versicherungssumme	Die Versicherungssumme wird beim Tode des Versicherten innerhalb der Versicherungsdauer fällig.	☒ Hinterbliebenenversorgung ☒ Darlehensabsicherung ☒ Direktversicherung
Risikoversicherung mit linear fallender Summe	Die jeweils versicherte Summe wird beim Tod des Versicherten fällig. Die Versicherungssumme fällt jährlich um einen gleich bleibenden Betrag.	☒ Hinterbliebenenschutz ☒ Darlehensabsicherung

Versicherungsform	Leistungen	Anwendungsbereiche
Risikoversicherung mit fallender Vers.-Summe (Restschuldversicherung)	Die jeweils versicherte Summe wird beim Tod des Versicherten fällig. Die Versicherungssumme fällt jährlich entsprechend dem Verlauf des Darlehens.	☒ Absicherung von Bauspar-, Hypotheken-, Gewerbedarlehen.
Risiko-Rentenversicherung	Die Rente wird beim Tod des Versicherten fällig. Beim Tod während der Rentenzahlung erfolgt eine Kapitalabfindung für noch ausstehende Renten.	☒ Witwenrente ☒ Ausbildungsrente ☒ Kreditrückzahlung
Risikoversicherung für 2 Personen	Die Versicherungssumme wird beim zuerst Verstorbenen fällig; bei gleichzeitigem Tod beider Versicherten wird die Versicherungssumme nur einmal fällig.	☒ Ehepartnerabsicherung ☒ Geschäftspartner
Variable Berufsunfähigkeits-Zusatzversicherung	Bei Berufsunfähigkeit wird die vereinbarte Rente gewährt, die Beitragszahlung für die Lebensversicherung entfällt.	☒ Einkommenssicherung

d. Nicht versicherte Fälle

Kein anderer Versicherungszweig hat es so einfach mit der Definition des Versicherungsfalles wie die Lebensversicherung. Während sich sonst ein Großteil aller Rechtsstreitigkeiten um die Abgrenzung der versicherten Schäden, Risiken oder Gefahren dreht, ist der Versicherungsfall in den Lebensversicherungsbedingungen überhaupt nicht definiert. Basis hierfür ist letztlich das Versicherungsvertragsgesetz (§ 1, Abs. 1), wonach der Lebensversicherer verpflichtet ist, nach dem Versicherungsfall den vereinbarten Betrag an Kapital oder Rente zu zahlen.

In dieser einfachen Definition drückt sich der Vorteil der All-Gefahren-Deckung aus. Dass es trotzdem nicht versicherte Fälle gibt, ist insbesondere auf Verstöße bei der vorvertraglichen Anzeigepflicht, nicht rechtzeitig bezahlten Erstprämien und ominösen Umständen beim Tod des Versicherten zurückzuführen.

Grundsätzlich ist auch *Selbstmord* versichert, soweit die Tat in einem Zustand krankhafter Geistesstörung begangen wurde. Andernfalls besteht nur Anspruch auf das Deckungskapital. Diese Regelung gilt auch beim Tod im Zusammenhang mit kriegerischen Ereignissen.

In der Kapital-Lebensversicherung besteht eine Einschränkung bei Selbstmord nur im Rahmen einer auf 3 oder 5 Jahre begrenzten Wartefrist. Danach besteht grundsätzlich voller Versicherungsschutz.

Der Versicherungsvertreter Meyer traute seinen Augen nicht: Am Strand von Pattaya lag gut gelaunt und braun gebrannt sein ehemaliger Nachbar und Kunde R., der im vergangenen Jahr bei einem Segelturn in der Südsee von einem Sturm über Bord gespült worden war. Seine Kompagnons bezeugten, er sei von Haien gefressen worden. Meyer überbrachte vor wenigen Monaten die Versicherungssumme von DM 300 000 an die Hinterbliebenen...

Wie viele Versicherungsfälle auf derartige Manipulationen zurückzuführen sind, ist nicht bekannt. Eine Gesamtstatistik gibt es hierüber nicht. Der Verband der Lebensversicherer geht jedoch davon aus, dass es sich um keine gravierende Größenordnung handelt.

Beispiele für nicht versicherte bzw. strittige Grenzfälle:

☒ Erstprämie:
Der Versicherungsnehmer überweist nur eine Anzahlung und fährt anschließend in Urlaub; der Versicherungsnehmer erteilt eine Zahlungsermächtigung, seine Bank verweigert jedoch mangels Deckung die Abbuchung.

☒ Antrag:
Der Versicherungsnehmer verschweigt im Antrag einen Herzinfarkt oder seinen Beruf als Rennfahrer.

☒ Altersangabe:
Der Vertreter macht den Versicherten versehentlich 10 Jahre jünger.

⊠ Bezugsberechtigung:

Das Testament sieht einen anderen Bezugsberechtigten als der Versicherungsantrag vor.

Die Ehefrau ist nicht damit einverstanden, dass die Versicherungssumme an die Geliebte ihres verstorbenen Mannes geht.

Die schriftliche Erklärung auf Änderung der Bezugsberechtigung geht erst eine Stunde nach dem Tod des Versicherten zu.

⊠ Beweisprobleme:

Ein Schauspieler wird tot in der Badewanne aufgefunden; es ist unklar, ob Mord oder Selbstmord vorliegt.

Ein Forscher verschwindet auf unerklärliche Weise in Äthiopien. Es ist unklar, ob er sich in Gefangenschaft befindet oder von Aufständischen erschossen wurde.

⊠ Kriegsrisiko:

Ein Reporter wurde angeblich bei einer Frontberichterstattung getötet. Die Witwe behauptet, er wäre betrunken mit seinem Auto gegen einen Eukalyptusbaum gefahren.

! UNSER VERSICHERUNGSTIPP

Wenn Sie beruflich oder privat in Kriegsgebiete reisen, sollten Sie dieses Zusatzrisiko mitversichern. Im Allgemeinen übernehmen die Versicherer für einen begrenzten Zeitraum das passive Kriegsrisiko gegen einen geringen Beitragszuschlag. Beachten Sie jedoch: Nicht jedes Gebiet, in dem geschossen wird, ist automatisch Kriegsgebiet.

⊠ Mord:

Wird der Versicherte durch den Begünstigten oder in dessen Auftrag ermordet, verliert dieser seinen Anspruch auf die Versicherungsleistung. Der Lebensversicherer ist verpflichtet, an eine andere erbberechtigte Person zu leisten.

e. Die Auswahl des Versicherers

Wegen der langen Laufzeit von Lebensversicherungen ist die Auswahl der preisgünstigsten Gesellschaft sehr problematisch. Wer heute als 35-Jähriger eine Kapital-Lebensversicherung mit 30 Jahren Laufzeit abschließt, kann bei einem Monatsbeitrag von DM 200 im Jahre 2030 mit Leistungen von ca. DM 230000 rechnen, davon sind DM 100000 – die Versicherungssumme – garantiert. Die Leistung bei Ablauf des Vertrages ist allerdings nur eine von drei möglichen Versicherungsfällen, denn neben dem Erlebensfall sind der vorzeitige Todesfall und die Rückzahlung bei vorzeitiger Aufhebung von Bedeutung. Da die Gewinnbeteiligungssysteme unterschiedlich sind, ergeben sich hierbei von Gesellschaft zu Gesellschaft erhebliche Abweichungen.

Mit Wirkung vom 1. Juli 2000 dürfen die Lebensversicherer nur noch einen Garantiezins von 3,25 statt 4 Prozent versprechen. Das bedeutet, dass entweder die garantierte Leistung sinkt oder der Beitrag steigt. In der Praxis hat dies folgende Auswirkung:

Beispielrechnung für einen 35-jährigen Mann und 35 Jahre Laufzeit:

Garantiezins	4% (bis 30.6.2000)	3,25% (ab 1.7.2000) Vers.-Summe wie bisher	3,25 (ab 1.7.2000) Beitrag wie bisher
Versicherungssumme	DM 100000	DM 100000	DM 90056
Monatsbeitrag	DM 175	DM 194	DM 175
Voraussichtliche Ablaufleistung	DM 282197	DM 274152	DM 246965

Beispielrechnung für einen 35-jährigen Mann und 30 Jahre Laufzeit:

Garantiezins	4% (bis 30.6.2000)	3,25% (ab 1.7.2000) Vers.-Summe wie bisher	3,25 (ab 1.7.2000) Beitrag wie bisher
Versicherungssumme	DM 100000	DM 100000	DM 90762
Monatsbeitrag	DM 206	DM 227	DM 206
Voraussichtliche Ablaufleistung	DM 233205	DM 228888	DM 207800

Quelle: BHW Lebensversicherung AG

Im Prinzip müsste die Ablaufleistung – ob 3,25 oder 4 Prozent Rechnungszins – fast gleich hoch sein, denn was weniger garantiert ist, wird durch eine höhere Gewinnbeteiligung aufgefangen. Hierbei ist unterstellt, dass die Gesellschaft die gleiche Rendite aus ihren Kapitalanlagen wie bisher erwirtschaftet. Dies ist jedoch in den kommenden Jahren, aufgrund des niedrigeren Zinsniveaus, nicht zu erwarten und wurde deshalb in den Beispielrechnungen zusätzlich berücksichtigt.

Die Qualität einer Lebensversicherung ist außerdem noch von vielen weiteren Faktoren abhängig: Zusammensetzung des Versichertenbestandes, Höhe der Verwaltungskosten, Kapitalerträge, Umfang vorzeitiger Stornierungen.

Mit einem Vergleich verschiedener Angebote können Sie nur die Relation zwischen Beiträgen und garantierter Versicherungsleistung eindeutig bestimmen. Welchen Betrag Sie tatsächlich ausbezahlt bekommen, lässt sich nur unverbindlich schätzen. Nicht abschätzbar ist auch die tatsächliche Kaufkraft der Ablaufleistung nach 30 oder 35 Jahren.

Um die Preiswürdigkeit einer Lebensversicherung eindeutig beurteilen zu können, müssten die Barwerte sämtlicher Prämienzahlungen und möglicher Leistungen gegenübergestellt werden. Ein derartiger Vergleich ist für einen Laien nicht durchführbar. Aber selbst dadurch wären die zukunftsbezogenen Veränderungen nicht messbar. Jeglicher Beitragsvergleich ist somit in der Lebensversicherung mit Fragezeichen verbunden.

Tatsache ist aber, dass nach langjähriger Beobachtung einige Versicherer immer besonders günstig und andere weniger günstig abschneiden. Dabei sind unter den günstigen Versicherern insbesondere die Direktanbieter zu finden. Mangels anderer Möglichkeiten sollten Sie bei der Wahl Ihres Versicherers auch die Leistungsvergleiche der Verbraucherzeitschriften und Verbraucherverbände berücksichtigen.

! UNSER VERSICHERUNGSTIPP

Die Provisionen der Vertreter spielen bei einer Lebensversicherung eine große Rolle:

Wer als 30-Jähriger eine Lebensversicherung über DM 100000 abschließt und monatlich DM 200 Beitrag zahlt, kann beim Ablauf des Vertrages bei einem Direktversicherer DM 235000 und bei einem Versicherer mit einem Vermittlersystem evtl. nur DM 210000 erwarten. Wenn Sie trotzdem aus persönlichen Gründen oder wegen des Beratungsbedarfes über einen Vertreter abschließen, sollten Sie einen ungezillmerten Tarif verlangen – dabei wird die Provision nicht auf einmal belastet, sondern über die gesamte Laufzeit des Vertrages verteilt. Dies ist besonders wichtig, wenn ein Vertrag vorzeitig aufgelöst wird.

Nicht weniger wichtig als die Wahl des günstigsten Versicherers ist der richtige Versicherungsumfang. Eine Lebensversicherung sollte wie ein Maßanzug auf Ihre besondere Familien- und Versorgungssituation zugeschnitten sein. Sie sollten sich deshalb den Versicherungsschutz nicht durch standardisierte Angebote diktieren lassen.

Wenn Ihr Versicherungsbedarf und die gewünschte Vertragsart feststeht, spricht nichts dagegen, eine Lebensversicherung auf dem Korrespondenzweg bei einem Direktversicherer abzuschließen. Schließlich beschränkt sich das Vertragsverhältnis neben der Beitragszahlung primär auf zwei Ereignisse: die Antragstellung und die Entgegennahme der Versicherungsleistung beim Ablauf oder im Todesfall.

Für ein Angebot benötigen die Versicherer folgende Daten:

- ☒ Geburtstag und Geschlecht des Versicherten
- ☒ Versicherungssumme in DM oder Euro
- ☒ Vertragsbeginn
- ☒ Laufzeit des Vertrages in Jahren
- ☒ Angaben zur Versicherungsform (siehe Seite 143ff.).

Um verschiedene Angebote bewerten zu können, benötigen Sie folgende Angaben:

- Summe beim vorzeitigen Todesfall innerhalb des ersten Versicherungsjahres
- Summe bei Rückzahlung nach 3 Jahren (je mehr die Rückzahlung Ihren eingezahlten Prämien entspricht, umso kostengünstiger arbeitet die Gesellschaft)
- voraussichtliche Summe beim Ablauf
- Höhe der Abschlusskosten (positiv, soweit unter 2,0 % der Versicherungssumme)
- Art der Gewinnbeteiligung

f. Hinweise und Tipps zur Vertragsgestaltung

Welche Person hat welche Rechte?

Vertragspartner des Versicherers ist der Versicherungsnehmer. Ist der Beitragszahler mit ihm nicht identisch, hat dies auf den Versicherungsschutz keinen Einfluss.

Der Versicherte ist die Person, bei deren Tod die Versicherungssumme fällig wird. In den meisten Verträgen sind Versicherungsnehmer, Beitragszahler und Versicherter identisch.

Dass Ehen nicht immer halten »bis dass der Tod uns scheidet«, sollte bei der Bezugsberechtigung bedacht werden. Wird »die Ehefrau« als bezugsberechtigt angegeben, geht nach einer Scheidung dieses Recht nicht automatisch auf einen neuen Lebenspartner über.

Wer zur Entgegennahme der Versicherungssumme berechtigt ist, ist Bezugsberechtigter. Der Bezugsberechtigte sollte immer namentlich festgelegt werden. Soweit die Bezugsberechtigung nicht ausdrücklich unwiderruflich ist, kann sie jederzeit – auch gegen den Willen des ursprünglich Berechtigten – widerrufen werden.

Beginn und Ende des Versicherungsschutzes

Der Versicherungsschutz beginnt nach Zahlung des ersten Beitrags, wenn der Versicherer die Annahme des Antrags schriftlich oder durch Aushändigung des Versicherungsscheines bestätigt hat, jedoch nicht vor dem im Versicherungsschein angegebenen Beginn.

Innerhalb von zehn Tagen nach der Unterzeichnung können Sie Ihren Antrag widerrufen.

Beim Abzug der Prämien als Sonderausgaben ist Folgendes zu beachten: Als Zeitpunkt des Vertragsabschlusses wird von den Finanzämtern der im Versicherungsschein genannte Tag anerkannt, wenn innerhalb von drei Monaten nach diesem Tag der Versicherungsschein ausgestellt und die Beiträge gezahlt sind.

Die Bemessung der Versicherungssumme

Für die Bemessung der richtigen Versicherungssumme gibt es kein Patentrezept. Wichtig ist, den Zweck der Versicherung nüchtern abzuschätzen: Soll die Versicherung von Beginn an einen hohen Hinterbliebenenschutz bieten, so empfiehlt sich eine Vertragsform, die insbesondere beim vorzeitigen Todesfall einen hohen Versicherungsschutz gewährleistet. Dies ist meist für junge Familien interessant. Möchten Sie dagegen eine hohe Ablaufleistung im Erlebensfall erzielen, sollten Sie keine Gewinnbeteiligungsform wählen, die einen hohen Todesfallschutz während der Laufzeit der Versicherung bietet.

Generell wird man versuchen, den bestehenden Lebensstandard abzusichern. Dabei stellen sich für den vorzeitigen Versorgungsfall folgende Fragen:

- Welche Leistungen sind aus der Rentenversicherung und betrieblichen Altersversorgung zu erwarten?
- Welcher Abschlag vom Nettoeinkommen ist tragbar, wenn der Versorger ausfällt?
- Wird von einer jungen Witwe erwartet, dass sie wieder heiratet? (Sinkt die Heiratsneigung bzw. steigen die Heiratschancen durch die Lebensversicherungssumme?)
- Hat die Ehefrau im Extremfall eine kalkulierbare Möglichkeit, (wieder) berufstätig zu werden?
- Soll vielleicht nur die Ausbildung der Kinder gesichert werden?
- Soll die Versicherung der Altersversorgung, Familienabsicherung oder beiden dienen?

Tod der Ehefrau

Nach der allgemeinen Sterbetafel ist die Wahrscheinlichkeit, dass eine Frau im Alter zwischen 35 und 65 Jahren stirbt, weitaus geringer als beim Mann. Gleichwohl sollte auch dieser Schicksalsschlag einkalkuliert werden.

Stirbt eine nicht berufstätige Ehefrau, ändert sich an den Einkünften der Familie nichts. Sind jedoch Kinder vorhanden, kann dies bedeuten, dass zumindest halbtags so lange eine Haushaltshilfe eingestellt wird, bis die Kinder die Schule abgeschlossen haben. Stirbt die Ehefrau mit 35 Jahren, müssten Sie mit einer Zeit von 10–15 Jahren rechnen. Um den Lohn für eine Haushaltshilfe zahlen zu können, benötigen Sie, unter Berücksichtigung der entfallenden Ausgaben der Ehefrau, einen monatlichen Betrag von etwa DM 1000. Dies entspricht einer Lebensversicherungssumme von ca. DM 100000.

Soll eine Lebensversicherung der Altersversorgung dienen, so ist es nicht einfach, eine angemessene Versicherungssumme festzulegen. Denn der Mittelbedarf kann nach dem Ausscheiden aus dem aktiven Erwerbsleben erheblich zurückgehen: Haus bezahlt, Kinder selbstständig, Vermögensbildung beendet, Beitragszahlungen für Unfall- und Lebensversicherungen und Fahrtkosten entfallen. Manche Kosten können aber auch steigen, insbesondere wenn Kosten für ein Altersheim oder für einen Pflegefall anfallen.

Eine allgemein verbindliche Antwort lässt sich auf diese Fragen nicht geben. Für Lebensversicherungen mit Sparanteil ist zu bedenken, dass die relativ hohen Prämien durch einen Verzicht auf aktuelle Wünsche zu finanzieren sind. Ein Teil der Lebensfreude wird somit von der Gegenwart in eine ungewisse Zukunft verschoben. Diese Hinweise zeigen, dass die Lebensversicherung von der persönlichen Lebens- und Versorgungsphilosophie nicht zu trennen ist.

Da sich Einkommen und Anwartschaften in der Rentenversicherung und betrieblichen Altersversorgung jährlich ändern, werden Sie sich mit einer Näherungsrechnung begnügen müssen.

Gewinnbeteiligung als Wundertüte

Fallen Sie nicht auf das Ammenmärchen herein, dass die Unternehmen 98 Prozent der Überschüsse an die Versicherten ausschütten. Die Wahrheit ist, dass nur ein Teil des Beitrages für die Kapitalanlage zur Verfügung steht, wie folgende Durchschnittswerte zeigen:

Beitrag pro Jahr	DM	1000
Verwaltungskosten	DM	150
Risikoschutz (je nach Alter)	DM	150
Verbleibender Sparanteil	DM	700

Nur von den Erträgen aus diesem Rest kommen den Versicherungskunden 98 Prozent zugute. Alle Lebensversicherungen sind so vorsichtig kalkuliert, dass fast automatisch Zusatzgewinne entstehen. Denn

- ☒ der Rechnungszins liegt unter dem Marktzins,
- ☒ die Sterbetafeln berücksichtigen unzureichend die günstigere Lebenserwartung der heute Versicherten und die Selektion schlechter Risiken bei der Antragsprüfung und
- ☒ die Verwaltungskosten beinhalten Zuschläge nach dem Vorsichtsprinzip.

Achtung: Lassen Sie sich nicht durch hohe Gewinnbeteiligungen und Beitragsermäßigungen täuschen. Grundsätzlich gilt: Rückzahlbar ist nur das, was vorher zu viel erhoben wurde. Die Gewinnbeteiligung ist keine Wundertüte, sondern gleicht eher dem früheren Rabattsystem im Handel: Wer für DM 100 kaufte, bekam 3 Mark zurück. Als ALDI kam, kostete das gleiche Produkt nur noch 95 Mark ohne Rabattmarken.

Die Gewinne aus Kosten, Risikoverlauf (Sterblichkeit) und Zinsen werden von den Versicherern zum Jahresende der Rückstellung für Beitragserstattung zugeführt. Damit gehören sie praktisch den Versicherten. Die Art der Verteilung richtet sich nach den Abrechnungs- und Gewinnverbänden, die sich an den Quellen der Gewinne orientieren.

Verteilungssystem

Überschusssystem	Verrechnungsprinzip	Auswirkung
Bonussystem	Überschuss wird jährlich als Einmalbeitrag zur Erhöhung der Versicherungssumme verwendet.	Bei stabilen Beiträgen erhöhen sich die Versicherungssummen im Erlebens- und Todesfall
Verrechnung mit dem Beitrag	Überschuss reduziert die laufende Beitragszahlung.	Je nach Überschuss kann sich der jährliche Beitrag verändern.
Barauszahlung	Jährliche Ausschüttung	Evtl. steuerpflichtig!

Eine weitere Verwendungsform der Überschussanteile ist die Verkürzung der Versicherungsdauer. Hierbei wird der Überschuss dazu verwendet, die Laufzeit des Vertrages abzukürzen, sodass die Versicherungssumme zu einem früheren Zeitpunkt als dem vertraglich vereinbarten ausbezahlt wird.

g. Über den Umgang mit dem Versicherer

Hinweise zum Vertragsabschluss
Viel Ärger entsteht bei der Lebensversicherung durch falsche oder unvollständige Angaben im Antrag. Dies kann zum Verlust der Versicherungsleistung führen. Die Versicherung und der Beitrag waren dann nutzlos.
Fragen des Versicherers zur Risikobeurteilung der zu versichernden Person:

- ☒ Leiden oder litten Sie an Krankheiten, Störungen oder Beschwerden?
  (z. B. Herz, Kreislauf, Bluthochdruck, Blutgefäße, Atmungs-, Verdauungs-, Harn- oder Geschlechtsorgane,

Leber, Gehirn, Rückenmark, Nerven, Gemüt, Augen, Ohren, Haut, Knochen, Gelenke, Drüsen, Milz, Blut, Zuckerkrankheit, Gicht, Fettstoffwechselstörungen, Geschwülste, Rheumatismus, Wirbelsäule, Infektionskrankheiten, Tuberkulose)

- ☒ Sind Sie in den letzten 5 Jahren untersucht, beraten oder behandelt worden, oder waren Krankenhaus-, Heilstätten- oder Kurbehandlungen, Entziehungskuren erforderlich?
- ☒ Haben Sie Unfälle, Verletzungen oder Vergiftungen erlitten?
- ☒ Bestehen körperliche oder geistige Schäden?
  (z. B. Amputation, Versteifung, Rückgratverkrümmung, Bandscheibenschädigung, geistige Schäden, Anfälle, Schwerhörigkeit, Fehlsichtigkeit)
- ☒ Wurden oder werden regelmäßig oder gewohnheitsmäßig blutdrucksenkende oder andere Medikamente, Beruhigungsmittel oder Drogen genommen?
- ☒ Bezogen, beziehen oder beantragen Sie eine Invaliden-, Unfall- oder Dienst-Beschädigungsrente?
  (ggf. Rentenbescheid oder Abschrift beifügen).
- ☒ Sind Sie durch Beruf oder Sport besonderen Gefahren ausgesetzt?
  (z. B. Umgang mit Sprengstoffen oder radioaktiven Substanzen, Artist, Motor- oder Segelflugsport, Wettfahrten, Tauchen, Boxen, Drachenfliegen usw.)
- ☒ Wurde bei Ihnen eine Aidsinfektion (HIV-Infektion) festgestellt?
- ☒ Körpergröße ...... cm, Gewicht ...... kg

Wurde eine der ersten 8 Fragen mit »Ja« beantwortet, sind weitere Erläuterungen erforderlich.

Hat der Versicherungsnehmer beim Abschluss oder bei Änderung der Versicherung Umstände, die für die Übernahme der Gefahr erheblich sind, nicht oder nicht richtig angegeben, so kann der Versicherer vom Vertrag zurücktreten. Der Rücktritt ist beschränkt auf die ersten drei Jahre nach der Deklarierung.

Wichtig: Deklarieren Sie wahrheitsgemäß! Bis auf extreme Fälle übernehmen die Versicherer gegen Zuschlag auch ungünstige Risiken. Ein Beitragszuschlag ist eher zu tragen als ein wackeliger Versicherungsschutz. Im Zweifel sollten Sie zum Ausgleich für den Zuschlag die Versicherungssumme reduzieren.

Im Gegensatz zu vielen anderen Versicherungszweigen beginnt der materielle Versicherungsschutz grundsätzlich nicht, bevor die erste Prämie bezahlt ist. Wer sofort versichert sein möchte, muss gesondert eine vorläufige Deckung beantragen.

❗ UNSER VERSICHERUNGSTIPP

Falls Sie den Versicherungsbeitrag in Raten bezahlen wollen, sollten Sie klären, ob Sie hierfür einen Zuschlag bezahlen müssen. Lassen Sie sich dann den Effektivzins von der Fachabteilung benennen (siehe auch Hinweise auf Seite 24).

Wann zahlt die Versicherung?
Im Todesfall ist der Versicherer unverzüglich zu benachrichtigen. Außerdem sind ihm folgende Unterlagen vorzulegen:

- ☒ eine amtliche, Alter und Geburtsort enthaltende Sterbeurkunde und
- ☒ ein ausführliches ärztliches oder amtliches Zeugnis über die Todesursache sowie über Beginn und Verlauf der Krankheit, die zum Tod des Versicherten geführt hat.

Der Versicherer ist berechtigt, weitere Nachweise zu verlangen und in begrenztem Umfang selbst Erhebungen anzustellen.
Wer die Versicherungsleistung beansprucht, muss den Versicherungsschein und die letzte Beitragsquittung einreichen. Ist der Bezugsberechtigte nicht im Besitz der

erforderlichen Unterlagen, muss er vielleicht auf Herausgabe, z. B. gegen die gesetzlichen Erben, klagen.

Nach Einreichung der Unterlagen hat der Versicherer die vereinbarte Summe an den Bezugsberechtigten auszuzahlen.

Möglichkeiten bei finanziellen Schwierigkeiten

Eine Lebensversicherung können Sie jederzeit zum Schluss der laufenden Versicherungsperiode kündigen. In den ersten Jahren ist dies jedoch immer ein Verlustgeschäft, wenn man die eingezahlten Beiträge mit der Rückzahlung vergleicht. Außerdem sind bei Verträgen mit einer Laufzeit von weniger als zwölf Jahren nachträglich die Zinserträge zu versteuern, soweit keine Freistellung erfolgt. Eine Tabelle der Rückkaufswerte enthält normalerweise jede Police.

! UNSER VERSICHERUNGSTIPP

Wer nur vorübergehend finanzielle Schwierigkeiten hat, sollte eine der folgenden Möglichkeiten wählen:

- *Beitrag vorübergehend stunden lassen (max. 6 Monate),*
- *Vertrag für ein Jahr ruhen lassen (dadurch entfällt der Versicherungsschutz),*
- *Laufzeit verlängern (dadurch vermindert sich der Beitrag),*
- *Versicherungssumme herabsetzen,*
- *Überschüsse mit dem Beitrag verrechnen,*
- *Beantragung eines Policendarlehens,*
- *für ein bis zwei Jahre Umstellung in eine Risikoversicherung (mit späterer Nachentrichtung der Beiträge),*
- *Zusatzversicherungen (Unfalltod) aufheben.*

h. Sonderfragen

Welche Konsequenz hat die vorzeitige Auflösung im Rahmen der flexiblen Altersgrenze?

Unabhängig vom vereinbarten Endalter können Sie Ihre Versicherung im Rahmen der flexiblen Altersgrenze bis zu 5 Jahre vor Ablauf auflösen, sofern Sie das 60. Lebensjahr vollendet haben und keine Leistungen aus einer etwa eingeschlossenen Invaliditäts- oder Berufsunfähigkeits-Zusatzversicherung erhalten.

Bei der Auflösung *vor Beginn* des letzten Versicherungs-jahres wird als Versicherungsleistung das Deckungskapi-tal ausgezahlt, außerdem das Deckungskapital des gutge-schriebenen Summenzuwachses bzw. des angesammel-ten Gewinnguthabens.

Bei der Auflösung *im letzten* Versicherungsjahr wird die Gesamtleistung (Versicherungssumme einschl. Gewinn-beteiligung), die sich bei Erleben des Ablaufs ergeben würde, nach Abzug noch ausstehender Prämien diskon-tiert ausgezahlt.

Aufgrund des »abgekappten« Zinseszinseffektes führt die vorzeitige Auflösung zu einer nicht unerheblichen Leis-tungsminderung.

BEISPIEL Eine auf 35 Jahre abgeschlossene Lebensversicherung über DM 100 000 erbringt im Alter von 65 ca. DM 275 000. Wird der Vertrag im Alter von 60 vorzeitig aufgehoben, reduziert sich die Leistung um etwa DM 100 000 auf DM 175 000.

Noch größer ist der Verlust für den, der mit 58 Jahren in den Vorruhestand geht und sich seine Lebensversiche-rung vorzeitig auszahlen lässt.

Soweit es Ihr Nettoeinkommen nach der Pensionierung zulässt, sollten Sie Ihre Lebensversicherung bis zum ver-einbarten Zeitpunkt weiterführen oder in eine beitrags-freie umwandeln.

Sparplan oder Lebensversicherung?

Die Regelung der Besteuerung von Zinseinkünften und die mögliche Besteuerung der Lebensversicherung lässt für die Zukunft folgende Aussagen zu:

- Für Anleger mit hohem Kapitalvermögen und hoher Steuerprogression bleibt die Lebensversicherung zunächst weiterhin attraktiv.

- Für Anleger mit geringen Einkünften dürften Sparpläne, insbesondere bei einer Koppelung mit dem Vermögensbildungsgesetz, günstiger sein.

Wer für seinen nicht steuerpflichtigen Sohn oder Enkel ein kleines Vermögen aufbauen möchte, fährt mit einem Sparplan grundsätzlich günstiger als mit einer Lebensversicherung. Wer gar einen Sparplan auf Aktienbasis abschließt, erhält weder Kapitalertrags- noch Quellensteuer abgezogen.

!UNSER VERSICHERUNGSTIPP

Maßgebend ist aber auch die Frage, ob Bedarf für einen Risikoschutz besteht. Im Zweifel ist ein Sparplan vorzuziehen, da er flexibel ist und ohne besondere Kosten ausgesetzt oder aufgelöst werden kann. Da über ein Drittel aller Lebensversicherungen vorzeitig aufgehoben werden, ist dieser Hinweis von großer Bedeutung.

Versicherungsschutz für Alleinstehende (private Rentenversicherung)

Für Alleinstehende ohne Kinder besteht im Allgemeinen ein vollkommen anderer Versicherungsbedarf als für Verheiratete oder Personen mit Versorgungsverpflichtungen. Das Risiko eines vorzeitigen Todes ist jedenfalls für einen Ledigen nur in wenigen Sonderfällen ein Versicherungsproblem. Für ihn ist vielmehr das Risiko einer vorzeitigen Berufsunfähigkeit und eine Pflegebedürftigkeit im Alter vorrangig.

Wenn Sie den Wunsch haben, nach Ihrem Tod nichts an entfernte Verwandte zu vererben, liegt es auf der Hand, Ihr Vermögen nach der Pensionierung allmählich zu verbrauchen. Hierbei kann sich allerdings das Problem ergeben, als 90-Jähriger schließlich vor einer leeren Kasse zu stehen. Die Freude oder das Risiko, lange leben zu dürfen, lässt sich jedoch mithilfe einer Leibrentenversicherung lösen. Das Lebensversicherungsproblem des Ledigen liegt somit nicht vor, sondern nach der Pensionierung.

Versicherungsschutz für Todkranke?

Während in der Lebensversicherung Antragsteller mit Vorerkrankungen im Extremfall nicht oder nur gegen Beitragszuschlag versicherbar sind, gibt es in der privaten Rentenversicherung damit keine Probleme. Im Gegenteil: Je früher der Versicherte stirbt, umso günstiger ist dies für den Versicherer. Unter dem Stichwort »Vorzugsrenten« bieten einzelne englische Versicherer für Raucher, Trinker, Müllsortierer und Personen mit schweren Krankheiten Beitragsrabatte oder erhöhte Rentenleistungen an.

Eine Lebensversicherung, die ohne Risikoschutz nur eine spätere Rente anspart, gibt es jedoch nicht. Wer heute eine Lebensversicherung für eine spätere Rente abschließt, zahlt immer auch für das Sterberisiko seiner Altersklasse mit. Ein gewisser Kompromiss wäre der Abschluss einer Lebensversicherung auf eine jüngere Person mit entsprechend niedriger Prämie. Diese Lösung dürfte allerdings nur in wenigen Fällen in Betracht kommen. Eine angemessene Lösung ist eine private Rentenversicherung (Leibrente) mit aufgeschobenem Rentenbeginn. Von Fall zu Fall bietet sich auch eine Rentenversicherung gegen Einmalbeitrag an.

BEISPIEL

Verfügbares Vermögen im Alter von		
63 Jahren:	DM	300000
Einmalbetrag für Rentenversicherung	DM ./.	120000
restliches Vermögen	DM	180000
verteilt auf 12 Jahre ergibt dies eine		
jährliche »Eigenrente« von	DM	15000

Mit 75 Jahren ist damit das Eigenkapital aufgebraucht.
Im Alter von 76 Jahren beginnt die Leibrente

mit jährlich	DM	18000

bis zum Lebensende.

Zinsen und Gewinnbeteiligung sind bei diesem Modell nicht berücksichtigt und können als Sicherheitsreserve oder Inflationsausgleich dienen. Für die »Eigenrente« eignen sich Rentenfonds, Termingelder oder festverzinsliche Wertpapiere mit unterschiedlichen Fälligkeiten.
Eine Alternative zu diesem Modell ist der Kauf von Immobilien mit späterer Verrentung (Leibrente).

Versicherungen auf Fremdwährungsbasis
Es ist möglich, Lebensversicherungen auch auf der Basis fremder Währungen abzuschließen. Hierbei sind folgende Punkte von Bedeutung:

- ☒ Maßgebend ist das Rechtssystem des betreffenden Landes.
- ☒ Die in DM oder Euro umgerechnete Versicherungssumme ist wegen möglicher Währungsveränderungen nicht vorhersehbar.
- ☒ Ausländische Lebensversicherungen sind nicht steuerbegünstigt. Die Prämien gelten deshalb nicht als Sonderausgaben und die gesamten Zinserträge sind grundsätzlich steuerpflichtig.

In England können Sie Ihr Leben besonders preiswert versichern, da die vorzeitigen Todesfälle bei Männern niedriger als auf dem Kontinent und die Prämien knapper kalkuliert sind. Doch Vorsicht: Englische Versicherer sind nur zu 90% konkursgesichert und genießen bei der vorvertraglichen Anzeigepflicht absoluten Vertrauensschutz.

Außerdem sind Rechtsstreitigkeiten in England sehr umständlich und teuer. Sie sollten deshalb das Rechtsschutzrisiko bei Ihrer Entscheidung mit bedenken.

Lebensversicherungen in der Schweiz auf Franken-Basis bringen geringere Renditen als auf DM- oder Euro-Basis. Sie sind gleichwohl für denjenigen eine Alternative, der einen Teil seines Vermögens aus »Sicherheitsgründen« in Schweizer Franken investieren möchte. Es ist auch möglich, im Inland eine Lebensversicherung auf Fremdwährungsbasis ohne steuerliche Nachteile abzuschließen. Aber auch dabei sind keine grundsätzlichen Vorteile ersichtlich. Im Zweifel ist es empfehlenswert, Versicherung und ausländische Kapitalanlage zu trennen und zweigleisig zu fahren, denn eine Lebensversicherung eignet sich nicht als Spekulationsobjekt.

Versicherungsschutz im Ausland

Die Lebensversicherung gilt grundsätzlich weltweit. Die Versicherung kann auch dann fortgeführt werden, wenn Sie Ihren Wohnsitz dauernd ins Ausland verlegen. Zu beachten ist, dass die Beiträge und Versicherungsleistungen in Deutschland zahlbar sind.

Inwieweit ist die Lebensversicherung steuerbegünstigt?

Zinserträge aus gemischten oder fondsgebundenen Lebensversicherungen sind grundsätzlich steuerpflichtige Einkünfte aus Kapitalvermögen.

Steuerfrei sind Verträge mit einer Laufzeit von mindestens 12 Jahren; die Befreiung entfällt

- bei vorzeitiger Vertragsauflösung (Rückkauf vor 12 Jahren) und
- bei Teilauszahlung oder Verrechnung von Erträgen mit Beiträgen während der Mindestlaufzeit von 12 Jahren.

Soweit keine Steuerbefreiung besteht oder diese nachträglich entfällt, sind die Gesamterträge (inkl. Rechnungszins) mit 25% Quellensteuer belastet, die mit der Einkommensteuer verrechnet werden können. Soweit sie mit anderen Zinseinkünften die Freibeträge nicht übersteigen, bleiben sie letztlich steuerfrei.

Die Steuerbegünstigungen entfallen nicht durch den vorzeitigen Tod des Versicherten.

Bauen mit der Lebensversicherung

Lebensversicherer gewähren für die Finanzierung von Immobilien erstrangige Hypotheken. Im Vergleich mit Hypothekenbanken liegen sie dabei im Zins etwas günstiger, in der Beleihungshöhe etwas niedriger. Die Besonderheit liegt darin, dass von Ihnen während der Laufzeit der Hypotheken lediglich Zinsen zu zahlen sind, allerdings immer auf die volle Darlehenssumme. In dieser Höhe müssen Sie eine Kapitalversicherung abschließen, die z. B. nach 30 Jahren automatisch Ihr Darlehen tilgt. Da sich in dieser Zeit die Versicherungssumme durch Gewinnanteile ungefähr verdoppelt, bekommen Sie zusätzlich zum getilgten Darlehen noch einmal die Versicherungssumme ausbezahlt.

Vorteile:

- ☒ Soweit die Lebensversicherungsbeiträge steuerlich abzugsfähig sind, werden praktisch die Tilgungsbeträge des Darlehens auch absetzbar.
- ☒ Die Versicherungssumme am Ende der Laufzeit ist höher als das Darlehen.
- ☒ Im Todesfall sind die Schulden automatisch getilgt, die Hinterbliebenen stehen vor keinem Schuldenberg.

Nachteile:

- ☒ Das Darlehen wird nicht getilgt. Sie zahlen also immer auf den vollen Darlehensbetrag Zinsen. Ihre Gesamtbelastung ist etwas höher, denn der Beitrag zur Lebensversicherung ist höher als der Tilgungsbetrag des Darlehens.
- ☒ Eine Umschuldung – z. B. bei Arbeitslosigkeit – ist problematisch.

Die Baufinanzierung über eine Lebensversicherung ist dann zu empfehlen, wenn

- bereits ein beleihungsfähiger Versicherungsvertrag besteht,
- ein Versicherungsschutz sowieso notwendig oder gefordert ist,
- steuerliche Vorteile gegeben sind.

Ausbildungs- und Aussteuerversicherung

Bei einer Ausbildungsversicherung wird das vereinbarte Kapital zu einem im Voraus fixierten Zeitpunkt ausbezahlt. Somit steht hier nicht die Versorgung beim vorzeitigen Todesfall im Vordergrund, sondern die Sicherung des Kapitals zu dem Zeitpunkt, wenn das begünstigte Kind die Ausbildungssumme erhalten soll.

Stirbt der Versicherte vorzeitig, entfällt die Beitragszahlung; der Leistungsanspruch bleibt dagegen erhalten. Die Ausbildungsversicherung ist billiger als eine gemischte Versicherung, da im Todesfall das Kapital nicht sofort fällig ist. Es ist jedoch auch bei einer Ausbildungsversicherung möglich, die später fällige Summe beim Tod des Versicherten zu erhalten. In diesem Falle wird das Kapital entsprechend abgezinst. Ist die Versicherungssumme fällig, kann der Begünstigte frei verfügen, ob er das Kapital für die Aus- und Weiterbildung verwendet oder für sonstige Zwecke ausgibt.

Die Ausbildungsversicherung kann dynamisiert werden; in diesen Fällen erhöhen sich Versicherungssumme und Beiträge analog zu dem gewählten Index.

Die Aussteuerversicherung nannte sich früher Töchteraussteuerversicherung und war dementsprechend nur für Mädchen gedacht. Aufgrund gesellschaftlicher Änderungen hat die »Aussteuer« für Töchter ihre Bedeutung verloren. Um die finanzielle Zukunft eines Kindes zu sichern, kann eine Aussteuerversicherung sinnvoll sein. Dadurch erwirbt das berechtigte Kind folgende Rechte:

- Auszahlung der vereinbarten Versicherungssumme bei Verheiratung
- Auszahlung spätestens im Alter von 25 Jahren zur freien Verwendung

Die Prämien sind bis zum Tode des versicherten Versorgers, längstens bis zur Fälligkeit des Kapitals, zu entrichten.

Stirbt das versicherte Kind vor der Fälligkeit des Kapitals, gibt es folgende Möglichkeiten:

- ☒ Das angesparte Kapital wird zuzüglich Gewinnanteilen zurückbezahlt.
- ☒ Ein anderes Kind oder eine beliebige Person wird bezugsberechtigt.
- ☒ Der Vertrag wird mit herabgesetzter Summe beitragsfrei gestellt.
- ☒ Der Vertrag wird gekündigt und die Rückkaufswerte inkl. Gewinnanteil werden ausbezahlt.

Die Prämiensätze einer Aussteuerversicherung unterscheiden sich nur unwesentlich von einer gemischten Versicherung.

Um Spekulationen zu vermeiden, ist das höchste Beitrittsalter des versicherten Kindes auf 12 Jahre begrenzt.

Erbschaftssteuerversicherung

Um die beim Tod des Erblassers anfallenden Steuern bezahlen zu können, kann der Abschluss einer Erbschaftssteuerversicherung sinnvoll sein. Im Allgemeinen handelt es sich hierbei um eine Todesfallversicherung zugunsten der Erbberechtigten.

! UNSER VERSICHERUNGSTIPP

Benennen Sie die Bezugsberechtigten namentlich, damit die Versicherungsleistung nicht unter die Erbmasse fällt.

2. Die private Unfallversicherung

Bereits im 17. Jahrhundert gab es die ersten Unfallversicherungen in Form so genannter »Arm- und Beinbruchgilden« auf genossenschaftlicher Basis. Die Vorstufe der heutigen Unfallversicherung ist auf die Seefahrt zurückzuführen, die schon immer als risikoreiches und schützenswertes Unternehmen galt. Für Passagiere war es allerdings zunächst nicht möglich, sich gegen die Unfallgefahren einer Seereise zu versichern, da nach damaliger Auffassung Menschenleben nicht in Geld ausgedrückt werden konnten. Etwas anderes galt für Kapitäne: Da sie als »Sache« zum Schiff gehörten, konnten sie zusammen mit diesem versichert werden.

Die Industrialisierung und Entwicklung der Technik waren Anlass zu der heutigen Unfallversicherung. In England konnte man sich seit 1849 gegen Unfälle versichern, die auf den »gefährlichen Betrieb der Eisenbahnen« zurückzuführen waren. Zwei deutsche Versicherungsgesellschaften, die Victoria und die Thuringia, gründeten wenig später unabhängig voneinander eine »Allgemeine Eisenbahn-Versicherungs-Gesellschaft«. In den folgenden Jahrzehnten dehnten die Versicherer die ursprünglich nur für den Eisenbahnverkehr gedachte Unfallversicherung auf die allgemeinen Gefahren der Industrie, Technik und Freizeit aus. Parallel dazu wurden auch die regionalen Beschränkungen aufgehoben. Seit 1961 gilt die Unfallversicherung grundsätzlich weltweit.

Von besonderem Einfluss auf die Entwicklung der deutschen Unfallversicherung waren die Haftpflichtbestimmungen zugunsten der Arbeiter und die Gründung der gesetzlichen Unfallversicherung Ende des vergangenen Jahrhunderts.

a. Freizeit als Unfallrisiko Nr. 1

Jedes Jahr passieren in Deutschland über 7 Millionen Unfälle, wobei etwa 35000 oder 5 Prozent tödlich verlaufen. Die größten Gefahren drohen dabei nicht mehr im Beruf oder im Straßenverkehr, sondern in der Freizeit bei

Hobby und Sport. Fünfzig Prozent aller Unfälle sind Freizeitunfälle – mit steigender Tendenz. Während die Technik am Arbeitsplatz und im Verkehr sicherer wird, nimmt es mancher Heimwerker mit der Sicherheit weniger genau. Für viele Sportler ist gar das »Spiel mit dem Risiko« ein Teil ihrer Motivation.

b. Was ist Gegenstand der Versicherung?

Der Versicherer gewährt Versicherungsschutz gegen die finanziellen Folgen von Unfällen. Dieses deutet auf eine Schadenversicherung hin: Die Unfallversicherung ist jedoch – mit geringen Ausnahmen – eine Summenversicherung. Denn alle wichtigen Leistungsarten werden abstrakt, nach den vereinbarten Summen, berechnet. Dies gilt insbesondere für die Versicherungsleistungen im Todesfall, bei dauernder Invalidität (nach Gliedertaxe) und für das Krankenhaustagegeld. Lediglich Heilkosten werden konkret abgerechnet. Dauerschäden außerhalb der Gliedertaxe sind besonders geregelt.

Was gilt als Unfall?

Ein Unfall liegt vor, wenn der Versicherte durch ein plötzlich von außen auf seinen Körper wirkendes Ereignis unfreiwillig eine Gesundheitsschädigung erleidet. Ein Unfall ist damit durch vier Elemente gekennzeichnet:

- Gesundheitsschädigung
- Plötzlichkeit
- Äußeres Ereignis
- Unfreiwilligkeit

Diese Grundelemente sind auf den ersten Eindruck so klar, dass man kaum glaubt, es könne bei der Auslegung Schwierigkeiten geben. In Wirklichkeit ist die Auslegung in vielen Fällen strittig, was eine reichhaltige Rechtsprechung belegt.

Was ist eine Gesundheitsschädigung?

Jeder vom normalen Zustand eines gesunden Menschen abweichende Gesundheitszustand im Sinne der medizinischen Wissenschaft und der allgemeinen Volksauffassung ist als Gesundheitsschädigung im Sinne des Unfallbegriffes anzusehen.

Sachschäden anlässlich von Unfällen wie verschmutzte Kleidung oder beschädigte Toupets sind nicht versichert. Darunter fallen auch künstliche Gliedmaßen wie Hüftgelenke oder Gebisse.

Von diesem umfassenden Begriff sind jedoch bloße Störungen des körperlichen oder seelischen Wohlbefindens, z. B. durch einen Schreck, zu trennen. Anders ist es, wenn durch psychische Einwirkung das körperliche Wohlbefinden beeinträchtigt wird und daraus ein Unfall entsteht, z. B. durch Aufregung verursachte Ohnmacht und darauf beruhende Sturzverletzungen.

Eine unmittelbare Verletzung des Körpers braucht nicht vorzuliegen.

Hier ist insbesondere das Problem der Kausalität relevant: Das schädigende Ereignis muss adäquat kausal die Gesundheitsschädigung hervorgerufen haben. Der Eintritt einer derartigen Schädigung darf nicht so abwegig sein, dass sie nach allgemeiner Lebensauffassung vernünftigerweise nicht in Betracht gezogen werden kann. Ein kausaler Zusammenhang muss nicht nur zwischen dem äußeren Ereignis und der Gesundheitsschädigung, sondern auch mit deren Unfallfolgen bestehen.

Was ist ein äußeres Ereignis?

Nach dem normalen Sprachgebrauch zählen als äußere Ereignisse mechanische, chemische, elektrische und thermische Einwirkungen auf den Körper des Verletzten, im Gegensatz zu einem Geschehensablauf innerhalb des Körpers, z. B. Schock durch psychischen Einfluss. Logische Voraussetzung für ein äußeres Ereignis: die Berührung mit einem anderen Menschen oder einer Sache.

Krankheiten sind grundsätzlich nicht versichert, da sie auf keine äußeren, sondern auf »innere Ereignisse« zurückzuführen sind. Führen sie dagegen zu einem Unfall, so besteht Versicherungsschutz.

Abweichend von diesem Grundsatz gelten auch als Unfall, wenn durch eine erhöhte Kraftanstrengung an Gliedmaßen oder der Wirbelsäule

- ☒ ein Gelenk verrenkt wird oder
- ☒ Muskeln, Sehnen, Bänder oder Kapseln gezerrt oder zerrissen werden.

Dieser Einschluss hat besondere Bedeutung für Sportunfälle, beispielsweise in der Leicht- und Schwerathletik, beim Skilaufen oder beim Tennis. Im Übrigen ist eine Eigenbewegung nur dann ein von außen einwirkendes Ereignis, wenn sie durch eine plötzliche Einwirkung einer anderen Person oder Sache verursacht wird oder wenn sie die Einwirkung eines anderen Menschen oder eines Gegenstandes unbeabsichtigt herbeigeführt hat. Soweit es sich dagegen um ungeschickte Körperbewegungen des Versicherten handelt, die unmittelbar eine Gesundheitsschädigung herbeiführen, liegt kein von außen einwirkendes Ereignis vor. Beispiel: Auskugeln eines Armes bei der Gymnastik. Auch Gesundheitsschäden, die ausschließlich auf Überlastung beim Sport zurückzuführen sind, gelten nicht als Unfall.

Was ist ein plötzliches Ereignis?
Unter »plötzlich« ist nicht nur die Schnelligkeit zu verstehen, sondern es ist darauf abzustellen, dass es sich um etwas Unerwartetes, nicht Voraussehbares, Unentrinnbares handelt. Es kann also ein Ereignis durchaus plötzlich im Sinne des allgemeinen Sprachgebrauchs eintreten, ohne den Voraussetzungen des Unfallbegriffes zu entsprechen. Denn bei dem Tatbestandsmerkmal »plötzlich« ist nicht die Wirkung, sondern das Ereignis maßgebend. So wird beispielsweise eine Vergiftung durch Kohlenoxidgase infolge schlechten Abzuges eines Badeofens als Unfall anerkannt. In allen diesen Fällen hat sich der äußere Geschehensablauf innerhalb eines kurzen Zeitraumes abzuspielen. Das Ereignis muss plötzlich sein, die Gesundheitsschädigung kann sich allmählich vollziehen.

Was ist Unfreiwilligkeit?

Der Versicherer ist von der Leistung frei, wenn der Versicherte den Unfall vorsätzlich herbeigeführt hat. Grundsätzlich hat der Versicherte den Beweis zu führen, dass der Unfall unfreiwillig war. Hieran stellt die Rechtssprechung keine erhöhten Anforderungen. Es genügt im Allgemeinen der Beweis des ersten Anscheins, jedoch werden in Fällen mit Verdachtsmomenten für eine Selbstverstümmelung, wie z.B. bei der Häufung des gleichen Unfalles in einer Gemeinschaft, besonders strenge Maßstäbe an die Beweisführung gelegt. Die Unfreiwilligkeit muss dabei den gesamten Geschehensablauf umfassen. Wenn sich der Versicherte lediglich einem hohen Risiko aussetzt, ist damit nicht zwangsläufig jeder Unfall freiwillig. Vielmehr kommt es auf das zusätzliche Verhalten des Versicherten an. Er darf also die Gesundheitsschädigung nicht bewusst und gewollt herbeigeführt haben.

Wer aus dem 1. Stock eines brennenden Hauses springt, um sein Leben zu retten, nimmt damit einen Knochenbruch in Kauf. Da er damit aber eine schwerwiegendere Verletzung oder gar den Tod vermeidet, bleibt der Versicherungsschutz unter dem Gesichtspunkt der Schadenminderung erhalten.

Hat der Versicherte irgendwelche Folgen der Einwirkung auf seinen Körper gewollt, auch wenn diese schließlich nicht seiner Vorstellung entsprechen, liegt kein unfreiwilliger Unfall vor.

Der Begriff der vorsätzlichen Verursachung umfasst auch den bedingten Vorsatz, wenn die versicherte Person mit der Möglichkeit einer Gesundheitsschädigung rechnet und diese in Kauf nimmt. Dies gilt nicht nur, wenn der Verletzte selbst auf seinen Körper eingewirkt hat, sondern auch dann, wenn der Verletzte eine äußere Kraft bewusst hingenommen hat, obwohl er sie hätte verhindern können.

c. Typische Fälle

Als Unfälle im Sinne eines *äußeren Ereignisses* wurden anerkannt:

- ☒ Ersticken an einem Stück Wurst
- ☒ Gasvergiftung und Stromschlag
- ☒ Lippenfurunkel durch Insektenstich
- ☒ Nervenzerrung durch abgleitenden Mehlsack
- ☒ Bruch einer künstlichen Herzklappe (strittig!)
- ☒ Bandscheibenschaden bei Aufprall nach Sprung
- ☒ Tod durch Ertrinken (Ist der Tod auf einen Herzschlag oder auf Unterkühlung zurückzuführen, liegt kein Unfall vor. Bei Nichtschwimmern spricht ein Tod in einem tiefen Gewässer für einen Unfall durch Eindringen von Wasser in den Schlund. Auch ein Schaumpilz vor dem Mund der Leiche ist ein Indiz für Ertrinken, wenn andere Alternativen, z. B. hochgradige Alkoholisierung, ausscheiden.)

Als Unfälle im Sinne eines *plötzlichen oder unerwarteten Ereignisses* wurden anerkannt:

- ☒ Wenn der Versicherte vor einem Räuber flieht und dabei niedergeschossen wird, obwohl ihn dieser zum Stehenbleiben aufgefordert hatte.
- ☒ Wenn ein Bergsteiger in eine Gletscherspalte fällt, unverletzt liegen bleibt, jedoch vor dem Eintreffen der Helfer erfriert.
- ☒ Wenn ein geübter Schwimmer unerwartet in einen Strudel gerät, aus dem er sich nicht mehr retten kann, und ertrinkt.

Als *unfreiwillige Unfallfolgen* wurden anerkannt:

- ☒ Sprung aus 50 cm Höhe
- ☒ Meniskusriss nach Überklettern eines Zaunes
- ☒ Verätzung der Speiseröhre durch versehentliches Trinken von Lauge

Sonstige versicherte Fälle:

- ☒ ärztlicher Fehler bei der Operation eines Unfalles
- ☒ Übertragung von Gift eines Tieres durch Biss oder Stich

- ✗ Absturz eines Segelflugzeuges wegen Ohnmacht des Piloten

> Für Infektionen, die durch ein Tier übertragen werden, hat die Unfallversicherung nicht zu leisten; dies gilt auch für eine Nervenentzündung durch Zeckenbiss sowie für Malaria durch einen Mückenstich.

Grundsätzlich trägt der Versicherte die Beweislast für das Geschehen, das zu einem Unfall geführt hat. Behauptet der Versicherer, dass ein Unfall nicht unfreiwillig war, muss er dies beweisen. Dabei gelten die allgemeinen Regeln des Zivilrechts (§ 286 ZPO).

d. Nicht versicherte Fälle

Die nicht versicherten Fälle ergeben sich grundsätzlich aus dem Unfallbegriff und seinen vier Grundelementen. Zusätzlich sind in den Bedingungen weitere Ausschlüsse festgelegt, die einerseits der Klarstellung (unechte Ausschlüsse) und andererseits der echten Risikobegrenzung dienen.

Der Ausschluss bestimmter Gefahren ist eng mit gesellschaftlichen Normen und Verhaltensweisen verbunden. Dies zeigt ein Rückblick auf die Bedingungen des Jahres 1905. Damals waren u. a. von der Versicherung ausgenommen: Unfälle durch Duelle, durch Beteiligung an einer Schlägerei oder einem Raufhandel, in offenbarer Trunkenheit, durch Erdbeben, bürgerliche Unruhen, im mobilen Militär- oder Seedienst, bei Teilnahme an Wettkämpfen und Wettspielen, Luftballonfahrten oder bei Benutzung ungewöhnlicher Transportmittel, durch equilibristische oder akrobatische Übungen. Unfälle bei Wettrennen, Parforce- und Schnitzeljagden konnten durch besondere Vereinbarungen in die Versicherung eingeschlossen werden.

Nicht unter den Versicherungsschutz fallen (AUB 88):

- ☒ Unfälle durch Geistes- oder Bewusstseinsstörungen, auch soweit diese auf Trunkenheit beruhen, sowie durch Schlaganfälle, epileptische Anfälle oder andere Krampfanfälle, die den ganzen Körper des Versicherten ergreifen.*)

Achtung: In Gruppenverträgen sind abweichende Regelungen möglich.

- ☒ Unfälle bei der Benutzung von Luftfahrzeugen (Fluggeräten) ohne Motor, Motorseglern, Ultraleichtflugzeugen und Raumfahrzeugen sowie beim Fallschirmspringen.
  Hierunter fällt auch ein Unfall, den ein Sportler mit einem Luftschirm erleidet, der von einem Motorboot mithilfe einer Seilverbindung gezogen wird.

Nicht versichert sind außerdem Unfälle als Pilot und Besatzungsmitglied eines Luftfahrzeuges und bei einer beruflichen Tätigkeit, die mithilfe eines Luftfahrzeuges ausgeübt wird.

Hinweis: Der Versicherungsschutz der Unfallversicherung ist auf Passagiere in Linien- und Motorflugzeugen beschränkt. Für den übrigen Personenkreis wird eine spezielle Luftfahrt-Unfallversicherung angeboten.

- ☒ Gesundheitsschädigungen
  - ☒ durch Heilmaßnahmen oder Eingriffe, die der Versicherte an seinem Körper vornimmt oder vornehmen lässt,*)
  - ☒ durch Strahlen,
  - ☒ durch Infektionen.*) Nicht als Unfallverletzung gelten geringfügige Haut- oder Schleimhautverletzungen, durch die Krankheitserreger in den Körper gelangen. Diese Einschränkung gilt nicht für Toll-

---

*) Versicherungsschutz besteht jedoch, wenn die primäre Ursache ein versicherter Unfall ist.

wut und Wundstarrkrampf. Eine Aidsübertragung ist aber nur versichert, wenn sie die Folge einer gravierenden Verletzung oder einer ärztlichen Unfallbehandlung ist.

- ☒ durch Vergiftungen infolge Einnahme fester oder flüssiger Stoffe durch den Schlund.
- ☒ Unfälle, die durch Kriegs- oder Bürgerkriegsereignisse verursacht sind.
- ☒ Bauch- oder Unterleibsbrüche.*)
- ☒ Schädigungen an Bandscheiben sowie Blutungen aus inneren Organen.*)

e. Hinweise und Strategien für den Versicherungsnehmer

Abschätzung des Versicherungsbedarfs

Die Unfallversicherung ist eine Ausschnittsversicherung, die sich auf äußere Ursachen beschränkt. Krankheitsfälle oder Todesfälle durch innere Ursachen fallen somit nicht unter den Versicherungsschutz.

Häufig wird die Ansicht vertreten, dass nur ältere Menschen vom Krankheitsrisiko bedroht seien, für jüngere Menschen eine Unfallversicherung somit genüge, um das Invaliditäts- und Todesfallrisiko abzudecken. Diese Ansicht wird jedoch durch die Statistik widerlegt, wonach die meisten Todesfälle nicht auf Unfälle, sondern Krankheiten zurückzuführen sind.

Gestorbene im Jahre 1998

Todesursache	insgesamt	davon männlich	davon weiblich
Kreislaufsystem	411400 = 48,3%	169300 = 43,0%	242100 = 52,7%
Krebs	212700 = 25,0%	108800 = 27,6%	103900 = 22,6%
Herzkrankheiten	82000 = 9,6%	44900 = 11,4%	37100 = 8,1%
Atmungssystem	49100 = 5,8%	25900 = 6,8%	23200 = 5,1%
Verdauungssystem	40500 = 4,8%	20800 = 5,3%	19700 = 4,3%

*) Versicherungsschutz besteht jedoch, wenn die primäre Ursache ein versicherter Unfall ist.

Gestorbene im Jahre 1998

Todesursache	insgesamt		davon männlich		davon weiblich	
Sonstige Krankheiten	22082 =	2,5%	1747 =	0,4%	20335 =	4,5%
Verkehrsunfälle	8000 =	0,9%	5800 =	1,5%	2200 =	0,5%
Stürze	7200 =	0,8%	3100 =	0,8%	4100 =	0,9%
Verletzungen/Vergiftungen	7800 =	0,9%	4500 =	1,1%	3300 =	0,7%
Selbstmord	11600 =	1,4%	8600 =	2,2%	3000 =	0,6%
Todesfälle insgesamt	852382 = 100,0%		393447 = 46,0%		458953 = 54,0%	

(Quelle: Stat. Bundesamt, Todesursachen-Statistik 1998 Deutschland)

90 Prozent aller Invaliditätsfälle in der gesetzlichen Rentenversicherung sind krankheitsbedingt, lediglich 10 Prozent sind auf Unfälle zurückzuführen. Hierbei spielt das hohe Durchschnittsalter eine gewichtige Rolle. Trotzdem hat die Unfallversicherung – im Verhältnis zu der umfassenden Lebensversicherung – eine zweitrangige und im Verhältnis zur Berufsunfähigkeitsversicherung lediglich eine ergänzende Funktion.

Für die Abschätzung der Todesfallsumme gelten im Übrigen die gleichen Kriterien wie für eine Lebensversicherung (siehe Seite 165).

Um den Eindruck zu vermeiden, mit einer Unfallversicherung lasse sich das Todesfallrisiko umfassend abdecken, wird es nur zusammen mit einer Invaliditätssumme versichert. Damit wird gleichzeitig verdeutlicht, dass der Invaliditätsfall im Mittelpunkt der Unfallversicherung steht.

Die angemessene Invaliditätssumme errechnet sich aus dem Barwert der künftig entgehenden Einkünfte abzüglich der Anwartschaften in der Rentenversicherung und betrieblichen Altersversorgung. Die Versicherungssumme ist deshalb für jüngere grundsätzlich höher anzusetzen als für ältere Personen. Die übliche Formel, das drei- oder vierfache Jahreseinkommen zu versichern, entspricht nur bedingt der Risikolage. Angemessener ist folgende Berechnung (Beispiel für einen 40-Jährigen):

Jahres-Nettoeinkünfte	DM	72000
Leistungen der Rentenversicherung		
bei Berufsunfähigkeit	DM ./.	24000
Leistungen der betrieblichen		
Versorgungseinrichtung	DM ./.	12000
= Jahres-Nettobedarf	DM	36000
x ausstehende Dienstjahre (25)		
= Versicherungsbedarf	DM	900000
Versicherungssumme		
(mit Progressionsstaffel)	DM	450000

Von den meisten Versicherern werden gegen Prämienzuschlag für schwere Invaliditätsfälle Mehrleistungen gewährt, die auf eine Verdoppelung oder Verdreifachung der vereinbarten Versicherungssumme hinauslaufen (Invaliditätsversicherung mit Progressionsstaffel). Die hierbei zugrunde gelegte Betrachtungsweise ist insbesondere bei kaufmännischen Berufen sinnvoll, da bei leichteren Invaliditätsfällen häufig keine Beeinträchtigung der finanziellen Situation eintritt. Im angegebenen Beispiel genügt dann eine Versicherungssumme von DM 450000 bzw. DM 300000. Die Wahrscheinlichkeit für eine 100-Prozent-Invalidität ist allerdings sehr gering. Nur jeder 20. Unfall führt zu einem höheren Invaliditätsgrad als 40 Prozent. Der Prämienzuschlag für die Progressionsstaffel darf deshalb 10 Prozent nicht übersteigen.

! UNSER VERSICHERUNGSTIPP

Für Handwerker und sonstige körperlich Tätige ist die Progressionsstaffel weniger empfehlenswert. Wählen Sie stattdessen eine hohe Grundsumme!

BEISPIEL Der bekannte Handballspieler P. Müller stürzte beim Spiel gegen den SC Magdeburg so unglücklich, dass er sich das Schlüsselbein brach und sein Arm zeitlebens 20% in seiner Bewegung eingeschränkt blieb. Als Berufssportler war P. Müller durch den Unfall praktisch berufsunfähig. Dank der Empfehlung seines Vermittlers hatte er eine Unfallversicherung mit 350%-Progression abgeschlossen. Die Grundsumme betrug DM 300000, bei voller Invalidität sollte er somit eine Entschädigung von DM 1050000 erhalten. Damit fühlte sich Müller ausreichend abgesichert. Wie sah nun die Versicherungsentschädigung aus: Für den Verlust oder die Gebrauchsunfähigkeit eines Armes im Schultergelenk sehen die Bedingungen eine Entschädigung von 70 Prozent vor. Da der Arm nur zu 20 Prozent in seiner Bewegung beeinträchtigt war, betrug der Versicherungsanspruch somit 20% von 70% = 14% von DM 300000 = DM 42000. Die Progressionsstaffel kam infolge des geringen Invaliditätsgrades nicht zum Tragen.

Mit dem Abschluss einer Unfallversicherung sind gleichzeitig sämtliche Sonderrisiken aus Flugzeug-, Kfz-Benutzung, Auslandsaufenthalt und Sport geregelt. Irgendwelche Zusatzversicherungen sind nicht sinnvoll. Lediglich bei Aufenthalten in Krisengebieten sollte das passive Kriegsrisiko besonders versichert werden.

Weitere Leistungsarten der Unfallversicherung
x Krankenhaus-Tagegeld
Der Versicherte erhält für jeden Tag, an dem er sich wegen eines Unfalles in stationärer Behandlung befindet, ein Tagegeld.

Hinweis: Es handelt sich um keine Absicherung eines messbaren Risikos. Die Leistung ist außerdem an mehrere Bedingungen geknüpft. Wer beispielsweise nach einem Skiunfall 4 Wochen krankgeschrieben ist, erhält meist nur für wenige Krankenhaustage das Tagegeld.

x Genesungsgeld
Der Versicherte erhält für die gleiche Zahl von Kalendertagen, für die er Krankenhaus-Tagegeld bezogen hat, Genesungsgeld (im Allgemeinen begrenzt auf 42 Tage).

Hinweis: Wer Wert auf ein Krankenhaus-Tagegeld legt, sollte dies mit dem Genesungsgeld koppeln. Damit wird der Tatsache Rechnung getragen, dass die stationäre Behandlung bei den meisten Unfällen sehr begrenzt ist.

x Tagegeld

Für die Dauer der ärztlichen Behandlung als Folge eines Unfalles leistet der Versicherer das vereinbarte Tagegeld. Der Beginn kann – gegen Prämiennachlass – hinausgeschoben werden.

> **! UNSER VERSICHERUNGSTIPP**
>
> *Vom Abschluss einer Unfall-Tagegeldversicherung zum Ausgleich entgehender Einkünfte ist dringend abzuraten, da sie das Risiko nur teilweise umfasst. Für eine umfassende Regelung – insbesondere für Selbstständige – kommt nur eine Kranken-Tagegeldversicherung in Betracht.*

x Bergungskosten

- **x** Für Suchaktionen nach dem Unfallverletzten, auch wenn nur die Vermutung eines Unfalles besteht.
- **x** Bei der Rettung des Unfallverletzten und dessen Verbringung ins nächste Krankenhaus einschließlich der notwendigen zusätzlichen Kosten, die infolge des Unfalls für die Rückfahrt zum Heimatort entstehen.
- **x** Für den Transport des Unfalltoten zum Heimatort.

Hinweis: Es handelt sich um ein Nebenrisiko, das von vielen Versicherern bis zu einer Summe von DM 3000 beitragsfrei mitversichert wird.

x Übergangsleistung

Oft kommt es auch bei schweren Unfällen zu keiner dauernden Invalidität. Andererseits kann es auch nach Abschluss der ärztlichen Behandlung noch lange dauern, bis die Versicherungsleistung festgelegt werden kann.

Für diesen Fall kann eine Übergangsleistung vereinbart werden. Die Versicherungssumme ist fällig, wenn 6 Monate nach dem Unfall der Versicherte noch mehr als 50% in seiner Arbeitsfähigkeit beeinträchtigt ist.

x Sonstige Leistungen

Mit steigendem Wettbewerb kommen immer mehr undurchschaubare »Paketlösungen« und Zusatzdeckungen auf den Markt, deren Vielfalt hier nur angedeutet werden kann:

- **x** Unfallrente als Ergänzung zur Kapitalzahlung aus der Invaliditätsversicherung.
- **x** Schmerzensgeld für bestimmte Verletzungen, die in einer Tabelle aufgeführt sind.
- **x** Heilkosten für medizinische Behandlung von Unfällen.
- **x** Kosten für unfallbedingte kosmetische Operationen.

! UNSER VERSICHERUNGSTIPP

Lassen Sie sich durch die vielfältigen Varianten und Ergänzungen nicht den Blick für das wesentliche Ziel der Unfallversicherung verschleiern: die Abdeckung des Invaliditätsrisikos.

Für einen Vergleich sollten Sie zweckmäßigerweise die Prämie für DM 100 000 Invaliditätssumme ohne und mit Progressionsstaffel erfragen.

Legen Sie fest, wie viel Sie für die Unfallversicherung insgesamt ausgeben wollen oder können.

Als Richtschnur empfiehlt sich dann, den Beitrag wie folgt zu verteilen:

für den Todesfall	10–15%
für den Invaliditätsfall	mind. 75%
für sonstige Risiken	max. 10%

Überlegungen zur Auswahl des Versicherers

Die Versicherungsbedingungen (AUB) und Leistungen sind standardisiert und werden von allen Versicherern gleichartig angewandt. Neue Verträge werden nur noch auf der Basis der AUB 1988 abgeschlossen. Bis zu einer individuellen Umstellung sind für Verträge vor 1988 die AUB 1961 maßgebend. Der hauptsächliche Unterschied liegt im Begriff der Invalidität (vgl. Seite 196), die übrigen Unterschiede sind etwa gleichwertig.

Die Unfallbranche ist für die Versicherer seit vielen Jahren eine Goldgrube. Die Beiträge sind relativ hoch und weichen – von Gesellschaft zu Gesellschaft – erheblich voneinander ab. Prämienunterschiede von 100% sind keine Seltenheit.

! UNSER VERSICHERUNGSTIPP

Überprüfen Sie Ihre alten Verträge auf angemessene Summen und günstigere Tarife!

Hinweise und Tipps zur Vertragsgestaltung

Unfallversicherungen werden häufig auf 5 oder 10 Jahre abgeschlossen. Dies bietet jedoch weitgehend nur für den zuständigen Vertreter einen Vorteil. Meist sind es insbesondere die teuren Versicherer, die gerne langfristige Verträge verkaufen.

Achtung: Schließen Sie eine mehrjährige Unfallversicherung nur dann ab, wenn Sie verschiedene Angebote, insbesondere auch von Korrespondenzversicherern, verglichen haben.

Von manchen Versicherern werden Verträge mit automatischer Anpassung der Versicherungssumme (Dynamik), entsprechend dem allgemeinen Lohnniveau oder der Inflationsrate, angeboten. Der Grundgedanke dieser Konstruktion ist überzeugend. Wenn Sie Ihre Versicherungssumme großzügig bemessen haben, können Sie jedoch auf die automatische Summen- und Beitragsanpassung verzichten. Besser ist eine grundsätzliche Überprüfung des Versicherungsbedarfes alle fünf Jahre.

Die meisten Versicherer unterscheiden bei den Tarifen für Erwachsene in 2 Risikogruppen:

- ▣ für Hausfrauen und Bürokräfte
- ▣ für Handwerker, Berufsfahrer

Achtung: Wenn Sie den Beruf wechseln, müssen Sie dies dem Versicherer melden!

Die Berechnung und Fälligkeit der Entschädigung

Der Versicherer hat die Todesfallentschädigung dann zu leisten, wenn der Unfall innerhalb eines Jahres zum Tode führt.

Ist im Versicherungsvertrag keine bestimmte Person angegeben, fällt die Versicherungsleistung unter die Erbmasse. Ist in der Police als Bezugsberechtigter »der Ehegatte« angegeben, ist im Todesfall – bei Scheidung und Wiederverheiratung – der letzte Ehegatte bezugsberechtigt. Dies gilt selbst dann, wenn der frühere Ehegatte namentlich benannt ist.

> **! UNSER VERSICHERUNGSTIPP**
> *Benennen Sie als Bezugsberechtigten eine bestimmte Person, um die Erbschaftssteuer zu vermeiden. Die Begünstigung ist jedoch nur dann wirksam, wenn die versicherte Person ihr schriftlich zugestimmt hat.*

Die Todesfallsumme kann nicht zusätzlich zur Invaliditätssumme verlangt werden. Soweit die unfallbedingte Invalidität innerhalb eines Jahres zum Tode führt, hat der Versicherer lediglich die Todesfallsumme zu leisten. Ist der Tod auf eine Krankheit zurückzuführen, die nicht durch den vorausgegangenen Unfall bedingt ist, besteht Anspruch auf eine fiktive Invaliditätsentschädigung. Der Anspruch erstreckt sich auch dann auf die Invaliditätsentschädigung, wenn der Verletzte erst nach Ablauf eines Jahres stirbt.

Der Invaliditätsgrad wird für ca. 80% aller Unfälle anhand der Gliedertaxe festgelegt. Danach sind für den vollkommenen Verlust oder die Gebrauchsunfähigkeit folgende Entschädigungen vorgesehen (in Prozent der vereinbarten Summe):

- ☒ eines Armes im Schultergelenk 70%
- ☒ einer Hand im Handgelenk 55%
- ☒ eines Daumens 20%
- ☒ eines Beines über Mitte Oberschenkel 70%
- ☒ eines Fußes im Fußgelenk 40%
- ☒ einer großen Zehe 5%
- ☒ eines Auges 30%
- ☒ beider Augen 100%

Soweit sich der Invaliditätsgrad anhand der Gliedertaxe nicht bestimmen lässt, wird medizinisch abgewogen, inwieweit der Versicherte imstande ist, eine Tätigkeit auszuüben, die seinen Kräften und geistigen Fähigkeiten entspricht und die ihm unter Berücksichtigung seiner Ausbildung und seines bisherigen Berufes zugemutet werden kann.

Die AUB 88 und 94 erweitern den Invaliditätsbegriff

Früher diente die Versicherung dem Ausgleich entgehender finanzieller Mittel durch dauernde Beeinträchtigung der Arbeitsfähigkeit. Danach ist z. B. eine Gesichtsnarbe oder der Potenzverlust kein Invaliditätsfall. Nach den neuen Bedingungen sind auch derartige Fälle versichert, da als Invalidität die dauernde Beeinträchtigung der körperlichen oder geistigen Leistungsfähigkeit gilt. Damit ist auch die Beeinträchtigung des Freizeitbereiches versichert.

Beim Invaliditätsgrad werden korrigierende Hilfsmittel mit berücksichtigt, soweit sie innerhalb von drei Jahren nach dem Unfall in ihrer Wirkung abschätzbar sind. Spätere Veränderungen,

- ☒ positive durch medizinischen Fortschritt oder
- ☒ negative durch unvorhersehbare Komplikationen,
  sind für die Leistungen des Versicherers ohne Bedeutung.

Bei Beeinträchtigung des Augenlichtes ist eine Brille grundsätzlich zumutbar, führt aber nicht zu einem totalen Rückgang des Invaliditätsanspruches, da eine Brille niemals 100%ig korrigieren kann (u. a. wegen des eingeschränkten Sehwinkels).
Die Zumutbarkeit von Hörgeräten ist umstritten und nur fallweise vom Ohrenarzt zu beurteilen.
Der Verlust von Zähnen ist im Allgemeinen kein Invaliditätsfall. Das künstliche Gebiss wird als voller Ersatz gewertet.
Grundsätzlich können sich auch behinderte oder blinde Personen versichern. Vorschäden werden jedoch bei einem Unfall entsprechend berücksichtigt. Wer beispielsweise zu 50% gehbehindert ist, erhält bei einem Unfall, der zu einer 100%igen Gehbehinderung führt nur die halbe Leistung nach der Gliedertaxe. Der Vorschaden wird jedoch nicht auf Organe angerechnet, die bisher voll funktionsfähig waren. Dauernd pflegebedürftige Personen und Geisteskranke sind jedoch nicht versicherungsfähig.

Pflichten des Versicherungsnehmers
Von Bedeutung ist bei laufenden Versicherungsverträgen, dass der Versicherer über berufliche Änderungen informiert werden muss. Wird dies unterlassen, besteht im Schadensfall nur dann Anspruch auf die vereinbarte Versicherungssumme, wenn der neue Beruf unter keine höhere Tarifposition fällt. Andernfalls reduziert sich die Entschädigung im Verhältnis erforderlicher Beitrag zu tatsächlich bezahltem Beitrag.

Nach einem Unfall ist unverzüglich ein Arzt hinzuzuziehen und der Versicherer zu informieren, falls voraussichtlich mit einer Versicherungsleistung zu rechnen ist. Der Anspruch auf eine Invaliditätsentschädigung muss spätestens 15 Monate nach dem Unfall ärztlich festgestellt und dem Versicherer gegenüber geltend gemacht werden. Für Invaliditätsfälle, die erst ein Jahr nach dem Unfall eintreten oder später als 15 Monate nach dem Unfall geltend gemacht werden, hat der Versicherer nicht zu leisten.

Checkliste zu den Angebotsvarianten

Derzeitig werden – insbesondere bei Gruppenverträgen – folgende Möglichkeiten zur Erweiterung des Versicherungsschutzes angeboten:

- Tauchtypische Gesundheitsschädigungen, Ertrinken, Ersticken und Erfrierung
- Folgen von Lebensmittelvergiftungen
- Gesundheitsschädigungen durch energiereiche Strahlen (Laser, Maser, künstliches UV-Licht)
- Bauch- oder Unterleibsbrüche
- Alkoholbedingte Bewusstseinsstörungen (Autofahrer mit bis zu 1,3 ‰)
- Folgen von Insektenstichen
- Folgen von ärztlich verschriebenen Medikamenten oder Drogen
- Gesundheitsschäden durch rechtmäßige Verteidigung oder bei der Rettung von Personen oder Sachen
- Überraschende Kriegs- und Bürgerkriegs-Ereignisse
- Gewalttätige Auseinandersetzungen und innere Unruhen

- Wundinfektionen, Wundstarrkrampf, Infektionen durch Tollwut oder bestimmten Krankheitserregern wie Cholera oder Malaria, Diphtherie, Typhus und Paratyphus, Gelbfieber, Genickstarre, Keuchhusten, Lepra, Pest, Pocken, Scharlach, Schlaf- oder Tsetse-Krankheit, Windpocken
- Impfschäden aus öffentlich empfohlenen Schutzimpfungen

Sonstige Erweiterungen des Versicherungsschutzes:
- Verbesserte Gliedertaxe
- Verlängerte Anmeldefrist für Invaliditätsfälle
- Möglichkeit zur Verweigerung einer Operation
- Eingeschränkte Anrechnung von Vorerkrankungen oder Gebrechen

! UNSER VERSICHERUNGSTIPP

Prüfen Sie Ihren persönlichen Versicherungsbedarf und sprechen Sie den Versicherer auf eine Erweiterung des Versicherungsschutzes an.

f. Sonderfragen

Unfallversicherung für Kinder
Lesen Sie hierzu die Ausführungen auf Seite 140 (gesetzliche Unfallversicherung) und Seite 263 (Versicherungsschutz für Kinder).

Unfallversicherung für Rentner
Für ältere Menschen ist eine Unfallversicherung wenig sinnvoll. Bereits ab dem 40. Lebensjahr treten die meisten Todesfälle und Invaliditätsfälle nicht durch Unfall, sondern durch Krankheiten ein. Für einen Rentner ist das Unfallrisiko – im Vergleich zu Krankheiten – vollkommen untergeordnet. Abgesehen davon ist die Unfallversicherung grundsätzlich zum Ausgleich finanzieller Verluste konzipiert. Spätestens nach der Pensionierung entfällt aber dieses Risiko, da die Rente auch bei einem Unfall weiterläuft. Außerdem ist zu beachten, dass nach der Voll-

endung des 65. Lebensjahres die Unfall-Invaliditätsversicherung lediglich Rentenleistungen, aber kein Kapital versichert.

Unfallversicherung mit Prämienrückgewähr

Die Unfallversicherung mit Prämienrückgewähr (UPR) ist eine normale Unfallversicherung, die – analog zur gemischten Lebensversicherung – mit einem Sparvorgang gekoppelt ist. Der Risikoschutz wird aus den Zinserträgen finanziert. Nach Ende der vertraglichen Laufzeit erhält der Versicherungsnehmer die eingezahlten Beiträge zurück. Unabhängig von einer Versicherungsleistung bietet die UPR eine zusätzliche Gewinnbeteiligung.

Die Prämie für eine UPR liegt etwa 5-mal höher als für eine normale Unfallversicherung. Der optisch günstige Versicherungsschutz ist in Wirklichkeit relativ teuer. Die rechnerische Verzinsung der Beiträge liegt knapp über 3% und erreicht, auch unter Berücksichtigung der Gewinnbeteiligung und des Risikoschutzes, nicht mehr als 5%. Der Hauptvorteil der UPR lag bisher darin, dass die rechnerischen Zinsen nicht steuerpflichtig sind, soweit die Mindestlaufzeit von 12 Jahren eingehalten wird. Außerdem kann eine UPR dann sinnvoll sein, wenn eine Lebensversicherung wegen gravierender Vorerkrankungen nicht oder nur mit hohen Zuschlägen abgeschlossen werden kann.

Insassen-Unfallversicherung

Lesen Sie dazu den Abschnitt 4 im Kapitel Autoversicherung.

Gruppen-Unfallversicherung

Wer die Möglichkeit hat, sich über seine Firma zu versichern, sollte hiervon Gebrauch machen, denn eine Gruppen-Unfallversicherung bietet drei gravierende Vorteile:

- Die Prämien sind – je nach Zahl der Versicherten – bis zu 50 Prozent niedriger als für Einzelversicherungen.
- Die aus dem Bruttogehalt bezahlte Prämie kann mit dem niedrigen Pauschalsatz von 20% versteuert werden.

- ☒ Es können günstige Sonderklauseln vereinbart werden:
  - ☒ verbesserte Gliedertaxe
  - ☒ Mitversicherung des passiven Kriegsrisikos
  - ☒ verlängerte Anmeldefrist für Invalidität
  - ☒ Einschränkung der Bewusstseins-/Alkoholklausel

Die pauschale Besteuerung ist bis zu einem durchschnittlichen Jahresbeitrag pro Versichertem von DM 120 zuzüglich Versicherungssteuer möglich.
Der Vorteil der Gruppen-Unfallversicherung ist unabhängig davon, ob der Arbeitgeber die Prämie als Lohnnebenkosten oder der Arbeitnehmer sie von seinem Bruttogehalt trägt.

Unfallversicherung über Kreditkarten
Kreditkarten beinhalten grundsätzlich eine Reise-Unfall- oder Verkehrsmittel-Unfallversicherung. Allerdings sind damit nur etwa 5% des Unfallrisikos abgedeckt. Darüber hinaus besteht Versicherungsschutz nur dann, wenn das betreffende Verkehrsmittel mit der Kreditkarte bezahlt wird. Dies ist bereits bei Fahr- oder Flugscheinen bei Dienstreisen fraglich, noch mehr gilt dies für Taxis oder öffentliche Verkehrsmittel.
Die Unfallversicherung über Kreditkarte wird insbesondere dann leisten, wenn auch eine Haftung des Verkehrsträgers (Flugzeug, Bahn, Taxi) besteht. Eine zusätzliche Unfallversicherung ist gerade dann nicht unbedingt erforderlich. Wer andererseits auf einer Dienstfahrt mit dem eigenen Fahrzeug einen Unfall verursacht, ist durch die Kreditkarte nicht geschützt.
Die Unfallversicherungen der Kreditkartenorganisationen lassen sich deshalb in ein sinnvolles Versicherungskonzept nicht einbauen. Sie sind als »Bonbon«, aber in keinem Fall als Ersatz für eine Unfallversicherung mit 24-Stunden-Deckung zu werten.

3. Die Berufsunfähigkeitsversicherung

Während in der gesetzlichen Krankenversicherung jahrzehntelang das Konzept der allumfassenden Absicherung bis zur letzten Mark verfolgt wurde, blieb das steigende Risiko der Frühinvalidität und Berufsunfähigkeit von der Bevölkerung, den Versicherern und den Politikern weitgehend unbeachtet. Obwohl in den letzten Jahren in steigendem Maße private BU-Versicherungen abgeschlossen wurden, ist der Bedarf bei weitem nicht ausreichend abgedeckt. Dies ist deshalb unerklärlich, weil jeder fünfte Angestellte und jeder dritte Arbeiter vor der normalen Altersgrenze aus dem Erwerbsleben ausscheidet, 90 Prozent davon wegen Krankheit und nur 10 Prozent wegen eines Unfalles.

a. Berufsunfähigkeit – das verkannte Risiko

Während die Folgen von Unfällen durch die Fortschritte der Chirurgie und Hilfsmittel mehr und mehr in Grenzen gehalten werden können, nehmen Zivilisationskrankheiten, die zu Erwerbs- oder Berufsunfähigkeit führen, immer mehr zu. Trotzdem wird nach wie vor das Risiko, durch einen Unfall berufsunfähig zu werden, gefühlsmäßig überschätzt und das Invaliditätsrisiko durch Krankheit unterschätzt. Die tatsächlichen Zahlen sprechen für sich:

Ursachen der Berufsunfähigkeit
(Einzel-Kapitalversicherungen, bei denen Berufsunfähigkeit vorlag):

Erkrankungen des Skelett- und Bewegungsapparates	32,1%
Erkrankungen des Herzens und des Gefäßsystems	19,9%
Unfälle	10,8%
Nervenkrankheiten	12,5%
Sonstige innere Krankheiten	7,5%
Krebs und andere bösartige Geschwülste	6,0%
Erkrankungen der Verdauungsorgane	2,4%
Sonstige Erkrankungen	8,8%

Ursachen der Berufsunfähigkeit	Alter bei Beginn der Berufsunfähigkeit		
	bis 40 Jahre	41–50 Jahre	ab 51 Jahren
Skelett- und Bewegungsapparat	24,1%	29,3%	37,5%
Herz und Gefäßsysteme	7,5%	20,5%	25,6%
Unfälle	23,6%	9,7%	5,0%
Nervenkrankheiten	20,0%	13,5%	8,4%
Sonstige innere Krankheiten	6,7%	7,3%	8,1%
Krebs und bösartige Geschwulste	5,2%	7,1%	5,9%
Erkrankungen der Verdauungsorgane	3,3%	2,9%	1,7%
Sonstige Erkrankungen	9,6%	9,7%	7,8%

Das Durchschnittsalter der Versicherten bei Eintritt der Berufsunfähigkeit betrug
47,4 Jahre. Die Berufsunfähigkeit ist nach einer durchschnittlichen Vertragsdauer von
12,2 Jahren eingetreten.

(Quelle: Geschäftsbericht 1998 der Allianz Lebensversicherungs-AG)

b. Was ist Gegenstand der Versicherung?

Definition

Berufsunfähigkeit liegt vor, wenn der Versicherte infolge
Krankheit, Körperverletzung oder Kräfteverfalls, die ärztlich nachzuweisen sind, voraussichtlich dauernd außerstande ist, seinen Beruf oder eine andere Tätigkeit auszuüben, die aufgrund seiner Ausbildung und Erfahrung ausgeübt werden kann und seiner bisherigen Lebensstellung
entspricht.

Ist der Versicherte mindestens sechs Monate lang ununterbrochen vollständig oder teilweise außerstande gewesen, seinen Beruf oder eine andere Tätigkeit auszuüben,
die seiner Ausbildung, Erfahrung und bisherigen Lebensstellung entspricht, so gilt die Fortdauer dieses Zustandes
als vollständige oder teilweise Berufsunfähigkeit.

Nichtmedizinische Faktoren oder Verschuldensfragen
spielen beim Invaliditätsgrad keine Rolle. Der Versicherer
kann auch nicht allgemein verlangen, dass der Versicherte

eine andere Tätigkeit aufnimmt. Er muss vielmehr erklären, welche Alternativtätigkeit er als angemessen betrachtet. Es ist dann Aufgabe des Arztes zu prüfen, ob für die genannte Tätigkeit Berufsunfähigkeit vorliegt oder nicht. Der Versicherte ist nicht verpflichtet, eine »angemessene Alternativtätigkeit« aufzunehmen, muss dies jedoch als Einwand bei der Berechnung der Rente in Kauf nehmen.

> Eine Alternativtätigkeit ist angemessen, wenn sie – ggf. nach Einarbeitung – aufgrund der Ausbildung und bisherigen Berufserfahrung ausgeübt werden kann. Dabei ist die Lebensstellung am konkreten Einzelfall mit zu berücksichtigen (siehe Verweisklausel).

Die BU-Versicherung wird in Deutschland ausschließlich als Summenversicherung von den Lebensversicherern angeboten. Ihre Leistungen werden deshalb nicht mit anderen Ansprüchen verrechnet. England und andere Länder betreiben die BU-Versicherung teilweise auch als Schadenversicherung. Dadurch sind die Prämien etwas niedriger.
Unabhängig vom Versicherungsprinzip gibt es in allen Ländern Abgrenzungsprobleme. Auch die deutschen Bedingungen machen da keine Ausnahme, denn sie sind nicht in allen Punkten eindeutig. Maßgebend hierfür ist, dass in den Bedingungen die Berufsunfähigkeit nach subjektiven Maßstäben festgelegt ist. Unklarheiten sind jedoch nach deutscher Rechtsauffassung zugunsten des Versicherten auszulegen.

Formen der Berufsunfähigkeitsversicherung
Die Berufsunfähigkeitsversicherung kann als selbstständige Versicherung oder als Zusatz zu einer Lebensversicherung (BUZ) abgeschlossen werden. Die meisten BU-Versicherungen werden als Ergänzung zu einer Kapital- oder Risiko-Lebensversicherung abgeschlossen.
Die selbstständige BU-Versicherung ist nur unwesentlich billiger als eine Risiko-Lebensversicherung in Verbindung

mit einer BUZ-Versicherung. Maßgebend ist jedoch bei dieser Alternative, ob ein Hinterbliebenenschutz gewünscht und erforderlich ist oder nicht.

Die teuerste Kombination ist eine Kapital-Lebensversicherung in Verbindung mit einer BUZ-Versicherung. Insbesondere jungen Familien wird dieser Versicherungsschutz häufig empfohlen. Da aber gerade junge Familien finanziell eingeschränkt sind, besteht die Gefahr, dass zur Beitragsbegrenzung niedrige Summen vereinbart werden. Ein ausreichender Schutz für die Hinterbliebenen und im Invaliditätsfall ist dann meist nicht mehr gegeben.

! UNSER VERSICHERUNGSTIPP

Im Zweifel sollten Sie eine BU-Versicherung mit einer Risiko-Lebensversicherung kombinieren.

Die Beiträge für die Berufsunfähigkeitsversicherung sind relativ hoch, trotzdem ist das Risiko für die Versicherer schwer kalkulierbar. Sollten außergewöhnliche Ereignisse eintreten, so hat die Gesellschaft mit Genehmigung des Bundesaufsichtsamtes das Recht, auch für bestehende Verträge die Beiträge zu erhöhen und die Bestimmungen über Ausschlüsse und Begrenzungen des Versicherungsschutzes zu ändern. Als Versicherungsnehmer haben Sie in diesem Fall ein außerordentliches Kündigungsrecht.

Die Beiträge sind nicht dynamisiert, weshalb der Versicherungsschutz von Zeit zu Zeit der Einkommensentwicklung angepasst werden sollte. Im Versicherungsfall ergibt sich eine gewisse Rentendynamik aus der Gewinnbeteiligung.

! UNSER VERSICHERUNGSTIPP

Soweit bereits eine Lebensversicherung besteht, können Sie diese nachträglich mit einer BU-Zusatzversicherung (BUZ) kombinieren. Die BUZ bietet für den Versicherer verwaltungs- und risikomäßige Vorteile, weshalb die Prämien niedriger sind als bei selbstständigen Verträgen.

Die Versicherungssumme (Jahresrente) einer BUZ darf 48% der Lebensversicherungssumme nicht überschreiten. Beim Abschluss einer Lebensversicherung über DM 100000 kann somit eine BU-Rente von maximal DM 4000 monatlich versichert werden.

Achtung: Die Laufzeit und Leistungszeit ist an den Hauptvertrag gekoppelt. Erlischt die Lebensversicherung durch Ablauf oder vorzeitige Kündigung, endet damit automatisch auch die BUZ.

Der Versicherungsnehmer kann bei der BUZ zwischen drei Vertragsvarianten wählen:

☒ **BUZ auf Kapitalleistung**
Im Versicherungsfall wird die vereinbarte Summe auf einmal bezahlt. Gleichzeitig erlischt der gesamte Vertrag einschließlich der Hauptversicherung auf den Todesfall. Es kann auch eine mehrjährige Rentenzahlung und – bei anhaltender Berufsunfähigkeit – eine abschließende Kapitalleistung vereinbart werden.

☒ **BUZ auf Prämienbefreiung**
Im Versicherungsfall ist der Versicherungsnehmer von der weiteren Prämienzahlung für die Lebensversicherung freigestellt.

☒ **BUZ auf Prämienbefreiung und Rentenzahlung**
Bei Berufsunfähigkeit ist der Versicherungsnehmer von der weiteren Prämienzahlung befreit, außerdem erhält er eine Rente bis zur Fälligkeit der Versicherungssumme aus dem Hauptvertrag (Tod oder Ablauf).

Abgrenzung zu anderen Versicherungsarten
Da die BU-Versicherung zu den Summenversicherungen zählt, bestehen grundsätzlich keine Verrechnungs- und Abgrenzungsprobleme mit der Sozial- oder anderen Privatversicherungen.

Die BU-Versicherung ist geeignet, bis zum Ende der vereinbarten Leistungsdauer eine Pflegefallversicherung zu ersetzen, wenn eine entsprechend hohe BU-Rente versichert ist. In BU-Versicherungen ab 1992 ist das Pflegefallrisiko ausdrücklich mitversichert. Je nach Umfang der Pflegebedürftigkeit wird die Rente zu 40, 70 oder 100 Prozent gewährt.

Die Leistungen einer BU-Versicherung enden spätestens mit dem Ausscheiden aus dem normalen Arbeitsleben. Die BU-Versicherung ist deshalb kein Ersatz für eine Altersversorgung.

In der gesetzlichen Krankenversicherung endet das Tagegeld spätestens nach 18 Monaten, danach kann ein vorläufiger Rentenantrag gestellt werden. Die private Krankenversicherung kennt eine derartige Aussteuerung nicht, zahlt das Tagegeld aber nur dann weiter, wenn eine behandlungsfähige Krankheit im Sinne der Bedingungen gegeben ist. Da ein Pflegefall nicht als Krankheit gilt, hat insofern nur eine BU- oder Pflegefallversicherung zu leisten.

Hinweis: Zwischen der Unfallversicherung und der BU-Versicherung gibt es Überschneidungen: Eine BU-Versicherung umfasst grundsätzlich auch Unfälle. Soweit die Versicherungssumme ausreichend bemessen ist, ersetzt eine BU-Versicherung deshalb eine zusätzliche Unfallversicherung.

Für eine Unfallversicherung neben einer BU-Versicherung sprechen jedoch folgende Gründe:

- Die Unfallversicherung zahlt im Invaliditätsfall keine Rente, sondern ein Kapital.
- Die Unfallversicherung tritt auch bei geringfügigen Invaliditätsgraden ein.
- Die Gliedertaxe in der Unfallversicherung bietet einen überschaubaren Leistungskatalog ohne den schwierigen Nachweis einer Berufsunfähigkeit.
- Die Unfallversicherung (AUB 1988 oder 1992) deckt auch Invaliditätsfälle, die lediglich die Freizeit betreffen (Verlust eines Beines führt bei einem Angestellten nicht automatisch zur Berufsunfähigkeit).

Um diese Vorteile zu erhalten, sollten Sie eine gesonderte Unfall-Invaliditätsversicherung abschließen. Dies ist im Allgemeinen auch günstiger als über einen Zusatz zur Lebens- oder BU-Versicherung.

c. Typische Fälle

Da die BU-Versicherung auf die subjektiven Verhältnisse abstellt, dienen folgende Schadensfälle lediglich als Anhaltspunkt für die Beurteilung Ihrer persönlichen Situation und zur Abwägung des Risikos.

Schadensfälle, bei denen eine Berufsunfähigkeit von mehr als 50% zu vermuten ist:

- Wenn ein kaufmännischer Angestellter beide Arme verliert.
- Wenn ein Landwirt an einem Bein gelähmt ist.
- Wenn eine Verkäuferin wegen einem Rückenschaden nicht mehr stehen kann.
- Wenn ein Chemiker gegen Chemikalien allergisch reagiert.
- Wenn ein Maler (farben)blind ist.
- Wenn ein Uhrmacher unter nervösen Zuckungen leidet.
- Wenn ein Sänger seine Stimme verliert.
- Wenn die Hand eines Musikers »lahmt«.
- Wenn bei einem Maurermeister die Bewegungsfähigkeit des linken Armes eingeschränkt ist.
- Wenn ein Kfz-Fahrer sein Gehör verliert.
- Wenn ein Lehrer Angst vor seinen Schülern hat.
- Wenn ein Polizist unter Verfolgungswahn steht.
- Wenn jemand an Aids erkrankt.

In Grenzfällen wird der Invaliditätsgrad anhand von medizinischen Versuchen festgelegt. Dazu gehören insbesondere: Artikulation, Gedächtnis, Bewegungsabläufe, Reaktionen, Hör- und Sehtests. Im Übrigen ist die so genannte Verweisklausel von Bedeutung (siehe Seite 217).

d. Nicht versicherte Fälle/Ausschlüsse

Ausgeschlossen von der Versicherung ist die Berufsunfähigkeit, wenn sie verursacht ist:

- ☒ unmittelbar oder mittelbar durch Kriegsereignisse oder innere Unruhen, sofern der Versicherte aufseiten der Unruhestifter teilgenommen hat oder
- ☒ durch vorsätzliche Ausführung oder den strafbaren Versuch eines Verbrechens oder Vergehens durch den Versicherten.

e. Hinweise und Strategien für den Versicherungsnehmer

Wer braucht eine BU-Versicherung?

Eine BU-Versicherung ist allen Personen zu empfehlen, die finanziellen Schutz vor Erwerbseinbußen durch Invalidität (Krankheit oder Unfall) benötigen. Insbesondere für Kinder stellt der Verlust der künftigen Erwerbsfähigkeit das größte Versicherungsrisiko dar. Hierfür besteht seit einigen Jahren in Form der Kinder-Unfallversicherung die Möglichkeit einer Risikovorsorge (Details siehe Seite 264). Ein besonderer Versicherungsbedarf besteht auch für Hausfrauen, Schüler und Studenten.

> Wenn Sie als junger Angestellter pro Monat DM 4000 brutto verdienen, müssen Sie sich in den ersten fünf Berufsjahren bei einer Berufsunfähigkeit durch Berufsunfall oder Berufskrankheit mit DM 1250 Rente aus der Angestelltenversicherung zufrieden geben.

Ist die Berufsunfähigkeit auf einen außerberuflichen Unfall oder auf Krankheit zurückzuführen, so haben Berufsanfänger überhaupt keinen Leistungsanspruch, wenn sie die Wartezeit von 60 Monaten nicht erfüllt haben.

In beiden Fällen kann nur eine BU-Versicherung helfen, den sozialen Abstieg zu vermeiden.

Von besonderer Bedeutung ist die BU-Versicherung außerdem für Selbstständige und Freiberufler, die keinen

Leistungsanspruch in der gesetzlichen Unfall- oder Rentenversicherung haben. Dabei ist zu beachten, dass in der Rentenversicherung nur dann ein Anspruch auf eine Invalidenrente besteht, wenn mindestens 60 Monatsbeiträge gezahlt sind und auch künftig weitere Beiträge entrichtet werden.

Beamte sind im Alter relativ gut versorgt. Problematisch wird es jedoch, wenn sie wegen Dienstunfähigkeit vorzeitig in den Ruhestand versetzt oder ohne Ansprüche entlassen werden. In diesem Fall weisen die staatlichen Leistungen erhebliche Mängel auf. Diese Versorgungslücken sind im Allgemeinen umso größer, je kürzer die Dienstzeit und je höher das Einkommen ist:

- Beamte auf Lebenszeit: Erst nach fünfjähriger Dienstzeit bestehen Versorgungsansprüche, die mit zunehmender Dienstzugehörigkeit ausgebaut werden.
- Beamte auf Probe: Diese erhalten nur bei einem Dienstunfall ein Ruhegehalt.
- Beamte auf Widerruf: Hier besteht keinerlei Anspruch auf Versorgung. Bei Dienstunfähigkeit werden sie entlassen und in der gesetzlichen Rentenversicherung nachversichert.

Wenn Sie in einem gefährlichen Beruf arbeiten, werden Sie nur mit Schwierigkeiten überhaupt einen Versicherer finden, der bereit ist, Ihr Risiko zu übernehmen. Besonders gilt dies für

- Abbrucharbeiter
- Sprengmeister
- Akrobaten
- Bedarfsflieger
- Feuerschlucker
- Kampfschwimmer
- Rennfahrer
- Solotänzer
- Springreiter
- Stuntmen
- Tierfänger
- Leibwächter

Die Auswahl des Versicherungsschutzes

Wie in anderen Versicherungszweigen wird es Ihnen auch in der BU-Versicherung nicht möglich sein, von allen rund 75 Versicherern Angebote einzuholen. Die Beitragsunterschiede können bei 30-jähriger Vertragsdauer 100 Prozent betragen. Dabei schneiden die Direktversicherer besonders günstig ab. Vergleichen Sie deshalb am besten das Angebot Ihres Vertreters in der Nachbarschaft mit schriftlichen Angeboten von Direktversicherern.

Dazu müssen Sie folgende Punkte festlegen:

- Höhe der gewünschten Monatsrente bei 100%iger Berufsunfähigkeit
- Laufzeit des Vertrages (Vertragsdauer)
- Dauer der Rentenleistung (Leistungsdauer)

Achtung: Da es auf dem Markt keine einheitlichen Bedingungen gibt, sollten Sie beim Vergleich der Angebote auf folgende Punkte achten:

- Welche Regelung ist bei Teilinvalidität gegeben?
  Zu achten ist auf die Unterscheidung »mindestens 50%« und »mehr als 50%« Berufsunfähigkeit. Manche Gesellschaften zahlen nur bei Vollinvalidität (100%).
- Wie ist die Berufsunfähigkeit definiert?
  Für die Berufsunfähigkeit gibt es keine einheitliche Definition. Sie kann sich beziehen auf den zuletzt ausgeübten, den erlernten, einen ähnlichen, einen zumutbaren oder irgendeinen Beruf.

f. Hinweise und Tipps zur Vertragsgestaltung

Vertragsdauer und Leistungsdauer

Der Versicherungsbedarf ist grundsätzlich bis zur normalen Beendigung der beruflichen Tätigkeit gegeben. Er reduziert sich allenfalls um die Anwartschaften zur Rentenversicherung und betrieblichen Altersversorgung. Die Versicherer bieten als angepasste Lösung hierfür eine Trennung von Vertragsdauer und Leistungsdauer an:

- *Vertragsdauer* ist der Zeitraum, in dem Sie Prämie bezahlen und gegen Berufsunfähigkeit versichert sind.

⊠ *Leistungsdauer* ist der Zeitraum, in dem Sie eine BU-Rente des Versicherers erhalten.

Hinweis: Vertrags- und Leistungsdauer sind normalerweise identisch. Bei einem 10-Jahresvertrag könnte dann allerdings der Fall eintreten, dass Sie ab dem 9. Jahr nur für 1 Jahr eine BU-Rente erhalten. Ein derartiger Versicherungsschutz ist im Allgemeinen nicht sinnvoll.

! UNSER VERSICHERUNGSTIPP

Wenn Sie aus finanziellen Gründen nur eine kurze Laufzeit abschließen können, sollten Sie eine verlängerte Leistungsdauer vereinbaren. Versichert sind dann alle Invaliditätsfälle innerhalb der Vertragsdauer bis zu einem maximalen Alter von 65 Jahren. Als 35-jähriger Mann können Sie z. B. zwischen folgenden Vertragsvarianten wählen:

Dauer der BU-Versicherung (Vertragsdauer)	Maximale Dauer der Versicherungsleistung (Leistungsdauer)	Tatsächliche Leistungsdauer bei Invalidität im	
		12. Jahr	21. Jahr
5 Jahre	30 Jahre (bis Alter 65)	0 Jahre	0 Jahre
10 Jahre	30 Jahre	0 Jahre	0 Jahre
15 Jahre	30 Jahre	18 Jahre	0 Jahre
20 Jahre	30 Jahre	18 Jahre	0 Jahre
25 Jahre	30 Jahre	18 Jahre	9 Jahre
30 Jahre	30 Jahre	18 Jahre	9 Jahre

Je kürzer die Vertragsdauer, umso niedriger ist der Beitrag. Jedoch steigt das Risiko einer BU mit steigendem Alter. Je länger die Vertragsdauer, umso eher kommen Sie zu Leistungen aus der Versicherung. Ein sinnvoller Kompromiss liegt im Abschluss von zwei Verträgen mit unterschiedlicher Vertragsdauer, z. B. in den ersten 5 Jahren zwei BU-Versicherungen à DM 1000 und in den zweiten 5 Jahren nur 1 x DM 1000 Monatsrente. Ärgerliche Grenzfälle sind allerdings mit derartigen Kombinationen unvermeidbar. Deshalb spricht vieles für eine relativ lange Vertragsdauer.

Risikozuschläge

Für Risikogruppen verlangen die Versicherer Zuschläge zwischen 50 und 200 Prozent. Die Geschäftspolitik ist allerdings sehr unterschiedlich. Manche Versicherer erheben bereits für Taxifahrer, Friseure, Lehrer, Polizisten, Hoteliers, Bäcker, Maurer und Masseure 50% Zuschlag. Aufgrund neuer Berufsstatistiken ist künftig mit einer stärkeren Differenzierung der Prämien zu rechnen.

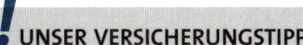

! UNSER VERSICHERUNGSTIPP

Sollte ein Versicherer Sie nur gegen Zuschlag akzeptieren, ist es empfehlenswert, weitere Angebote einzuholen, da manche Gesellschaften risikofreudig und andere risikoscheu sind.

Bei Schülern und Studenten ist die Risikoabgrenzung schwierig, da die künftige Arbeitsmarktlage bei einer Teilberufsunfähigkeit eine nicht vorhersehbare Rolle spielen kann. Die Versicherer helfen sich damit, dass der Versicherte von vornherein angeben muss, welchen Beruf er nach Beendigung seiner Schule oder seinem Studium anstrebt.

Leistungsvarianten

Leistungsvarianten gibt es bei einer teilweisen Berufsunfähigkeit. Je nach Tarif erhalten Sie folgenden Prozentsatz der versicherten Rente:

Leistungsform	Grad der Berufsunfähigkeit in %	Anspruch in % der versicherten BU-Rente
(I)	50% und mehr	100%
(II)	25% bis zu 75% mehr als 75%	25% bis zu 75% 100%

In Deutschland hat sich die Leistungsform (I) weitgehend durchgesetzt. Sie ist für den Versicherer einfacher zu verwalten, da weniger Schadensfälle zu bearbeiten sind.

Von manchen Gesellschaften werden auch Tarife angeboten, die nur bei einer Mindestinvalidität von 75%, 90% oder 100% leisten. Selbstverständlich sind die Beiträge dadurch niedriger. Besondere Vor- oder Nachteile der verschiedenen Leistungsformen sind nicht ersichtlich.

Wenn Sie eine dynamische Lebensversicherung haben, können Sie auch die BUZ dynamisieren. Die Beitragserhöhung bewirkt eine Anpassung der versicherten Rente ohne erneute Gesundheitsprüfung. Die Versicherungsleistung selbst ist jedoch nicht dynamisiert.

☒ BU-Versicherung mit Prämienrückgewähr
Diese Versicherungsart ist im Allgemeinen nicht empfehlenswert.

Vgl. hierzu die Ausführungen zur Unfallversicherung mit Prämienrückgewähr auf Seite 200.

☒ Erhöhte Rente bei BU durch Unfall
Eine Logik für einen erhöhten Versicherungsschutz bei Berufsunfähigkeit durch Unfall ist nicht ersichtlich. Besser ist, die Prämie für eine separate Unfall-Invaliditätsversicherung einzusetzen.

☒ Erhöhtes Höchst-Endalter
Für »Kammerberufe« (Ärzte, Rechtsanwälte, Steuerberater) werden auch Versicherungen auf das Endalter 70 angeboten.

Karenzzeit als Selbstbeteiligung
In der Krankenversicherung – insbesondere von Selbstständigen – ist es üblich, Tagegeldleistungen erst nach einer Karenzzeit zu versichern. Die Überlegung hierbei ist, dass sich ein kurzfristiger Ausfall im Allgemeinen finanziell nicht auswirkt. Der Versicherer belohnt dies mit erheblichen Prämiennachlässen, da er von Kleinschäden verschont bleibt. In der Berufsunfähigkeitsversicherung sind

derartige Tarife die Ausnahme, obwohl die Risikosituation mit der Krankenversicherung vergleichbar ist. Arbeitnehmer erhalten möglicherweise noch lange nach Eintritt der Berufsunfähigkeit einen Einkommensausgleich durch den Arbeitgeber oder die Krankenversicherung. Es besteht deshalb kein Grund, die Berufsunfähigkeitsrente sofort beginnen zu lassen. Wichtig ist, dass die Beitragszahlung sofort entfällt. Durch das Hinausschieben der Leistung ergibt sich ein Nachlass bis zu 45% des Normalbeitrages. Die Beitragsreduzierung ist wohl der Grund, warum viele Versicherer diese Form der Berufsunfähigkeitsversicherung bisher nicht anbieten.

! • UNSER VERSICHERUNGSTIPP

Der Karenztarif gibt dem Versicherten mehr Spielraum, die BU-Versicherung seiner individuellen Lebenslage anzupassen. Wer in der Anfangszeit durch anderweitige Leistungen sein Einkommensniveau halten kann, spart durch eine Karenzzeit erhebliche Beiträge oder kann sich für den gleichen Beitrag viel höher versichern.

Checkliste: Worauf Sie achten sollten

Da es auf dem Markt keine einheitlichen Bedingungen gibt, ist es unerlässlich, die Angebote eingehend zu prüfen und dabei insbesondere auf folgende Punkte zu achten:

▪ Vorvertragliche Anzeigepflicht

Vor Vertragsabschluss sind die Gesundheitsfragen des Versicherers wahrheitsgemäß zu beantworten. Bei unwahren Antworten kann der Versicherer die Leistung verweigern oder vom Vertrag zurücktreten. Günstig ist, wenn der zu deklarierende Zeitraum von Vorerkrankungen und das Rücktrittsrecht des Versicherers maximal 5 Jahre beträgt.

■ Arztklausel

Die Bedingungen verlangen vom Versicherten eine aktive Teilnahme am Heilverlauf. Inwieweit der Versicherte auch unangenehme Operationen erdulden muss, ist unterschiedlich geregelt. Wichtig ist auch eine freie Arztwahl.

■ Invaliditätsgrad

Ab welchem Invaliditätsgrad leistet der Versicherer?

■ Karenzzeit

Gegen Beitragsnachlass kann eine Karenzzeit von 6, 12 oder 24 Monaten vereinbart werden.

■ Prognosezeitraum

Der Leistungsfall ist gegeben, wenn der Versicherte voraussichtlich dauerhaft, das heißt mindestens drei Jahre, berufsunfähig sein wird. Bei vielen Krankheiten lässt sich dies nicht im Voraus bestimmen. Manche Gesellschaften akzeptieren einen Prognosezeitraum von 6 Monaten.

■ Beitragsstundung

Verzichtet der Versicherer auf die Beitragszahlung, solange die Invalidität noch nicht feststeht?

■ Beitragsbefreiung

Wer aus finanziellen Gründen seine Police kündigt, sollte bedenken, dass der Versicherer einen späteren Ersatzvertrag wegen Krankheiten nicht annimmt. Deshalb empfiehlt sich eine Beitragsfreistellung des Vertrages mit der Möglichkeit einer Wiederbelebung ohne erneute Gesundheitprüfung.

■ Meldefrist

Häufig wird versäumt, eine Invalidität innerhalb der vertraglichen Frist zu melden. Im Allgemeinen akzeptieren die Versicherer eine rückwirkende Meldung nur für drei Monate. Für die davor liegende Zeit der Berufsunfähigkeit entfallen dann die Leistungen. Manche Gesellschaften akzeptieren eine Nachmeldung bis zu zwei Jahren.

☒ Summenerhöhung
Besteht die Möglichkeit, in besonderen Fällen, z. B. bei Heirat, Geburt, Hauskauf oder Karrieresprung, die Versicherungssumme ohne Gesundheitsprüfung zu erhöhen?

☒ Auslandsaufenthalt
Sind Aufenthalte im Ausland unbegrenzt mitversichert?

☒ Verweisklausel
Besonders beachten sollten Sie die so genannte »Verweisklausel«. Danach kann Sie der Versicherer im Invaliditätsfall selbst dann auf eine andere zumutbare Tätigkeit verweisen, wenn Sie für die neue Tätigkeit geringer bezahlt werden. Insbesondere weniger qualifizierte Arbeitnehmer können nach dieser Klausel fast unbegrenzt auf andere Tätigkeiten verwiesen werden.

Ein Vergleichsberuf ist gefunden, wenn die aufgezeigte Erwerbstätigkeit keine deutlich geringeren Kenntnisse und Fähigkeiten erfordert und auch in ihrer Vergütung wie in ihrer Wertschätzung nicht spürbar unter das Niveau des bislang ausgeübten Berufs absinkt. Beispiel aus der Versicherungswirtschaft: Zumutbar ist der Wechsel vom Außen- in den Innendienst – trotz einer Minderung des Einkommens um 30 Prozent.

! UNSER VERSICHERUNGSTIPP

Die Versicherer verzichten für bestimmte Berufsgruppen auf die Verweisklausel, insbesondere für Ärzte, Architekten, Rechtsanwälte, Steuerberater, Flugpersonal, Augenoptiker. Möglich ist auch – ggf. gegen Beitragszuschlag –, eine individuelle Regelung zu vereinbaren.

g. Über den Umgang mit dem Versicherer

Welche Pflichten bestehen im Versicherungsfall?

Werden Leistungen wegen Berufsunfähigkeit beansprucht, ist dies dem Versicherer schriftlich anzuzeigen und ein amtliches Zeugnis über den Tag der Geburt des Versicherten vorzulegen.

Die Berufsunfähigkeit ist unverzüglich wie folgt nachzuweisen:

- ☒ Darstellung der Ursache für den Eintritt der Berufsunfähigkeit.
- ☒ Ausführliche ärztliche Berichte über Ursache, Beginn, Art, Verlauf und voraussichtliche Dauer des Leidens sowie über den Grad der Berufsunfähigkeit.
- ☒ Unterlagen über den Beruf des Versicherten, seine Stellung und Tätigkeit im Zeitpunkt des Eintritts der Berufsunfähigkeit sowie über die eingetretenen Veränderungen.

Die Kosten für den Nachweis der Berufsunfähigkeit hat der Versicherte zu tragen.

Der Versicherer hat das Recht, zusätzliche Auskünfte und Aufklärungen, auch über die wirtschaftlichen Verhältnisse und ihre Veränderungen, sowie ärztliche Nachuntersuchungen durch von ihm beauftragte Ärzte auf seine Kosten zu verlangen. Die behandelnden Ärzte sind zu ermächtigen, dem Versicherer auf Verlangen Auskunft zu erteilen. Das Gleiche gilt für Krankenhäuser, Sanatorien, Heilanstalten, Gesundheitsämter, Versorgungsunternehmen und Sozialversicherungträger oder ähnliche Einrichtungen.

Anordnungen, die der untersuchende oder behandelnde Arzt nach gewissenhaftem Ermessen trifft, um die Heilung zu fördern oder die Berufsunfähigkeit zu mindern, hat der Versicherte zu befolgen, wobei ihm nichts Unbilliges zugemutet werden darf.

Wann zahlt die Versicherung?

Die Berufsunfähigkeit ist durch einen ärztlichen Befund nachzuweisen. Ist der Versicherte sechs Monate ununterbrochen infolge Krankheit, Körperverletzung oder Kräfteverfalls vollständig oder teilweise außerstande gewesen, seinen Beruf oder eine andere Tätigkeit auszuüben, die aufgrund seiner Ausbildung und Erfahrung ausgeübt werden kann und seiner bisherigen Lebensstellung entspricht, so gilt die Fortdauer dieses Zustandes als vollständige oder teilweise Berufsunfähigkeit.

Scheidet der Versicherte vor dem 65. Lebensjahr aus dem Berufsleben aus und werden später Leistungen wegen Berufsunfähigkeit beantragt, so kommt es darauf an, dass der Versicherte außerstande ist, eine Tätigkeit auszuüben, die aufgrund seiner Kenntnisse und Fähigkeiten ausgeübt werden kann und seiner bisherigen Lebensstellung entspricht. In keinem Fall hat der Versicherer über die vereinbarte Leistungsdauer oder über das 65. Lebensjahr hinaus zu leisten.

Da die Berufsunfähigkeit eine Summenversicherung ist, kommt es für die Leistungspflicht des Versicherers nicht darauf an, ob der Versicherte durch die Berufsunfähigkeit einen konkreten Einkommensverlust erleidet. Maßgebend ist vielmehr eine Krankheit, Körperverletzung oder ein Kräfteverfall mit einem entsprechenden Rückgang der beruflichen Fähigkeiten.

Wenn ein Unternehmen einen zu 50% Berufsunfähigen zum bisherigen Gehalt weiterbeschäftigt, besteht trotzdem Anspruch auf eine BU-Rente.

Wer eine Berufsunfähigkeit geltend macht, muss in jedem Fall eine sorgfältige Prüfung über sich ergehen lassen. Neben der medizinischen Frage werden auch die wirtschaftlichen Verhältnisse des Versicherten und ihre Veränderung überprüft, es sei denn, dass die medizinischen Prüfungen keine Zweifel offen lassen. Entspricht die Veränderung der wirtschaftlichen Verhältnisse nicht dem medizinischen Ergebnis, so wird die Gesellschaft die Sachlage erneut überprüfen lassen.

Der Grad der Berufsunfähigkeit ist im Allgemeinen an der Tätigkeit zu messen, die vor oder zur Zeit des versicherten Ereignisses ausgeübt wurde.

Während die Berufs- oder Erwerbsunfähigkeit in der gesetzlichen Rentenversicherung am gesamten vorangegangenen Arbeitsleben gemessen wird, kann die private BU-Versicherung nur die ab Versicherungsbeginn ausgeübten Tätigkeiten berücksichtigen.

Die Berufsunfähigkeit wird vielleicht in Abständen von zwei Jahren erneut überprüft, sofern sich dies nicht im Einzelfall wegen der Art der Invalidität des Versicherten erübrigt.

Im Gegensatz zur Unfallversicherung kennt die BU-Versicherung keine verbindliche Taxe für bestimmte Invaliditätsfälle. Darin liegt gleichzeitig ein erhebliches Problem. Bekommt beispielsweise ein 50-jähriger Mann einen Herzinfarkt und wird kurze Zeit später vorzeitig entlassen oder abgefunden, ist er bei heutigen Bedingungen auf dem Arbeitsmarkt fast nicht mehr unterzubringen. Dies ist aber kein primär krankheitsbedingtes Problem, sondern hängt eher mit der allgemeinen Arbeitsmarktlage zusammen.

Das Arbeitsmarktrisiko ist jedoch nicht Gegenstand der BU-Versicherung. Es ist allenfalls beim Grad der Berufsunfähigkeit zu berücksichtigen. Da die Grenze zwischen allgemeiner Berufsunfähigkeit und Arbeitsmarktlage nicht immer eindeutig ist, sind die Versicherer insofern mit einem Zusatzrisiko konfrontiert, mit dem sie ursprünglich nicht gerechnet haben.

Gibt es Meinungsverschiedenheiten darüber, ob, in welchem Grad oder ab welchem Zeitpunkt eine Berufsunfähigkeit vorliegt, entscheidet ein Ärzteausschuss.

Die Entscheidung, ob eine Berufsunfähigkeit vorliegt, ist von zwei Faktoren abhängig:

- Dem ärztlich nachgewiesenen Leidenszustand, der aufgrund des Verlaufes und seiner voraussichtlichen Dauer eine Funktionseinschränkung bewirkt.
- Dem individuellen Berufsbild mit den entsprechenden Kenntnissen, Fertigkeiten und der daraus resultieren-

den Lebensstellung sowie der Ausbildung und Erfahrung des Versicherten.

Die Verknüpfung dieser beiden Faktoren ist der Ausgangspunkt für die Prüfung, ob sich die Funktionseinschränkung auf die individuelle Berufsausübung bzw. auf die Ausübung einer anderen, der Ausbildung, Erfahrung und Lebensstellung des Versicherten entsprechenden Tätigkeit auswirkt.

Was ist unter den drei Faktoren Ausbildung, Erfahrung und Lebensstellung zu verstehen?

Unter »Ausbildung« ist der Erwerb von charakteristischen Kenntnissen im Laufe der Schulzeit und des nachfolgenden Berufslebens zu verstehen. Ob der Versicherte diese Kenntnis durch ein Studium, einen geordneten außer- oder innerbetrieblichen Ausbildungsgang oder durch ein mehr oder weniger qualifiziertes Anlernen erlangt hat, ist nicht relevant.

Die »Erfahrung« wird danach bestimmt, in welchem Umfang der Versicherte die in der Ausbildung erworbenen charakteristischen Kenntnisse in der Praxis angewandt und vertieft hat.

Unter »Lebensstellung« sind subjektive und gesellschaftlich bedingte Faktoren zu verstehen. Hierzu gehört nicht nur das berufliche Ansehen des Versicherten, sondern auch die Wertschätzung, die seinem Beruf aus allen Gesellschaftsschichten entgegengebracht wird. Darüber hinaus ist unter Lebensstellung der Bereich des Einkommens und des davon abhängigen Lebensstandards angesprochen.

BEISPIEL Ein zur See fahrender Kapitän verliert infolge einer Farbunterscheidungsschwäche sein Kapitänspatent, kann jedoch seinen Seemannsberuf an Land als Lehrkraft oder Sachverständiger weiter ausüben. Soweit dies seiner bisherigen Lebensstellung gerecht wird und er keinen gravierenden Einkommensverlust erleidet, sind die Voraussetzungen einer Berufsunfähigkeit von mindestens 50% nicht gegeben.

In fast allen Fällen ist jemand, der in seinem eigentlichen Beruf nicht mehr arbeiten kann, auch nicht in der Lage, eine Tätigkeit auszuüben, die in Ausbildung, Erfahrung und Lebensstellung der bisherigen Tätigkeit entspricht. Ein Vergleichsberuf ist aber dann gefunden, wenn die aufgezeigte Erwerbstätigkeit keine deutlich geringeren Kenntnisse und Fähigkeiten erfordert und auch in ihrer Vergütung und Wertschätzung nicht spürbar unter das Niveau des bislang ausgeübten Berufes absinkt.

Anzeigepflichten und Gesundheitsprüfung

Der Versicherte muss alle im Antrag gestellten Fragen vollständig und wahrheitsgemäß beantworten.

Hat der Versicherungsnehmer oder Versicherte bei Abschluss, Änderung oder Wiederherstellung der Versicherung Umstände, die für die Übernahme der Gefahr erheblich sind, nicht oder nicht richtig angegeben, so kann der Versicherer binnen 10 Jahren vom Vertrag zurücktreten.

Zwischen der Antragstellung und Antragsannahme müssen Sie außerdem erhebliche Verschlechterungen Ihres Gesundheitszustandes dem Versicherer melden. Von diesen strengen Meldepflichten sind Sie befreit, wenn der Versicherungsvertrag geschlossen ist und Sie Ihre erste Prämie bezahlt haben. Ab diesem Zeitpunkt trägt der Versicherer das volle »Veränderungsrisiko«. Wenn Sie dann Ihren Bürostuhl mit einem Zirkusseil vertauschen, kann der Versicherer Ihnen weder kündigen noch einen Risikozuschlag verlangen.

BEISPIEL Steigt ein Versicherungskaufmann aus seinem Beruf aus und macht seine Tennisleidenschaft zum Hauptberuf, genießt er hierfür automatisch Versicherungsschutz. Für eine nachfolgende Berufsunfähigkeit ist dann auch die neue Tätigkeit als Tennisspieler zu berücksichtigen.

Die Übernahme des Versicherungsschutzes ist von einer Gesundheitsprüfung anhand Ihrer Angaben oder einer ärztlichen Untersuchung abhängig. Im Allgemeinen verlangen die Versicherer eine ärztliche Untersuchung nur bei Personen über 45 Jahren und versicherten Jahresrenten über DM 24000.

Da bei der Berufsunfähigkeit das subjektive Risiko eine dominierende Rolle spielt, ist das Interesse der Versicherer an einer umfassenden Gesundheitsprüfung verständlich. Dies umso mehr, als die meisten Versicherungsfälle in den ersten Versicherungsjahren eintreten.

Verteilung der versicherten Berufsunfähigkeitsfälle:

☒ in den ersten 7 Versicherungsjahren	47%
☒ im 8. bis 14. Versicherungsjahr	32%
☒ im 15. bis 21. Versicherungsjahr	17%
☒ vom 22. Jahr an	4%

---

h. Sonderfragen

Was ist bei einer Kündigung zu beachten?

Die BU-Versicherung sieht Leistungen bis zum Ende der Versicherungsdauer, höchstens bis zu einem Alter von 65 Jahren, vor. Durch die BU-Versicherung wird keine Alters- und Hinterbliebenenversorgung erworben. Diese muss vielmehr auf andere Art gesichert werden, z. B. durch eine Versicherung auf den Todes- und Erlebensfall.

Da in der BU-Versicherung kein Sparkapital gebildet wird, besteht bei einer Kündigung oder Einstellung der Beitragszahlung weder ein Rückkaufswert noch ein Recht auf Umwandlung in eine beitragsfreie Versicherung mit herabgesetzter Rente.

Der Versicherungsschutz im Ausland

Der Versicherungsschutz gilt grundsätzlich auch dann, wenn die Berufsunfähigkeit durch ein Ereignis im Ausland eintritt.

Wenn Sie Ihren Aufenthalt auf Dauer ins Ausland verlegen, müssen Sie Folgendes beachten:

Dem Versicherer müssen Sie einen Zustellbevollmächtigten innerhalb Deutschlands benennen. Wenn Sie dies versäumen, gelten Zustellungen an Ihre zuletzt benannte Anschrift als rechtswirksam.

In jedem Fall sind Beitragszahlungen in DM oder Euro in Deutschland zu leisten. Dasselbe gilt umgekehrt für Rentenzahlungen des Versicherers. Im Allgemeinen verlangen die Versicherer auch, dass eine behauptete Berufsunfähigkeit durch Ärzte im Inland bestätigt wird.

4. Die Krankenversicherung

Im alten China erhielt ein Arzt nur dann ein Honorar von seinem Patienten, wenn es ihm gelang, diesen wieder gesund zu machen. Blieb der Patient krank, ging der Arzt leer aus. Starb der Patient, musste der Arzt befürchten, verprügelt zu werden.

In den USA hat sich in den letzten Jahren ein System verbreitet, das sich an das alte chinesische System anlehnt: Health Maintenance Organisation (HMO). Es basiert auf langfristigen vertraglichen Vereinbarungen, wonach sich eine Krankenhausorganisation (HMO) verpflichtet, den Vertragspartner gegen einen laufenden Beitrag gesund zu erhalten. Kranke Patienten erhöhen die Kosten der HMO, gesunde dagegen deren Gewinn. Dies ist eine gute Motivation für die HMO, die besten Gesundheitsmethoden einzusetzen. Unser Gesundheitswesen ist genau umgekehrt aufgebaut: Kranke erhöhen den Umsatz und damit den Gewinn. An Gesunden ist dagegen nichts zu verdienen. Kein Wunder, dass unser System immer teurer wird.

a. Gesetzliche oder private Krankenversicherung?

Etwa 90% der Bevölkerung sind Mitglied in einer gesetzlichen Krankenversicherung (GKV). Nach dem Prinzip einer Solidargemeinschaft zahlen alle Mitglieder entsprechend ihren Einkünften unterschiedliche Beiträge. Alter, Gesundheitszustand und Größe der Familie spielen beitragsmäßig keine Rolle. Entsprechend sind auch die wesentlichen Versicherungsleistungen für alle gleich. In der GKV finanzieren die Ledigen und kinderlosen Ehepaare die Familien mit Kindern, die Gesunden und Jungen die Kranken und Alten. Ob es sinnvoll ist, die Mehrheit der Bevölkerung eines reichen Landes wie Deutschland über ein Zwangssystem auch gegen geringfügige Krankheitskosten zu versichern, ist fraglich. Insbesondere wenn man bedenkt, dass die meisten gegen die finanziellen Folgen einer krankheitsbedingten Invalidität (Berufsunfähigkeit) nur unzureichend versichert sind.

In der privaten Krankenversicherung (PKV) wird jeder Versicherte nach seinem individuellen Risiko eingestuft. Abhängig ist der Beitrag vom Vertragsumfang, das heißt dem gewählten Tarif, dem Geschlecht, dem Gesundheitszustand und dem Eintrittsalter.

Nicht jeder ist versicherungspflichtig. Dies gilt insbesondere für Beamte, Selbstständige und für leitende Angestellte mit einem Gehalt über der Pflichtversicherungsgrenze. Wer vor der Wahl steht, Mitglied in der GKV zu bleiben oder sich in einer PKV zu versichern, hat folgende Vor- und Nachteile abzuwägen:

Gesetzliche Krankenversicherung	
Vorteile	Nachteile
günstige Prämien für Familien	keine Selbstbeteiligungstarife
keine Wartezeiten	Medikamentenwahl eingeschränkt
keine Risikozuschläge	alternative Medizin eingeschränkt
Haushaltsbeihilfe	Auslandsschutz unzureichend
keine finanzielle Vorleistung	Mehrbettzimmer im nächstgelegenen Krankenhaus
Kriegsrisiko und Vorsatz versichert	Krankentagegeld zeitlich begrenzt
Pflegekosten begrenzt versichert	keine Beitragsrückerstattung
Mutterschaftsgeld	
Im Streitfall zuständig: Verwaltungsgerichte	

Private Krankenversicherung

Vorteile	Nachteile
Prämien entsprechend dem Risiko	Zusatzbeitrag für Familienangehörige
individuelle Vertragsgestaltung	Wartezeiten(außer beim Wechsel von GKV)
Beitragsreduzierung durch Selbstbeteiligung	Zuschläge bei ungünstigen Gesundheitsverhältnissen
Auslandsschutz prämienfrei	Vorleistung bei ambulanter Behandlung
Heilpraktiker mitversichert	kein Ersatz für Haushaltshilfe
freie Zimmerwahl im Krankenhaus	Begleitperson im Krankenhaus
Beitragsrückvergütung bei schadenfreiem Verlauf	nur bei besonderer Vereinbarung versichert
freie Arzt- und Krankenhauswahl	
Im Streitfall zuständig: Zivilgerichte	

Grundsätzlich können beide Versicherungsarten als gleichwertig angesehen werden. Tendenziell ist die Qualität der GKV jedoch rückläufig.

Für Ledige und Doppelverdiener ist die PKV im Allgemeinen preiswerter als die GKV. Da es nicht ohne weiteres möglich und ratsam ist, je nach Familiensituation von der GKV in die PKV und umgekehrt zu wechseln, sollten Sie Ihre Entscheidung nicht nur vom augenblicklichen Familienstand abhängig machen. So schwierig es sein mag, eine Ehe, die Zahl der Kinder oder die Mitarbeit der Ehefrau exakt zu planen, so sehr bildet gerade dieser Blick in die Zukunft eine wichtige Entscheidungsgrundlage zwischen der GKV und PKV.

Beim Beitragsvergleich sollten Sie berücksichtigen, dass die PKV automatisch den Versicherungsschutz für Auslandsreisen und bessere Unterbringung beinhaltet. Zusatzversicherungen sind deshalb nicht mehr erforderlich. Die PKV ist andererseits mit einem höheren Verwaltungsaufwand verbunden, da alle Rechnungen für Medikamente und ambulante Behandlung gesammelt oder kontrolliert werden müssen.

Hinweis: Zum Problem Beitragserhöhungen: Beide Versicherungsarten sind abhängig von der Entwicklung der Arzneimittelpreise, Arztkosten und medizinischen Sachleistungen.

Es kann deshalb davon ausgegangen werden, dass sich auch künftig die Beiträge etwa im Gleichschritt erhöhen werden.

b. Was ist Gegenstand der privaten Krankenversicherung?

Definition

Die private Krankenversicherung erstattet die medizinisch notwendigen Aufwendungen für die Behandlungen von Krankheiten, Unfällen und bestimmten weiteren Ereignissen. Der Versicherungsfall ist die medizinisch notwendige Heilbehandlung einer versicherten Person wegen Krankheit oder Unfallfolgen. Der Versicherungsfall beginnt mit der Heilbehandlung. Er endet, wenn nach medizinischem Befund Behandlungsbedürftigkeit nicht mehr besteht. Muss die Heilbehandlung auf eine Krankheit oder Unfallfolgen ausgedehnt werden, die mit der bisher behandelten nicht ursächlich zusammenhängt, so entsteht insoweit ein neuer Versicherungsfall. Als Versicherungsfall gelten auch

- Untersuchungen und medizinisch notwendige Behandlung wegen Schwangerschaft und die Entbindung,
- ambulante Untersuchungen zur Früherkennung von Krankheiten nach gesetzlich eingeführten Programmen (gezielte Vorsorgeuntersuchungen),
- Tod, soweit hierfür Leistungen vereinbart sind.

Gerichtlich entschiedene Fälle zum Krankheitsbegriff

Krankheiten sind	*keine Krankheiten sind*
Alkoholhalluzinose	Falten im Gesicht
Paralyse	konstitutioneller Minderwuchs
Myom	Bruchanlage
Prostata-Hypertrophie	Röntgenhaut
Nieren- und Gallensteine	Gallensteine, die keine Komplikationen hervorrufen
Bauchhöhlenschwangerschaft	Fortpflanzungsunfähigkeit

nervöse Störungen	Sterilisation
Warzen	Abtreibung
Bazillenausscheidung	normale Beschwerden
	der Wechseljahre

umstrittene Grenzfälle: Fettleibigkeit (Adipositas); Arterienverkalkung

Versicherbare Risiken und Tarife

Die PKV ist nach dem Baukastenprinzip aufgebaut. Der Versicherte kann sich deshalb seinen Schutz selbst zusammenstellen. Für PKV-versicherte Arbeitnehmer ist der Arbeitgeberzuschuss jedoch von einem der GKV vergleichbaren Versicherungsumfang abhängig (Vollversicherung), der die folgenden vier Leistungsgruppen beinhalten muss:

☒ Ambulante Heilbehandlung
Versicherungsleistungen:
- ☒ Arztbehandlungen
- ☒ Wegegebühren
- ☒ Röntgen-, Radium-, Isotopen-Diagnostik und Therapie
- ☒ Heilmittel
- ☒ Arznei- und Verbandmittel
- ☒ Hilfsmittel

Im Gegensatz zur GKV sind in der PKV Entziehungskuren für Alkoholiker und Drogenabhängige grundsätzlich nicht versichert. Wenn ein Versicherter durch Alkohol leberkrank wird, sind die dafür notwendigen Behandlungskosten versichert; in diesem Zusammenhang übernimmt die PKV von Fall zu Fall auch Entziehungskuren.

☒ Stationäre Heilbehandlung
Versicherungsleistungen:
- ☒ Kostenübernahme für medizinisch notwendige Heilbehandlung in Krankenhäusern sowie in TBC-Heilstätten und TBC-Sanatorien.

- Vorsorgeuntersuchungen, wenn diese aus medizinischen Gründen stationär durchgeführt werden müssen.
- Krankenhausaufenthalt wegen Schwangerschaft und Entbindung.
- Hin- und Rücktransport zum und vom nächstgelegenen Krankenhaus.

Zahnbehandlung
Versicherungsleistungen:
Ganze oder teilweise Kostenübernahme für
- Zahnbehandlung und
- Zahnersatz.

Krankengeld bei Arbeitsunfähigkeit
Versicherungsleistungen:
- Krankentagegeld maximal in Höhe des Nettoeinkommens ohne zeitliche Begrenzung nach Beendigung der Lohnfortzahlung durch den Arbeitgeber (im Allgemeinen 43. Tag).

Sondertarife
Besondere Tarife gibt es für Kuren, Auslandsreisen, Beamte, Pflegekosten und bestimmte Berufsgruppen. Für Selbstständige ist der Versicherungsschutz bei einigen Gesellschaften günstiger als für Arbeitnehmer, denn Selbstständige verursachen geringere Kosten, da sie weniger medizinische Leistungen in Anspruch nehmen.

Wofür wird geleistet?
Dem Versicherten steht die Wahl unter den niedergelassenen approbierten Ärzten und Zahnärzten frei. Arznei-, Verbands-, Heil- und Hilfsmittel müssen von diesen verordnet, Arzneimittel außerdem aus der Apotheke bezogen werden. Soweit die Tarifbedingungen nichts anderes bestimmen, dürfen Heilpraktiker im Sinne des deutschen Heilpraktikergesetzes in Anspruch genommen werden.
Bei medizinisch notwendiger stationärer Heilbehandlung hat die versicherte Person freie Wahl unter den öffentli-

chen und privaten Krankenhäusern, die unter ständiger ärztlicher Leitung stehen, über ausreichende diagnostische und therapeutische Möglichkeiten verfügen, nach wissenschaftlich allgemein anerkannten Methoden arbeiten und Krankengeschichten führen.

Den Beweis für die medizinische Notwendigkeit trifft den Versicherten. Er muss im Zweifel die Behauptung des Versicherers bestreiten können, das notwendige Maß sei überschritten. Erkenntnisse, die zum Zeitpunkt der Behandlung umstritten sind, können dem Versicherungsnehmer nicht nachteilig entgegengehalten werden.

Achtung: Besonders aufwendige zahnärztliche Behandlungen müssen Sie im Voraus mit dem Versicherer abstimmen.

Abgrenzung zu anderen Versicherungsarten
Der Krankenversicherer muss auch die Kosten für die Behandlung unheilbarer Krankheiten übernehmen, sofern die Behandlung wenigstens eine vorübergehende Besserung oder Linderung der Beschwerden bezweckt. Darüber hinausgehende Aufwendungen, beispielsweise bei Altersschwäche, sind nur durch eine besondere Pflegefallversicherung versichert.

Besteht auch Anspruch aus der »gesetzlichen Unfallversicherung« oder der »gesetzlichen Rentenversicherung« auf eine gesetzliche Heilfürsorge oder Unfallfürsorge, so ist der Versicherer nur für die Aufwendungen leistungspflichtig, welche trotz der gesetzlichen Leistungen notwendig bleiben.

Die PKV ist eine Personenversicherung nach dem Prinzip der Schadenversicherung. Es gilt somit das Bereicherungsverbot. Außerdem kann die PKV bei einem Schadenstifter oder dessen Haftpflichtversicherung Regress nehmen. Im Übrigen werden Leistungen aus einer Summenversicherung (Lebens- oder Unfallversicherung) grundsätzlich nicht auf die PKV angerechnet.

c. Besonderheiten der einzelnen Tarife

Stationäre Heilbehandlung

Bei den stationären Tarifen haben Sie bei der PKV die Wahl zwischen Ein-, Zwei- oder Mehrbettzimmer.

Sie können den Versicherungsschutz auch auf die Regelleistung gemäß Bundespflegesatzverordnung begrenzen. Damit verzichten Sie auf die privatärztliche Behandlung und begrenzen die Leistungen auf das Niveau der GKV. Ein besonderer Vorteil der PKV ist dann nicht mehr gegeben.

Eine stationäre Behandlung liegt nicht vor, wenn jemand zur Feststellung der strafrechtlichen Zurechnungsfähigkeit in eine Pflegeanstalt eingewiesen wird.

Wenn Sie im Krankheitsfall eine geringere als die vereinbarte Zimmerkategorie in Anspruch nehmen, erhalten Sie als Ausgleich vom Versicherer eine Rückvergütung oder ein pauschales Tagegeld.

Ein stationärer Aufenthalt setzt zumindest einen eintägigen vollen Anschluss an das Versorgungssystem des Krankenhauses voraus. Ein stationärer Aufenthalt für eine Dialyse oder Diagnose ist keine Krankenhausbehandlung im Sinne der PKV und fällt damit unter den ambulanten Tarif.

Ambulante Heilbehandlung

Bei den meisten privaten Versicherern ist auch die Behandlung durch Heilpraktiker und Psychotherapeuten eingeschlossen, jedoch ist die Psychotherapie teilweise begrenzt auf 20 oder 30 Behandlungen oder abhängig von einer vorherigen schriftlichen Zusage des Versicherers. Vorsorgeuntersuchungen zur Krebsfrüherkennung und zur Früherkennung von Krankheiten bei Kindern werden im gleichen Rahmen wie bei den gesetzlichen Kassen erstattet, häufig sogar jede gezielte Vorsorgeuntersuchung ohne Altersbegrenzung.

Bei den Hilfsmitteln werden Sehhilfen (Brillengläser, Kontaktlinsen) voll ersetzt, bei den Brillengestellen gibt es in der Regel Preisgrenzen, ausgesprochene Luxusausführungen werden nicht bezahlt. Orthopädische Schuhe werden ebenfalls, abzüglich eines Eigenanteils, ersetzt.

Krankentagegeldversicherung

Aufgrund der Lohnfortzahlung ist für Arbeitnehmer in den ersten sechs Wochen einer Krankheit das bisherige Nettoeinkommen in voller Höhe gesichert. Nach diesem Zeitraum wird die Lohnfortzahlung durch die Krankenkasse bis zu 18 Monaten übernommen. Spätestens nach Ablauf dieser Zeit ist von einer Eintrittspflicht der Rentenversicherung oder Berufsgenossenschaft auszugehen.

Für den durch die Krankenversicherung gedeckten Zeitraum können sich je nach Familienstand gewisse Einkommenseinbußen ergeben, falls vom Arbeitgeber die Lücke nicht aufgefüllt wird. Auch bei Angestellten, deren Einkommen über der Beitragsbemessungsgrenze liegt oder umsatzabhängig ist, können sich Einkommenseinbußen ergeben. Um diese Lücken auszugleichen, bietet sich der Abschluss einer Krankentagegeldversicherung an. Eine Krankenhaustagegeldversicherung genügt nicht, da deren Leistung einen Krankenhausaufenthalt voraussetzt, der bei längeren Krankheiten nicht immer gegeben ist.

BEISPIEL Sind Einkommenslücken aufgrund eines auf sechs Monate begrenzten Arbeitgeberzuschusses variabel, sollten zwei parallele Krankentagegeldversicherungen (z. B. DM 30 ab 7. Woche und DM 50 ab 26. Woche) abgeschlossen werden.

Von besonderer Bedeutung ist die Krankentagegeldversicherung für Selbstständige. In Höhe des möglichen Gewinnentganges oder der Zusatzkosten für eine Ersatzkraft besteht Versicherungsbedarf. Als Höchstgrenze für eine Tagegeldversicherung gilt das durchschnittliche Nettoeinkommen der letzten zwölf Monate. Eine Bereicherung durch Überversicherung ist nicht möglich. Soweit ein Selbstständiger über keine Berufsgenossenschaft versichert ist, muss das Berufsunfallrisiko in die Krankentagegeldversicherung eingeschlossen werden. Dies ist nicht bei allen Versicherern automatisch der Fall.

! UNSER VERSICHERUNGSTIPP

Zur Senkung der Beiträge empfiehlt es sich, eine Karenzzeit zu vereinbaren. Damit wird der Tatsache Rechnung getragen, dass bei kurzfristiger Krankheit im Allgemeinen keine messbare Einkommenseinbuße auftritt. Eine Karenzzeit kann auch als eine Selbstbeteiligung für Kleinschäden angesehen werden. Tarife mit einer begrenzten Leistungsdauer sind dagegen nicht zu empfehlen.

Manche Gesellschaften sehen in ihren Bedingungen eine jährliche Kündigungsmöglichkeit des Vertrages vor. Die meisten Gesellschaften schließen dagegen ihr Kündigungsrecht aus, wenn der Vertrag länger als drei Jahre bestanden hat.

Krankenhaustagegeldversicherung
Neben einem Krankentagegeld kann separat ein »Krankenhaustagegeld« versichert werden. Dieses dient nicht dem Ausgleich eines Verdienstausfalles, vielmehr sollen damit zusätzliche Kosten bezahlt werden, die durch einen Krankenhausaufenthalt entstehen. Bei Selbstständigen kann dies beispielsweise das Gehalt für eine Ersatzkraft sein. Kommt eine Hausfrau ins Krankenhaus, kann die Familie das Geld für eine Haushaltshilfe verwenden. Da sich nach einem Krankenhausaufenthalt häufig ein Erholungsurlaub anschließt, lässt sich auch dafür das Krankenhaustagegeld einsetzen. Der Versicherte ist nicht verpflichtet nachzuweisen, wie das Geld im Schadenfall verwendet wird. Für die Versicherungsleistung ist es lediglich erforderlich, eine Bescheinigung der Klinik vorzulegen, aus der sich die Dauer der Krankenhauspflege und die genaue Diagnose ergibt.

Wichtig: Da längere Krankheiten weitgehend ambulant behandelt werden, ist eine Krankenhaustagegeldversicherung nicht zum Ausgleich von Einkommensverlusten geeignet. Hierfür ist eine Krankentagegeldversicherung erforderlich.

Krankenzusatzversicherung

Versicherte in der GKV können eine Zusatzversicherung abschließen, um damit in den Genuss einer besseren Unterbringung oder anderer Wahlleistungen zu gelangen. Die Versicherer bieten hierzu folgende Tarife an:

- ☒ Zusatzversicherung als Privatpatient im Zweibettzimmer
- ☒ Zusatzversicherung als Privatpatient im Einbettzimmer

Unabhängig von dem vereinbarten Tarif steht es dem Versicherten frei, beim Aufenthalt im Krankenhaus seine Wahl zu ändern. Entsprechend muss er einen Teil der Kosten zuzahlen oder erhält von der Versicherung eine Erstattung, die er frei verwenden kann.

Den gleichen Effekt kann man letztlich mit einer Krankenhaustagegeldversicherung erreichen, bei der es dem Versicherten vollkommen freisteht, ob er sich etwas besser und teurer behandeln lässt oder nach überstandener Krankheit aus dem Mehrbettzimmer direkt eine Kur oder Reise antritt.

d. Nicht versicherte Fälle

Um den Beitrag in Grenzen zu halten, sind einige Leistungen eingeschränkt.

BEISPIELE Wenn der Versicherte Unfälle vorsätzlich verursacht, besteht kein Anspruch. Das Gleiche gilt für Entziehungsmaßnahmen einschließlich Entziehungskuren bei Sucht oder für die Unterbringung in Pflegefällen und für ausgesprochene Schönheitsoperationen. An Kuren und Sanatoriumsaufenthalten beteiligt sich der Versicherer nur dann, wenn der Tarif es vorsieht.

Arzneimittel und Behandlungsmethoden müssen von der medizinischen Wissenschaft anerkannt sein. Da dies den behandelnden Ärzten bekannt ist, können Sie sich normalerweise auf deren Auskunft verlassen. Die Behandlung bei einem afrikanischen Medizinmann oder philippinischen Wunderheiler ist nicht versichert. Auch eine Wallfahrt nach Lourdes geht auf eigene Rechnung.

Kriegs- und Wehrdienstbeschädigungen können auf Antrag in den Versicherungsschutz einbezogen werden.

Die Krankentagegeldversicherung hat bei Schwangerschaft und Entbindung nicht zu leisten.

Bei neuen Versicherungsverträgen beginnt der Versicherungsschutz teilweise erst nach bestimmten Wartezeiten. Die allgemeine Wartezeit beträgt drei Monate. Sie entfällt

- ☒ bei Unfällen und
- ☒ für den Ehegatten einer mindestens seit drei Monaten versicherten Person, sofern eine gleichartige Versicherung innerhalb zweier Monate nach der Eheschließung beantragt wird.

Die »besonderen Wartezeiten« betragen für Entbindung, Psychotherapie, Zahnbehandlung, Zahnersatz und Kieferorthopädie acht Monate.

! UNSER VERSICHERUNGSTIPP

Wenn Sie sich auf Ihre Kosten ärztlich untersuchen lassen, können Sie erreichen, dass Wartezeiten ganz oder teilweise entfallen.

Waren Sie bis zum Versicherungsbeginn gesetzlich versichert, wird die Mitgliedsdauer der GKV auf die Wartezeiten angerechnet. Voraussetzungen: Der Beginn der Versicherung muss sich unmittelbar an das Ende der Vorversicherung anschließen. Sie können die Versicherung jedoch noch innerhalb zweier Monate nach Ende der Vorversicherung beantragen.

Neugeborene lassen sich ohne Wartezeit versichern, wenn sie innerhalb zweier Monate nach der Geburt angemeldet werden und ein Elternteil mindestens drei Monate schon versichert ist.

e. Hinweise und Strategien für den Versicherungsnehmer

Vertragliche Obliegenheiten

Bei Abschluss des Vertrages sind Sie verpflichtet, alle Fragen im Antrag wahrheitsgemäß zu beantworten. Verheimlichen kann teuer werden, denn in den Unterlagen der Ärzte sind auch weit zurückliegende Behandlungen und Krankheiten notiert. Oft werden diese bei akuten Folgebehandlungen automatisch offen gelegt. Bei Verletzung der vorvertraglichen Anzeigepflicht kann der Versicherer grundsätzlich vom Versicherungsvertrag zurücktreten. Die meisten Versicherer beschränken dieses Recht auf die ersten drei Jahre.

> **! UNSER VERSICHERUNGSTIPP**
> *Zahlen Sie für Ihr erhöhtes Krankheitsrisiko lieber einen Prämienzuschlag, als den Versicherungsschutz zu gefährden. Bei krankheitsfreiem Verlauf können Sie nach drei Jahren beantragen, den Zuschlag aufzuheben.*

Leistungsvergleich und Wahl des Versicherers

Die Zahl der privaten Krankenversicherer ist relativ gering, die Tarif- und Prämienstruktur dagegen sehr unterschiedlich, insbesondere bei den »Nebenleistungen« gibt es erhebliche Unterschiede. Deshalb ist es auf jeden Fall erforderlich, sich vor Vertragsabschluss eingehend mit der Materie zu befassen. Bei der Einholung von schriftlichen Angeboten sind folgende Daten und Fragen relevant:

- Alter und Geschlecht der zu versichernden Person?
- Höhe der gewünschten Selbstbeteiligung?
- Einbett- oder Zweibettzimmer?
- Höhe des Krankentagegeldes ab welcher Woche?
- Wie hoch ist die voraussichtliche Rückvergütung bei schadenfreiem Verlauf?
- Seit wann ist der Tarif gültig?
- Wann ist mit einer Erhöhung zu rechnen?

Hinweis: Die Versicherer erhöhen ihre Tarife zu unterschiedlichen Terminen, dadurch können sich vorübergehend scheinbare Prämienvorteile ergeben.

Der Beitragsvergleich ist in der Krankenversicherung mit ähnlichen Schwierigkeiten verbunden wie in der Lebensversicherung. Das Problem liegt in beiden Fällen in der langen Bindung an die einmal getroffene Entscheidung und in der Fragwürdigkeit, Gegenwartsvergleiche auf künftige Entwicklungen zu übertragen. Da es im Allgemeinen nicht ratsam ist, den Versicherer nachträglich zu wechseln, kommt dem Beitrag beim Abschluss des Vertrags nur eine begrenzte Bedeutung zu.

Der künftige Beitragsverlauf wird nicht nur von der allgemeinen Kostenentwicklung beeinflusst, sondern auch von Veränderungen im Versichertenbestand, den Verwaltungskosten des Versicherers und den Erträgen aus Kapitalanlagen. Diese können sich von Gesellschaft zu Gesellschaft unterschiedlich entwickeln.

Das Schwergewicht beim Vergleich verschiedener Angebote sollte deshalb auf einen angemessenen Leistungskatalog gelegt werden. Mit einer nüchternen Bedarfsschätzung und einer Selbstbeteiligung ist oft eine größere Ersparnis zu erreichen als mit einem Abschluss bei der »billigsten« Versicherung.

Fragenkatalog zu den Leistungsunterschieden der privaten Krankenversicherer

- Für welche Leistungen bestehen besondere Wartezeiten?
- Wird bei Erhöhung des Versicherungsschutzes oder bei Tarifwechsel innerhalb der gleichen Versicherungsart auf Wartezeiten verzichtet?
- Ist alternative Heilbehandlung mitversichert (anthroposophische oder Behandlung durch Heilpraktiker, Homöopathie, Phytotherapie, Akupunktur)?
- Wie lange besteht bei einem außereuropäischen Aufenthalt Versicherungsschutz?

- ☒ Besteht bei ambulanter Kurbehandlung ohne Zusatzversicherung derselbe Leistungsanspruch wie am Wohnort?
- ☒ Sind Rehakliniken mitversichert?
- ☒ Erstreckt sich der tarifliche Anspruch für Brillen auf die Gläser und das Gestell?
- ☒ Wird für Kontaktlinsen ebenso wie für Brillengläser geleistet?
- ☒ Besteht für Psychotherapie durch einen Arzt voller Tarifanspruch ohne Begrenzung auf eine bestimmte Anzahl von Sitzungen oder Höchstbeiträge?
- ☒ Ist exkorporale Befruchtung mit versichert?
- ☒ Werden Hilfsmittel voll bezahlt, auch wenn nicht die einfache Ausführung gewählt wird?
- ☒ Werden Nähr- und diätische Lebensmittel übernommen, sofern sie medizinisch notwendig sind?
- ☒ Besteht bei Zahnbehandlung und -ersatz innerhalb der ersten drei Versicherungsjahre voller Tarifanspruch ohne Summenbegrenzung?
- ☒ Werden Transportkosten auch dann erstattet, wenn die Entfernung zum nächstgelegenen geeigneten Krankenhaus mehr als 100 km beträgt?
- ☒ Sind medizinisch notwendige Rücktransportkosten aus dem Ausland mitversichert?
- ☒ Wird das Krankentagegeld für die Dauer einer medizinisch notwendigen stationären Heilbehandlung weltweit gezahlt?
- ☒ Hat der Versicherer beim Krankentagegeld ein Kündigungsrecht?
- ☒ Ist das Berufsunfallrisiko in der Verdienstausfallversicherung mitversichert?
- ☒ Wird in der Verdienstausfallversicherung auch für Krankheiten und Unfälle geleistet, die auf eine durch Alkoholgenuss bedingte Bewusstseinsstörung zurückzuführen sind?
- ☒ Ist die Verdienstausfallversicherung ohne neue Risikoprüfung und Wartezeit dynamisiert?
- ☒ Gilt die Verdienstausfallversicherung ohne Begrenzung der Leistungsdauer bis zum Eintritt des Rentenfalles ohne vorherige Aussteuerung?

- ☒ Stellt die Verdienstausfallversicherung sicher, dass bei Rückfallerkrankungen innerhalb von 6 Monaten der private Versicherungsschutz nahtlos anschließt?
- ☒ Leistet die Verdienstausfallversicherung bei Schwangerschaftskomplikationen außerhalb der Mutterschutzzeit?
- ☒ Wie hoch ist die Rückvergütung bei schadenfreiem Verlauf?
- ☒ Geht im Schadenfall die Rückvergütung insgesamt oder nur für den beanspruchten Tarif verloren?
- ☒ Besteht bei vorübergehender Arbeitslosigkeit die Möglichkeit, die Versicherung beitragsfrei ruhen zu lassen?
- ☒ Verzichtet die Gesellschaft beim Wechsel des Tarifes auf neue Risikozuschläge?

f. Hinweise und Tipps zur Vertragsgestaltung

Wer ist versichert?

Die PKV bezieht sich grundsätzlich nur auf die im Antrag benannte Person. Für jede Erweiterung auf weitere Versicherte ist ein gesonderter Antrag zu stellen.

Bei Neugeborenen beginnt der Versicherungsschutz ohne Wartezeiten unmittelbar nach der Geburt, wenn am Tage der Geburt ein Elternteil mindestens seit drei Monaten versichert ist und die Anmeldung zur Versicherung spätestens zwei Monate nach dem Tage der Geburt rückwirkend zum Ersten des Geburtsmonats erfolgt. Der Versicherungsschutz darf nicht höher oder umfassender als der eines versicherten Elternteils sein.

Gestaltung der Selbstbeteiligung

Im Gegensatz zur GKV waren in der PKV Selbstbeteiligungen, insbesondere für den ambulanten Bereich, schon immer möglich und üblich. Die Selbstbeteiligungssysteme der PKV sind allerdings aufgrund vieler Differenzierungen unübersichtlich und ohne inneren Zusammenhang. So fehlen beispielsweise familienbezogene Selbstbeteiligungen und Selbstbeteiligungen für den stationären Bereich.

Hinweis: In keinem Versicherungszweig ist der Vorteil von Selbstbeteiligungen so deutlich wie in der PKV.
Je nach Tarif deckt der Prämienrabatt bereits nach einem Versicherungsjahr Schäden innerhalb des Selbstbehaltes ab. Die Versicherer belohnen damit die Entlastung von Kleinschäden.

! UNSER VERSICHERUNGSTIPP

Als Arbeitnehmer sollten Sie auf folgende Besonderheit achten: Wenn Ihr Beitrag zu einer PKV, aufgrund Ihres Alters oder Ihrer familiären Situation, unter den AOK-Beitrag Ihres Wohnortes fällt, wirkt sich eine hohe Selbstbeteiligung zu Ihrem Nachteil aus. Da der Arbeitgeber max. 50% des tatsächlichen Beitrages übernimmt, er sich andererseits an der Selbstbeteiligung im Schadensfall nicht beteiligen muss, profitiert er einseitig zu Ihren Lasten von der Beitragsermäßigung. Dazu kommt, dass Sie bis zur Höhe der »zumutbaren Eigenbelastung« selbst bezahlte Arzt- und Arzneirechnungen steuerlich nicht als Sonderausgaben geltend machen können. Entgegen aller sonstiger Logik sollten Sie deshalb auf Selbstbeteiligungen in diesem Falle verzichten und den Arbeitgeberanteil soweit wie möglich ausschöpfen.

Unter diesem Blickwinkel sind für Sie Tarife mit hohen Rückvergütungen von besonderem Interesse. Bei einigen Versicherern erhalten Sie bis 4 Monatsbeiträge zurück, wenn Sie keine Leistungen in Anspruch nehmen. Um diese Rückvergütung zu retten, ist es auch bei einem Tarif ohne Selbstbeteiligung sinnvoll, Kleinschäden selbst zu tragen. Über die Rückvergütung beteiligen Sie Ihren Arbeitgeber indirekt an dem höheren Beitrag für einen Tarif ohne Selbstbeteiligung.
Im Gegensatz zu Arbeitnehmern bleibt es für Selbstständige bei der Empfehlung, angemessene Selbstbeteiligungen zu vereinbaren. Analog zu dem Versicherungsmodell

(vgl. Seite 20) sind dafür primär fixe und nur ausnahmsweise prozentuale Selbstbeteiligungen zu empfehlen.

> **! UNSER VERSICHERUNGSTIPP**
>
> *Neuerdings werden so genannte Großschadentarife mit jährlichen Selbstbeteiligungen von DM 5000 und mehr angeboten. Die Beiträge lassen sich damit – im Vergleich zu den üblichen Tarifen – auf weniger als die Hälfte senken. Insbesondere für Selbstständige sind diese Tarife auf lange Sicht fast immer zu empfehlen.*

Wann endet der Versicherungsvertrag?

Die Versicherer haben in der Krankheitskosten-Vollversicherung auf das vertragsübliche Kündigungsrecht verzichtet. Das Kündigungsrecht des Versicherungsnehmers wird hierdurch nicht eingeschränkt. Wie in den meisten anderen Versicherungszweigen können Sie den Vertrag spätestens drei Monate vor Ablauf des Versicherungsjahres, frühestens jedoch zum Ende der vereinbarten Vertragsdauer, kündigen.

Vor Ablauf des Versicherungsjahres können Sie kündigen, wenn Sie Pflichtmitglied der gesetzlichen Krankenversicherung werden. Bei der Kündigung Ihrer PKV verlieren Sie alle erworbenen Rechte. Insbesondere verfällt ersatzlos Ihre Altersrückstellung. Diese Rechtslage ist im höchsten Maße wettbewerbs- und verbraucherfeindlich. Die Kündigungsregelung, verbunden mit dem Verlust der Altersrückstellung, muss deshalb als größter Nachteil der PKV bezeichnet werden.

Haben Sie die Absicht zu kündigen, um zu einem anderen Krankenversicherer überzuwechseln, sollten Sie folgende Punkte beachten:

- Beim neuen Versicherer gibt es vielleicht neue Wartezeiten.
- Da Sie inzwischen älter geworden sind, müssen Sie mit einem höheren Beitrag rechnen.

▣ Sind oder waren Sie krank, kann es sein, dass der neue Versicherer Ihre Krankheit nur dann in den Versicherungsschutz einschließt, wenn Sie einen Beitragszuschlag zahlen. Bei besonders ernsten Krankheiten kann er den Antrag auch ablehnen.

❗ UNSER VERSICHERUNGSTIPP

Kündigen Sie nie, bevor Sie nicht die Zusage für die neue Versicherung haben.

Der Vertrag endet mit dem Tod des Versicherungsnehmers. Die mitversicherten Personen haben jedoch das Recht, den Vertrag fortzusetzen. Der Versicherungsschutz endet mit Vertragsablauf, auch wenn die vorher begonnene Heilbehandlung weiterläuft.

g. Über den Umgang mit dem Versicherer

Wann zahlt die Versicherung?

Normalerweise bezahlen Sie die Arzt-, Krankenhaus- und Apothekenrechnungen und reichen sie dann Ihrem Versicherer ein. Sie können ihm aber auch unbezahlte Rechnungen vorlegen. Bei Aufenthalt im Krankenhaus stellt der Versicherer auf Wunsch eine Kostenübernahme-Erklärung aus und rechnet dann direkt mit dem Krankenhaus ab. Achten Sie darauf, dass jede Arztrechnung die Bezeichnung der Krankheit, die Behandlungstage und die Ziffern der ärztlichen Gebührenordnung enthält, nach denen der Arzt sein Honorar berechnet hat. Rezepte sollten Sie möglichst zusammen mit den Original-Arztrechnungen einreichen.

In der Krankenhaustagegeldversicherung genügt eine ärztliche Bescheinigung über die Dauer des Krankenhausaufenthalts mit Angabe des Patienten und der Bezeichnung der Krankheit.

In der Krankentagegeldversicherung muss die Dauer der Arbeitsunfähigkeit auf einem Formblatt des Versicherers vom behandelnden Arzt bescheinigt werden. Empfänger all dieser Unterlagen kann die Hauptverwaltung oder eine Niederlassung des Versicherers sein.

Beitragsrückerstattung

Von den meisten Krankenversicherern werden bei schadenfreiem Verlauf bis zu vier Monatsbeiträge zurückerstattet. Besonders günstig sind Systeme, bei denen die Rückvergütung für jeden Tarif und Versicherten gesondert berechnet wird.

Nur wenige Krankenversicherer lehnen die Beitragsrückerstattung an leistungsfreie Versicherte ab. Denn jede nicht erhobene Beitragsmark ist besser als eine Beitragsrückvergütung. Vom Grundsatz her ist dieser Meinung zuzustimmen.

Tarife mit Beitragsrückvergütungen sind insbesondere für Arbeitnehmer zur Ausschöpfung des Arbeitgeberanteils interessant.

Ein paar wenige Versicherer zahlen auch trotz Schäden Rückvergütungen; andere verzichten anstelle von Rückvergütungen auf Beitragserhöhungen.

Wer seinen Beitrag in vollem Umfang selbst finanzieren muss, macht mit der Rückvergütung im Allgemeinen kein Geschäft und sollte lieber auf niedrige Basisprämien achten.

h. Sonderfragen

Ist es für GKV-Versicherte sinnvoll, zusätzliche Versicherungen abzuschließen?

Mit einer GKV sind alle anfallenden Krankheitskosten umfassend abgedeckt. Ob der Heilverlauf durch einen erhöhten Geldaufwand verbessert werden kann, ist umstritten.

Zur Sicherung des Einkommens oder Vermögens besteht jedenfalls für Mitglieder einer GKV kein zusätzlicher Versicherungsbedarf. Zusatzversicherungen sind deshalb ein Luxus.

In allen Lebensbereichen, ob beim Reisen oder Essen, Wohnen oder bei der Garderobe, ist die 1. Klasse der

2. oder 3. Klasse vorzuziehen. Die begrenzten Mittel nötigen aber die meisten Haushalte zur Sparsamkeit. Dieses lässt sich auch auf den Krankenhausaufenthalt übertragen, den sich jeder möglichst kurz wünscht. Die Schlussfolgerung könnte deshalb lauten: Wer sich erhöhte Zusatzkosten erlauben kann, sollte diese über sein (Risiko-)Sparbuch finanzieren. Wer sich den Zusatzaufwand nicht erlauben kann, sollte sich mit den Leistungen der GKV begnügen. Auf keinen Fall empfiehlt es sich, den zusätzlichen Krankenversicherungsschutz durch Verzicht auf wichtigere Versicherungen zu erkaufen.

Immer mehr Geld wird dafür ausgegeben, Schäden an Gesundheit und Umwelt zu reparieren. Viele Leiden sind auf ungesunde Lebensweise und Umwelteinflüsse zurückzuführen. Dagegen hilft kein »schöner Aufenthalt« in einem Krankenhaus. Es mag deshalb sinnvoller sein, Geld für gesundes Wohnen, Freizeit und gesunde Ernährung auszugeben, anstatt für eine Versicherung zur Verbesserung des Krankenhausaufenthaltes. Ein Selbstständiger, der vom Krankenbett aus vertrauliche Gespräche führen muss, oder Personen ohne finanzielle Probleme werden sich unabhängig von diesen Überlegungen für ein Einzelzimmer entscheiden. Ob dafür unbedingt eine Versicherung erforderlich ist, bleibt jedoch eine Ermessensfrage.

Wie hoch muss das Krankentagegeld liegen?

Das Tagegeld eines Arbeitnehmers oder Selbstständigen ist nach dem Einkommensausfall im Krankheitsfall zu bemessen. Es ist jedoch nicht möglich, diesen Ausfall exakt zu berechnen, da bei einem Einkommensausfall die Steuerprogression gekappt wird, andererseits das Krankentagegeld nicht steuerpflichtig ist.

Als Faustregel werden deshalb in der Praxis 70–80% des Bruttoeinkommens als Tagegeld versichert. Dabei ist berücksichtigt, dass in der PKV – im Gegensatz zur GKV – auch im Krankheitsfall die Beiträge weiterzuzahlen sind. Außerdem kann es auch sinnvoll sein, Beiträge zur Rentenversicherung freiwillig weiterzuzahlen. An diesen Aufwendungen beteiligt sich der Arbeitgeber im Allgemeinen nicht. Dies sollten Sie bei der Höhe des Tagegeldes berücksichtigen.

Für GKV-Versicherte gilt: Arbeitnehmer erhalten normalerweise im Krankheitsfall 6 Wochen ihr Entgelt weiter bezahlt, anschließend bezahlt die GKV bis zu 18 Monaten max. 90 % des Nettogehaltes weiter, sodass nur bei länger dauernden Krankheiten ein begrenzter Einkommensausfall eintritt. Anders kann dies bei freiwillig Versicherten sein, wenn der Tagessatz der Ersatzkasse unter dem bisherigen Nettogehalt liegt. In diesem Fall sollten Sie ab der 7. Woche eine ergänzende Krankentagegeldversicherung abschließen.

Hinweis: Manche Arbeitgeber übernehmen nach Ablauf der Lohnfortzahlung einen Zuschuss, der das bisherige Nettogehalt bis zu 6 Monaten garantiert. Eine zusätzliche Krankentagegeldversicherung ist dann erst ab dem 183. Tag erforderlich.

Der Versicherungsschutz im Ausland

Nach den Musterbedingungen des Verbandes erstreckt sich der Versicherungsschutz auf Heilbehandlungen in Europa. Die meisten Bedingungen sehen jedoch weltweiten Versicherungsschutz vor.

In jedem Fall sind außereuropäische Aufenthalte im Rahmen der Standardtarife nur versichert, soweit sie vorübergehend sind. Sonderregelungen bestehen auch in der Krankentagegeldversicherung.

> **! UNSER VERSICHERUNGSTIPP**
> *Wenn Sie in Florida Ihren Winterwohnsitz begründen, sollten Sie klären, ob Versicherungsschutz auch bei einem längerfristigen Aufenthalt besteht.*

Was ist wenn…?

…Sie mit Ihrem Einkommen unter die Pflichtversicherungsgrenze fallen?

Sie sind grundsätzlich wieder in der GKV versicherungspflichtig und können Ihre PKV zum Monatsende kündigen. Sie können sich auch von der Pflichtversicherung befreien lassen und weiterhin in der PKV bleiben, wenn Sie bei Ihrer örtlichen AOK einen entsprechenden Antrag stellen. Ab einem Alter von 55 Jahren ist der Rückweg in die GKV allerdings versperrt.

…Sie arbeitslos werden?

Sie sind automatisch wieder versicherungspflichtig. Sie können Ihre PKV – soweit eine Ruhensvereinbarung besteht – bis zu zwei Jahre beitragsfrei ruhen lassen und dann, wenn Ihr Verdienst wieder über der Pflichtgrenze liegt, zu alten Konditionen weiterführen. Besteht keine Ruhensvereinbarung, kann der Vertrag gegen Beitrag als Anwartschaftsversicherung fortgeführt werden.

…Sie berufs- oder erwerbsunfähig werden?

Wenn dadurch Ihr Einkommen unter die Pflichtgrenze fällt, sind Sie wieder versicherungspflichtig und können Ihre PKV ruhen lassen.

…Sie heiraten?

Die bisherigen Versicherungen (GKV oder PKV) der Ehepartner können unverändert weiterlaufen. Sie können jedoch auch den nicht versicherungspflichtigen Ehegatten in Ihre PKV einschließen; dies ist innerhalb von 2 Monaten nach Eheschließung ohne Wartezeit möglich.

…Ihr Ehegatte nicht mehr arbeitet?

Er kann sich in seiner bisherigen GKV-Kasse weiter versichern. Bei der Beitragsberechnung werden die Einkünfte des gesamten Haushaltes berücksichtigt. Oft lohnt sich deshalb in diesen Fällen ein Wechsel in die PKV. Da es keine Versicherungspflicht für Hausfrauen oder -männer gibt, sind insoweit keine Formalitäten zu beachten.

... Sie Kinder bekommen?

Neugeborene können in der PKV nach der Geburt mitversichert werden, wenn ein Elternteil mindestens drei Monate versichert ist und das Kind innerhalb von zwei Monaten dem Versicherer gemeldet wird.

Ist ein Ehepartner Mitglied in einer GKV, kann er Kinder dort nur dann beitragsfrei mitversichern, wenn er höhere Einkünfte hat als der PKV-Versicherte.

... Sie pensioniert werden?

Im Gegensatz zur GKV werden in der PKV für das Altersrisiko Rückstellungen gebildet, die jeder Versicherte ab Beginn seiner Beitragszahlung vorausfinanziert. Gleich bleibende Verhältnisse vorausgesetzt, würde sich deshalb im Prinzip nach der Pensionierung der Beitrag grundsätzlich nicht erhöhen. Da eine Tagegeldversicherung nach der Pensionierung entfällt, könnte sich sogar der Beitrag reduzieren.

Nicht vorhersehbar sind allerdings allgemeine Preissteigerungen im medizinischen Bereich, die steigende Lebenserwartung und ein erhöhter »Medizinkonsum« im Alter. Es ist deshalb mit weiter steigenden und nicht vorhersehbaren Kosten zu rechnen, die auf die Beiträge umgelegt werden müssen. Diese Entwicklung wird aber sowohl die GKV als auch die PKV treffen. Die PKV hat damit begonnen, die Altersrückstellungen zulasten der Beitragsrückvergütungen weiter zu erhöhen. Je höher Ihre zu erwartende Rente (inkl. Betriebsrente) liegt und je früher Sie sich privat versichern, desto günstiger ist im Rentenalter die PKV im Vergleich zur GKV.

5. Die Pflegefallversicherung

Rückläufige Geburtenzahlen und steigende Lebenserwartung rücken den alten Menschen immer mehr in den Mittelpunkt der Sozialpolitik. Mit sinkender Bereitschaft oder Möglichkeit der Altenpflege durch Familienmitglieder hat sich das Pflegerisiko zu einem persönlichen und gesellschaftlichen Problem entwickelt. Nach jahrelangen Diskussionen wurde deshalb ab 1995 eine Pflegeversicherung als Pflichtversicherung eingeführt.

Während früher alte Menschen oft mit gebeugtem Rücken im Haushalt und in der Landwirtschaft bis zum Tode mitarbeiteten, ist der Stadtmensch durch seine isolierte Lebensweise zu einem Konsument medizinischer Leistungen und fremder Pflege geworden, die gleichzeitig soziale Kontakte ersetzen sollen. Die Hilfe durch die Familie und Nachbarn hat durch die Pflegeversicherung weiter an Bedeutung verloren.

Träger der Pflegeversicherung sind für die gesetzlich Krankenversicherten die Pflegekassen und für die privat Versicherten die jeweilige private Krankenversicherung. Es gilt das Prinzip: Pflegeversicherung folgt der Krankenversicherung.

Da die Leistungen der Pflege-Pflichtversicherung nur eine Grundabsicherung gewähren, bieten die privaten Lebens- und Krankenversicherer Pflegezusatz-Versicherungen an. Die Ausführungen dieses Kapitels beschränken sich auf diese privaten Zusatzversicherungen.

a. Was ist ein versicherter Pflegefall?

Nach den Versicherungsbedingungen gilt als pflegebedürftig, wer infolge Krankheit, Körperverletzung oder Kräfteverfalls so hilflos ist, dass er für die gewöhnlichen und regelmäßig wiederkehrenden Verrichtungen täglich der Hilfe einer anderen Person bedarf.

Der Grad der Pflegebedürftigkeit bestimmt sich durch die Unfähigkeit, gewisse lebensnotwendige Verrichtungen ausführen zu können: Aufstehen und Zu-Bett-Gehen, An- und Auskleiden, Waschen, Kämmen und Rasieren, Einnehmen von Mahlzeiten und Getränken sowie der Toilettengang. Der Versicherungsfall ist an einen ärztlichen Befund gekoppelt. Die Leistungspflicht tritt nach einer Wartezeit von 3 Jahren nach Abschluss der Versicherung ein.

b. Welche Leistungen sind versichert?

Die Pflegefallversicherung wird in zwei Varianten angeboten:

- als Versicherung mit konkretem Schadennachweis:
  Pflege*kosten*versicherung
- als Summenversicherung:
  mit fixierten Monatsrenten: Pflege*renten*versicherung
  mit fixierten Tagessätzen: Pflege*tagegeld*versicher.

Dabei sind folgende Leistungsunterschiede zu beachten.

Die Pflegekostenversicherung übernimmt:

- Medizinisch notwendige häusliche Pflege bis zu DM 150 pro Kalendertag. Je nach Versicherer sind Pflegeleistungen durch Ehegatten, Eltern, Kinder, Verschwägerte und im Haushalt lebende Personen nicht oder nur mit einem geringen Tagessatz versichert.
  Dieser Ausschluss sollte nicht überbewertet werden. Da kein Zwang zu familiärer Pflege besteht, dürfte der Versicherer im Einzelfall der für ihn günstigsten Lösung zustimmen.
- Medizinisch notwendige teilstationäre Pflege in einer Tagespflegestätte. Erstattungsfähig sind 80% des Pflegesatzes einschließlich Fahrtkosten, höchstens DM 100 pro Kalendertag.

Die Pflegekostenversicherung bevorzugt die ambulante Pflege vor der stationären. Der Pflege in den eigenen vier Wänden soll der Vorrang vor externen Pflegeheimen gegeben werden. Inwieweit dies in der Praxis immer durchführbar ist, mag jedoch strittig sein.

- Spezifische Hilfsmittel zur medizinisch notwendigen häuslichen oder teilstationären Pflege bis zu DM 5000 innerhalb von zwei Kalenderjahren.
- Medizinisch notwendige stationäre Pflege
  - bei Aufenthalt in einer Altenheim-Pflegeabteilung 100% des Pflegezuschlages, max. DM 50 je Kalendertag und

- ◼ bei Aufenthalt in einem Pflege- oder Altenpflegeheim bzw. Pflegeabteilung einer Krankenanstalt zwischen 65 und 75% des Pflegesatzes, maximal DM 50 je Kalendertag.
- ◼ Fahrtkosten zu und von einem Pflegeheim mit einem Spezial-Krankenfahrzeug zu 100%.

Die Pflegerentenversicherung übernimmt:
- ◼ Eine Pflegerente, deren Höhe vom Grad der Pflegebedürftigkeit abhängt (je nach Pflegestufe: 40, 70 oder 100 Prozent der versicherten Rente).
- ◼ Eine Leibrente, unabhängig von einer Pflegebedürftigkeit, ab einem mit dem Versicherer zu vereinbarenden Alter zwischen 80 und 85 Lebensjahren.
- ◼ Ein Sterbegeld in Höhe von mindestens zwei oder höchstens drei Jahresrentenbeträgen der höchsten Pflegestufe, abzüglich bereits gezahlter Pflegerenten.

Die Pflegetagegeldversicherung übernimmt:
- ◼ Je nach Vereinbarung ein Tagegeld bis maximal DM 200 pro Tag.

Bei teilweiser Pflegebedürftigkeit leistet der Versicherer nach einem Punktesystem, abhängig von der Pflegestufe, zwischen 20 und 100 Prozent des vereinbarten Tageldes. In dem relativ komplizierten Punktesystem ist außerdem differenziert nach
- ◼ stationärer Pflege
- ◼ ambulanter Pflege durch Laien
- ◼ ambulanter Pflege durch Fachpersonal

c. Nicht versicherte Fälle
Keine Leistungspflicht besteht in der Pflegekrankenversicherung:
- ◼ Für Versicherungsfälle, die durch Kriegsereignisse verursacht werden oder deren Ursachen als Wehrdienstbeschädigung anerkannt sind.
- ◼ Für Versicherungsfälle, die auf Vorsatz oder Sucht beruhen.

- Für Aufwendungen aus der Pflege durch Personen oder Einrichtungen, deren Rechnungen der Versicherer von der Erstattung ausgeschlossen hat.
- Für Aufwendungen aus der Pflege durch Ehegatten, Verwandte, Verschwägerte oder im Haushalt des Versicherten lebende Personen.
- Während stationärer Heilbehandlung im Krankenhaus, Rehabilitationsmaßnahmen, Kur- und Sanatoriumsbehandlung und während der Unterbringung aufgrund richterlicher Anordnung.
- In den ersten drei Jahren nach Vertragsabschluss.

Übersteigt eine Pflegemaßnahme das notwendige Maß oder ist die geforderte Vergütung nicht angemessen, so kann der Versicherer seine Leistungen auf einen angemessenen Betrag herabsetzen.

Besteht auch Anspruch auf Leistungen eines Sozialversicherungsträgers, auf eine gesetzliche Heilfürsorge oder Unfallfürsorge, so ist der Versicherer nur für die Aufwendungen leistungspflichtig, die trotz der gesetzlichen Leistungen notwendig bleiben.

Keine Leistungspflicht besteht in der Pflegerentenversicherung, wenn der Pflegefall durch folgende Umstände verursacht ist:

- Unmittelbar oder mittelbar durch Kriegsereignisse oder innere Unruhen, sofern der Versicherte aufseiten der Unruhestifter teilgenommen hat.
- Durch vorsätzliche Ausführung oder den strafbaren Versuch eines Verbrechens oder Vergehens.
- Durch absichtliche Herbeiführung von Krankheiten oder Kräfteverfall, absichtliche Selbstverletzung oder versuchte Selbsttötung. Es sei denn, dass diese Handlungen in einem die freie Willensbestimmung ausschließenden Zustand krankhafter Störung der Geistestätigkeit begangen worden sind.
- Durch Beteiligung an Fahrtveranstaltungen mit Kraftfahrzeugen, bei denen es auf die Erzielung einer Höchstgeschwindigkeit ankommt, sowie den dazugehörigen Übungsfahrten.

☒ Durch energiereiche Strahlen mit einer Härte von mindestens 100 Elektronenvolt, durch Neutronen jeder Energie, durch Laser- oder Maser-Strahlen und durch künstlich erzeugte ultraviolette Strahlen. Ausnahme: Bestrahlung für Heilzwecke durch einen Arzt.

☒ Durch das Flugrisiko als Pilot, Fallschirmspringer.

Die Leistungsbeschränkungen in der Pflegetagegeldversicherung entsprechen den ersten beiden und den letzten beiden Punkten in der Pflegekostenversicherung.

d. Hinweise und Strategien für den Versicherungsnehmer

Abschätzung des Versicherungsbedarfs

Die Kosten für schwerwiegende Pflegefälle mit einer Versorgung »rund um die Uhr« liegen pro Tag bei etwa DM 200 oder DM 6000 pro Monat. Die gesetzliche Pflegeversicherung übernimmt bei häuslicher Pflege durch eine Fachkraft in der Pflegestufe III maximal DM 2800. Bei stationärer Pflege in besonderen Fällen bis DM 3300. Rechnet man dagegen die Alterseinkünfte, dürfte für die meisten ein Betrag zwischen DM 1000 bis DM 2000 pro Monat ungedeckt sein. Damit wäre in 10 Jahren der halbe Wert eines Einfamilienhauses aufgezehrt.

Obwohl der Pflegefall primär ein Altersrisiko darstellt, darf nicht übersehen werden, dass es auch immer mehr junge Menschen gibt, die einer ständigen Pflege bedürfen. Es ist deshalb nicht unlogisch, bereits in jungen Jahren eine Pflegefallversicherung abzuschließen.

In der Pflegekosten- und Pflegetagegeldversicherung sind die Höchstleistungen – je nach Gesellschaft – auf DM 150 pro Tag oder DM 4500 pro Monat begrenzt. Damit kann das Risiko zusammen mit der Pflegepflichtversicherung weitgehend als abgedeckt angesehen werden.

In der Pflegerentenversicherung können die Versicherungssummen individuell festgelegt werden.

In der Pflegerentenversicherung entfällt die Beitragszahlung im Versicherungsfall, während in der Pflegetagegeld- und Pflegekostenversicherung die Beiträge auch bei Pflegebedürftigkeit weiterzuzahlen sind. Dieser Unterschied ist bei der Versicherungssumme zu berücksichtigen.

Die Pflegerentenversicherung beinhaltet eine Leibrente ab dem Alter von 80 Jahren und ein Sterbegeld. Sie bietet deshalb umfassendere Leistungen als eine Pflegekostenversicherung. Wer jedoch als Ausgleich für die hohen Beiträge eine niedrige Versicherungssumme abschließt, verhindert damit eine überzeugende Lösung für das Pflegefallrisiko.

Überlegungen zur Auswahl der Versicherung

Die Beiträge der Pflegekostenversicherung (Pflege-Ergänzungstarife) orientieren sich an den restlichen Kosten, die nach Vorleistung der gesetzlichen Pflegeversicherung offen bleiben. Die Bedingungen weichen stark voneinander ab. Sie sollten deshalb vor Vertragsabschluss folgende Punkte klären:

- Entfällt die Beitragszahlung im Pflegefall?
- Ist auch die häusliche Pflege durch Angehörige versichert?
- Wird auch bei stationärer Pflege gezahlt?
- Sind bei stationärer Pflege auch so genannte Hotelkosten (Verpflegung und Unterkunft) versichert?

Pflege-Tagegeldversicherung: Für DM 100 Tagegeld zahlt ein 30-jähriger Mann pro Monat ca. DM 30, Frauen ca. 20% mehr. Maßgebend ist, welche Leistungen im Versicherungspaket ein- oder ausgeschlossen sind. Achten Sie auf folgende Punkte:

- Wie hoch ist das Tagegeld in den einzelnen Pflegestufen?
- Wie hoch ist das Tagegeld bei stationärer Pflege?
- Entfällt die Beitragszahlung im Pflegefall?
- Wie lange ist die Wartezeit nach Abschluss des Vertrages?
- Nach wie vielen Monaten Pflegebedürftigkeit leistet der Versicherer?
- Gibt es Kürzungen bei der Pflege durch Angehörige?
- Leistet der Versicherer nur dann, wenn auch die Pflichtversicherung leistet?

In der Pflegerentenversicherung liegen die Beiträge bereits für eine Monatsrente von DM 1000 etwa 50% höher als für die Pflegekostenversicherung.

Die Beiträge und Summen sind weder in der Pflege-Tagegeld- noch Pflege-Rentenversicherung dynamisiert. Es ist deshalb bei weiter steigenden Kosten der Versicherungsschutz nach einigen Jahren anzupassen. Da der Versicherte dann älter ist, gilt für die Nachversicherung ein relativ höherer Beitragssatz. Einige Versicherer bieten in der Tagegeldversicherung eine Dynamik an. Die Nachversicherung ist dann ohne erneute Gesundheitsdeklaration möglich.

! UNSER VERSICHERUNGSTIPP

Wer mit möglichst niedrigen Beiträgen nur das Pflegefallrisiko abdecken möchte, sollte der Pflegekostenversicherung den Vorzug geben.

In der Pflegekostenversicherung werden bei stationärer Pflege die Kosten nicht voll übernommen. Außerdem gilt eine Wartezeit von drei Jahren, und die Pflege durch Familienmitglieder ist eingeschränkt. Da sie als Schadenversicherung nur die nachgewiesenen Kosten zu erstatten hat und außerdem berechtigt ist, bei einer unfallbedingten Pflegebedürftigkeit den Verursacher regresspflichtig zu machen, hat sie niedrigere Aufwendungen als die Pflegerenten- und Pflegetagegeldversicherung. Dies wirkt sich günstig auf die Beiträge aus.

Abgrenzung zu anderen Versicherungszweigen

Die Pflegefallversicherung (PFV) kann als Ergänzung oder als Gegenpol zur Berufsunfähigkeitsversicherung angesehen werden. Während die BU-Versicherung das Risiko dauernder Einkommensverluste während der Zeit des normalen Arbeitslebens übernimmt, deckt die PFV medizinisch notwendige Pflegeleistungen insbesondere nach dem aktiven Erwerbsleben.

Für junge Menschen ist das Pflegefallrisiko indirekt auch durch eine BU-Versicherung gedeckt, wenn eine angemessene Rente versichert ist. Nicht jede Berufsunfähigkeit führt andererseits zu einem Pflegefall. Eine Pflegebedürftigkeit wird aber immer eine Berufsunfähigkeit zur Folge haben. Die BU-Versicherung bietet deshalb den umfassenderen Schutz; außerdem ist die BU-Rente nicht auf einen bestimmten Verwendungszweck fixiert, sondern kann frei verbraucht werden.

Die BU-Versicherung ist auf den normalen aktiven Lebensbereich beschränkt. Für Pflegefallkosten ab einem Alter von 60 oder 65 Jahren ist ein ergänzender Versicherungsschutz notwendig. Dafür wurde die PFV geschaffen. Der gleiche Zweck lässt sich jedoch auch mit einer Leibrentenversicherung erreichen, die eine umfassendere Deckung als die PFV bietet. Die Kombination von Berufsunfähigkeits- und Leibrentenversicherung ist deshalb einer Pflegefallversicherung vorzuziehen. Maßgebend ist dabei allerdings eine angemessene Versicherungssumme.

IV. Sonderfragen zum Versicherungsschutz

 ## 1. Versicherungen für Urlaub und Reisen

Die meisten Versicherungen, gesetzliche und private, gelten auch auf Reisen. Weltweiter Versicherungsschutz besteht in der Privathaftpflicht-, Lebens- und Unfallversicherung. In der Reisegepäckversicherung besteht – je nach Vertrag – Europa- oder Weltdeckung.

Private Krankenversicherung
In der privaten Krankenversicherung besteht bei Aufenthalten außerhalb Europas je nach Gesellschaft Versicherungsschutz für maximal einen Monat, sonst unbegrenzt. In der Kranken-Tagegeldversicherung ist die Leistung im Allgemeinen auf stationäre Behandlung in öffentlichen

Krankenhäusern begrenzt. Für außereuropäische Länder ist in jedem Fall eine besondere Vereinbarung erforderlich.

Gesetzliche Krankenversicherung

In der gesetzlichen Krankenversicherung ist die Behandlung im Ausland vom Anspruchsausweis abhängig, den sich der Versicherte vor Antritt der Reise bei seiner Kasse besorgen muss. Damit ist eine Behandlung in folgenden Ländern möglich: Belgien, Dänemark, Frankreich, Griechenland, Irland, Italien, Jugoslawien, Luxemburg, Niederlande, Österreich, Portugal, Rumänien, Spanien, Türkei. Der Anspruchsausweis wird allerdings nicht von allen Ärzten anerkannt. In diesem Fall müssen die Behandlungskosten vorgestreckt werden. Eine Erstattung ist nur noch von Fall zu Fall gewährleistet. Es empfiehlt sich deshalb eine zusätzliche Auslandsreise-Krankenversicherung für die von der Krankenkasse nicht erstattungspflichtigen Kosten. Wer häufig ins Ausland reist, sollte eine Jahrespolice abschließen (Prämie pro Person und Jahr ca. DM 15). Versichert sind hierbei beliebig viele Auslandsreisen auch an Wochenenden bis zu einer Dauer von vier, bei einzelnen Versicherern bis zu sechs Wochen. Damit sind auch Rückflugkosten abgedeckt. Bestehende Krankheiten sind jedoch nur begrenzt versichert. Im Zweifel ist hierfür eine besondere Zusatzversicherung erforderlich.

Hausratversicherung

In der Hausratversicherung besteht für einen Teil des Hausrats (10% der Versicherungssumme, maximal DM 10000 bzw. DM 15000, gemäß VHB 1984) auch innerhalb Europas Versicherungsschutz, soweit die Sachen vorübergehend auf eine Reise mitgenommen werden. Als vorübergehend gilt ein Zeitraum von maximal 2 oder 3 Monaten. Sachen, die sich ständig in einer Ferienwohnung befinden, sind nicht versichert. Die Leistungen der Außenversicherung richten sich nach dem üblichen Versicherungsschutz in der Hausratversicherung. Danach sind versichert: Schäden durch Brand, Leitungswasser, Einbruchdiebstahl (nicht aber einfacher Diebstahl oder Beschädigung) und – gemäß VHB 1974 – innerhalb Deutschland Reisegepäck bis maximal DM 500 in Kraftfahrzeugen (nach 22 Uhr nur auf bewachtem Parkplatz oder in Garagen).

Zu beachten ist in der Hausrat- und Gebäudeversicherung die Verpflichtung, dem Versicherer eine ununterbrochene Abwesenheit von mehr als 60 Tagen zu melden.

Unfallversicherung

Die allgemeine Unfallversicherung gilt grundsätzlich weltweit und auch in der Freizeit und beim Sport.

Kurzfristige Versicherungen für den Urlaub sind im Allgemeinen weder sinnvoll noch erforderlich. Die meisten Versicherungen sind im Grunde kein Urlaubsproblem, wenn auch der Eintritt eines Schadens im Urlaub wahrscheinlicher sein mag. Der höheren Wahrscheinlichkeit stehen erheblich höhere Prämien gegenüber, da kurzfristige Verträge kostenintensiv und deshalb teuer sind. Zu berücksichtigen ist außerdem die Tendenz, pro Jahr mehrere Urlaubs- und Wochenendreisen anzutreten. Der Abschluss von kurzfristigen Versicherungen ist deshalb in den meisten Fällen nicht die richtige Regelung der Risikovorsorge. Zur Kasko-, Rechtsschutz- und Reisegepäckversicherung wird deshalb auf die besonderen Ausführungen verwiesen und empfohlen, im Bedarfsfall Jahresverträge abzuschließen.

> **! UNSER VERSICHERUNGSTIPP**
> *Überflüssig sind besondere Haftpflichtversicherungen für Skifahrer oder Reiter (Ausnahme: eigene Pferde) und Unfallversicherungen für Reisen, soweit bereits Privathaftpflicht-, Lebens- und Unfallversicherungen bestehen. Die meisten »Versicherungspakete« der Reisebüros führen insoweit zu sinnlosen Doppelversicherungen.*

Auf jeden Fall sollten in den Urlaub Unterlagen über die Versicherungsverträge mitgenommen werden, um dem Versicherer im Schadensfall rechtzeitig eine Meldung zukommen lassen zu können. Hierzu genügt es, sich die Anschrift und Telefonnummer des Versicherers und die Nummern der Police zu notieren.

Rechtsschutzversicherung

Die Rechtsschutzversicherung gilt in ganz Europa, den kanarischen Inseln, Madeira und den Mittelmeer-Anliegerstaaten, soweit für die Wahrnehmung der rechtlichen Interessen ein Gericht oder eine Behörde in diesem Gebiet zuständig ist. Der Steuer- und Sozialgerichts-Rechtsschutz ist auf Angelegenheiten vor deutschen Gerichten beschränkt.

Reisegepäckversicherung

Die Reisegepäckversicherung deckt im Grundprinzip alle Gefahren, durch die Sachen beschädigt, vernichtet oder abhanden kommen. Maßgebend ist, dass sich das Reisegepäck in Gewahrsam eines Beförderungsunternehmens, Beherbergungsbetriebes, Gepäckträgers oder einer Gepäckaufbewahrung befindet. Während der übrigen Reisezeit sind diese Schäden nur versichert, wenn sie entstehen durch

- Diebstahl, Einbruchdiebstahl, Raub, räuberische Erpressung, Mut- oder Böswilligkeit Dritter,
- Verlieren (in eingeschränktem Umfang),
- Transportmittelunfall oder Unfall eines Versicherten,
- bestimmungswidrig einwirkendes Wasser, Regen, Schnee,
- Sturm, Brand, Blitzschlag, Explosion und
- höhere Gewalt.

Der Versicherer leistet keinen Ersatz für Schäden durch natürliche oder mangelhafte Beschaffenheit der versicherten Sachen, Verschleiß, mangelhafte Verpackung oder mangelhaften Verschluss von Gepäckstücken.

Die Reisegepäckversicherung ist mit vielen Einschränkungen versehen und deckt insbesondere keine Schäden, die Sie grob fahrlässig verursachen. Vor Abschluss eines Vertrages sollten Sie die Bedingungen genau durchlesen.

Wichtig: Überprüfen Sie folgende Punkte:
- Wer soll versichert sein (Einzelperson, Paar, Familie)?
- Welche Regelung besteht für Wertsachen?
- Ist der Neu- oder der Zeitwert versichert?
- Gilt die Versicherung nur in Europa oder in allen Ländern?

Achtung: Sachen in Zweitwohnungen und Sportgeräte sind nur begrenzt versichert. Sonderregelungen sind möglich für Wassersportfahrzeuge, Campingausrüstung, Skibruch und Schäden am ständigen Wohnort (Domizil).
Falls Sie sich für eine Reisegepäckversicherung entscheiden, sollten Sie einen Jahresvertrag mit einer angemessenen Selbstbeteiligung abschließen.

Reise-Rücktrittskostenversicherung
Der Abschluss einer Reise-Rücktrittskostenversicherung sollte vom maximalen Höchstschaden abhängig gemacht werden. Ein dringender Versicherungsbedarf ist im Allgemeinen nicht gegeben.

Kraftfahrzeugversicherung
Europaweite Deckung gilt in der Autoversicherung (inkl. Schutzbrief).

Mietwagen im Ausland
Wer im Ausland ein Auto mietet, sollte sich vergewissern, ob für das Fahrzeug eine Haftpflichtversicherung mit ausreichenden Deckungssummen besteht. Beson-

ders in südeuropäischen Ländern sind die vorgeschriebenen Versicherungssummen zum Teil gefährlich niedrig.
Gehen die Ansprüche des Geschädigten über die versicherten Summen hinaus, muss der schuldige Fahrer
des Mietwagens selbst bezahlen. Die Privathaftpflichtversicherung hat bekanntlich für Schäden mit Kraftfahrzeugen nicht einzutreten.
Die Lösung heißt »Versicherung für den Gebrauch
fremder, versicherungspflichtiger Fahrzeuge« und wird
auch *Mallorca-Police* genannt. Gegen einen geringen
Zuschlag können Sie alle Mittelmeerländer, die Kanarischen Inseln und alle anderen Länder einschließen.

Tierhalterhaftpflicht-Versicherung

In der Tierhalterhaftpflicht-Versicherung gibt es teilweise
noch alte Verträge, bei denen die Deckung auf Deutschland beschränkt ist.

2. Versicherungsschutz für Hobbys und Nebentätigkeiten

Privathaftpflicht

Der Versicherungsschutz umfasst die Gefahren des priva-
ten Lebens, wozu auch Freizeit- und Hobbytätigkeiten zäh-
len. Ist eine Freizeit- oder Hobbytätigkeit auf Dauer ange-
legt und wird mit ihr der Lebensunterhalt finanziert, ist im
Allgemeinen eine besondere Vereinbarung erforderlich.
Nicht versichert sind die Gefahren eines Betriebes, Berufes,
Dienstes, Amtes oder Ehrenamtes und verantwortliche
Tätigkeiten in Vereinigungen. Dabei spielt es keine Rolle,
ob man gegen Geld oder gefälligkeitshalber tätig wird. Im
Zweifelsfall sollte der Versicherer informiert werden.

Autoversicherung

Kraftfahrzeuge sind unabhängig davon versichert, ob sie
beruflich oder privat genutzt werden. Fahrzeuge, mit

denen gegen Bezahlung Personen befördert oder die vermietet werden, sind nur versichert, wenn dies beantragt wird.

Familienrechtsschutz

Rechtsstreitigkeiten aus selbstständiger oder freiberuflicher Tätigkeit sind nicht versichert. Eine nebenberufliche Tätigkeit gilt nicht als selbstständig, wenn der hierdurch erzielte Umsatz DM 6000 je Kalenderjahr nicht übersteigt. Versichert ist auch eine geringfügige ehrenamtliche Tätigkeit (z. B. als Ehrenpräsident des Gesangvereins von Rotenburg, nicht aber als Vorstandsmitglied des HSV Hamburg). Im Zweifel sollte die Tätigkeit dem Versicherer gemeldet werden.

Unfallversicherung

Nach den Versicherungsbedingungen sind Unfälle bei Hobbys oder Nebentätigkeiten mitversichert (Ausnahmen siehe unter sportlicher Betätigung).

Hausratversicherung

Arbeitsgeräte und Einrichtungsgegenstände, die dem Beruf oder Gewerbe dienen, sind nach den VHB 74 mitversichert, soweit sie nicht ständig außerhalb der versicherten Räume sind. In den neuen Bedingungen (VHB 84) sind sie grundsätzlich ausgeschlossen, soweit sie sich in ausschließlich beruflich oder gewerblich genutzten Räumen befinden. Im Übrigen sind Sachen, die einem Hobby oder Sport dienen, mitversichert. Bei Wasserfahrzeugen sind nur Falt-, Schlauch-, Kunststoffboote und Kanus versichert, sonstige Wasserfahrzeuge und Kraftfahrzeuge sind nicht versichert.

Lebens- und Krankenversicherung

Bei Antragstellung sind der Beruf und die Tätigkeit zu deklarieren. Spätere Veränderungen sind ohne Bedeutung. Besonders gefährliche Berufe und Hobbys (z. B. Rennfahrer, Kunstflieger) sind nur gegen Prämienzuschlag versicherbar.

3. Freiberufliche Mitarbeiter: Welche Versicherung zahlt Schäden?

Unter der Voraussetzung, dass kein Arbeitsverhältnis im rechtlichen Sinne vorliegt, regeln sich Schadenersatzansprüche zwischen einem Unternehmen und freien Mitarbeitern nach dem bürgerlichen Gesetzbuch.

Schäden, die der freie Mitarbeiter im Unternehmen erleidet

Bei Personenschäden tritt die eigene Kranken- und gesetzliche Unfallversicherung, nicht aber die gesetzliche Unfallversicherung des betreffenden Unternehmens, ein. Darüber hinaus wäre eine private Unfall- oder Lebensversicherung leistungspflichtig.

Ansprüche an die Firma sind nur möglich, wenn ein Organisationsfehler vorliegt oder ein Mitarbeiter im Rahmen seiner dienstlichen Tätigkeit den freien Mitarbeiter schädigt. Dieses Risiko, gleichgültig ob Personen- oder/und Sachschaden, ist durch die Betriebshaftpflichtversicherung des Unternehmens gedeckt.

Schäden, die der freie Mitarbeiter dem Unternehmen oder seinen Mitarbeitern zufügt

Auch hier ist eine Haftung nur bei Verschulden gegeben. Unverschuldet eingetretene Sachschäden hat das Unternehmen selbst zu tragen. Soweit eine Sachversicherung eintrittspflichtig ist, hat diese einen Regressanspruch.

Bei Personenschäden von Mitarbeitern hat zunächst die Krankenversicherung und Berufsgenossenschaft einzutreten. Bei Verschulden werden diese Regress bei dem freien Mitarbeiter nehmen. Daneben sind persönliche Ansprüche der Mitarbeiter, z. B. für Schmerzensgeld oder Sachschäden, möglich.

Dieses Risiko ist für den freien Mitarbeiter über Haftpflicht versicherbar. Die übliche Privathaftpflichtversicherung erfasst jedoch keine berufliche Tätigkeit. Firmen, die freie Mitarbeiter beschäftigen, sollten von diesen den Abschluss einer Haftpflichtversicherung verlangen.

4. Versicherungsschutz für Kinder

Hausratversicherung

In der Hausratversicherung bezieht sich der Versicherungsschutz automatisch auf Sachen, die den mit dem Versicherungsnehmer in häuslicher Gemeinschaft lebenden Personen gehören oder ihrem persönlichen Gebrauch dienen. Dies bezieht sich auch auf Kinder, und zwar unabhängig davon, ob diese voll- oder minderjährig sind.

Von Bedeutung ist, dass der Versicherungsschutz auch dann gilt, wenn sich die versicherten Sachen vorübergehend außerhalb der Wohnung befinden. Der Versicherungsschutz ist hierbei beschränkt auf 10% der Versicherungssumme, höchstens DM 10000 (VHB 1984: DM 15000). Als vorübergehend außerhalb der Wohnung werden auch die Sachen angesehen, die sich zur Berufsausbildung oder zur Ableistung des Wehrdienstes auswärts befinden, soweit kein eigener Haushalt gegründet wurde.

Wird ein eigener Haushalt gegründet, erlischt die »Außenversicherung«, und der Versicherungsschutz muss gesondert geregelt werden. Hierfür bieten sich folgende Lösungen an:

☒ Eigene Hausratversicherung

Diese ist dann sinnvoll, wenn die Versicherungssumme über DM 40000 liegt. Für niedrigere Summen ist der Beitrag relativ hoch, da die meisten Versicherer eine Mindestprämie pro Vertrag verlangen.

☒ Abzweigung

Für Summen bis DM 40000 oder bei zeitlich begrenztem eigenen Haushalt besteht die Möglichkeit, die Versicherungssumme der Eltern entsprechend zu erhöhen und den Haushalt des Kindes als »Abzweigung« anzumelden.

Privathaftpflichtversicherung

In der Privathaftpflichtversicherung bezieht sich der Versicherungsschutz automatisch auf Kinder, unabhängig davon, ob sich diese ständig im Haushalt des Versicherungsnehmers aufhalten oder nicht. Befindet sich beispielsweise ein minderjähriges Kind ständig bei einer Verwandten, so genießt dieses Versicherungsschutz. Die Verwandte selbst, in ihrer Eigenschaft als aufsichtspflichtige Person, benötigt dagegen eine eigene Privathaftpflichtversicherung.

Von Bedeutung ist, dass volljährige und verheiratete Kinder eine eigene Privathaftpflichtversicherung abschließen müssen, auch wenn sie sich nach Vollendung des 18. Lebensjahres weiterhin im Haushalt der Eltern befinden. Eine Ausnahme besteht für ledige Kinder in einer Schul- oder Berufsausbildung (nicht Fortbildung) siehe Seite 30.

Rechtsschutzversicherung

In der Rechtsschutzversicherung sind minderjährige Kinder unabhängig davon mitversichert, ob sie im Haushalt des Versicherungsnehmers leben oder nicht. Unverheiratete volljährige Kinder sind unter bestimmten Voraussetzungen mitversichert (siehe Seite 126). Auf keinen Fall besteht Versicherungsschutz für Fahrzeuge, die auf volljährige Kinder zugelassen sind.

Unfallinvaliditäts-Versicherung

Zur Absicherung eventueller künftiger Erwerbseinbußen sollte für Kinder, und zwar im Grunde bereits nach der Geburt, eine Unfallinvaliditäts-Versicherung abgeschlossen werden. Die Summe ist nicht an gegenwärtigen Zusatzaufwendungen, sondern am künftigen Mittelentgang zu messen, der durch eine Beeinträchtigung der Arbeitsfähigkeit eintreten kann. Die Versicherungssumme sollte deshalb mindestens DM 100000 betragen.

Bis vor wenigen Jahren stand in der Unfallversicherung für Kinder die Befürchtung im Vordergrund, dass sich die Eltern durch einen Versicherungsfall ihres Kindes bereichern könnten. Für das Todesfallrisiko war es deshalb lediglich möglich, die nachgewiesenen Beerdigungskosten zu versichern. Für Kinder kann seit 1982 – wie für Erwachsene – eine Todesfallsumme frei vereinbart werden. Da bei allgemeinen Lebensverhältnissen durch den

Tod eines Kindes kein finanzieller Mittelentgang entsteht, ist normalerweise eine Versicherungssumme von DM 10 000 ausreichend.

Wichtig: *Der Invaliditätsfall ist für ein Kind das Lebensrisiko Nr. 1. Es ist deshalb richtig, bereits kleine Kinder mit der gleichen Invaliditätssumme wie Erwachsene zu versichern, denn der Verlust der Arbeitsfähigkeit ist umso kostspieliger, je früher er eintritt. Das heißt, dass mit steigendem Alter der Versicherungsbedarf eher ab- als zunimmt.*

Bei den meisten Versicherern ist es möglich, Kinder auch gegen Vergiftungen infolge versehentlicher Einnahme von schädlichen Stoffen zu versichern. Davon ausgeschlossen sind jedoch Vergiftungen durch Nahrungsmittel. Dieser erweiterte Versicherungsschutz gilt normalerweise nur bis zur Vollendung des 10. Lebensjahres.

Bedingungen und Prämien für Kinder gelten nur bis zum Ende des Versicherungsjahres, in dem das Kind das 18. Lebensjahr vollendet. Da die Prämien für Erwachsene höher liegen, besteht bei Volljährigkeit folgendes Wahlrecht:

- Die Versicherungssummen bleiben unverändert, und es ist der Beitrag zu zahlen, der sich aus dem Tarif für Erwachsene ergibt.
- Der Beitrag bleibt unverändert, und die Versicherungssummen vermindern sich im Verhältnis des Erwachsenentarifes zum bisherigen Beitrag.

! UNSER VERSICHERUNGSTIPP

Die von einem Minderjährigen abgeschlossene Unfallversicherung ist nur mit einer Unterschrift des gesetzlichen Vertreters rechtswirksam. Bei mehrjährigen Verträgen, die über das 19. Lebensjahr hinausgehen, ist außerdem die Zustimmung des Vormundschaftsgerichtes erforderlich. Fehlt diese, ist der Vertrag schwebend unwirksam, es sei denn, der Volljährige genehmigt rückwirkend den Vertrag oder zahlt weiter die Beiträge.

Kinder-Invaliditätsversicherung

Die Kinder-Invaliditätsversicherung zahlt nicht nur bei Unfällen, sondern auch bei Invalidität durch Krankheit. Wenn man bedenkt, dass in Deutschland fast 200000 schwer behinderte Kinder (bis 18 Jahre) leben, ist hierfür ein besonderer Versicherungsschutz grundsätzlich gegeben. Die Versicherungsbedingungen sehen allerdings gravierende Einschränkungen vor:

- ☒ Der Versicherungsschutz bezieht sich nur auf vom Versorgungsamt bescheinigte Schwerbehinderungen von mindestens 50 Prozent.
- ☒ Der Versicherungsschutz bezieht sich nicht auf angeborene Leiden (auch wenn sich diese erst später bemerkbar machen).
- ☒ Die Versicherungsleistungen enden mit Vollendung des 18. Lebensjahres.

Als Behinderungen von mehr als 50% werden von den Versorgungsämtern beispielsweise anerkannt: Aids, Diabetes, eingeschränkte Nierenfunktion, Hirnschäden mittleren Grades, Leukämie und Knochenkrebs.

Die meisten Gesellschaften bieten den Invaliditätsschutz als Ergänzung zu einer Unfallversicherung an. Dabei ergibt sich für Invaliditätsfälle durch Unfall eine Doppelversicherung. Eine angemessene Versicherungskombination umfasst folgende Deckung:

- ☒ Unfallversicherung: Versicherungssumme im Invaliditätsfall DM 200000
- ☒ Invaliditätsversicherung: Monatsrente im Invaliditätsfall DM 1000

Hierfür müssen Sie insgesamt mit einem Beitragsaufwand von DM 400 pro Jahr rechnen.

Aufgrund der eingeschränkten Leistungen kann diese Versicherungsart nur unter Vorbehalt empfohlen werden. Da junge Familien mit Kindern zu den stark umworbenen Kunden gehören, ist eine künftige Verbesserung und Verbilligung des Versicherungsschutzes nicht auszuschließen. Wer für seine Kinder eine Invaliditätsversicherung abschließen möchte, sollte Angebote insbesondere im Hinblick auf Leistungsausschlüsse und -begrenzungen überprüfen.

Sonstige Versicherungen

Eine *Lebensversicherung* ist dagegen nicht sinnvoll, da durch den Tod eines Kindes nach allgemeiner Auffassung kein finanzieller Mittelentgang eintritt. Eine *Aussteuer- oder Ausbildungsversicherung* sollte zweckmäßigerweise auf das Leben des Versorgers abgestellt werden.

In der *Autoversicherung* bezieht sich die Deckung auf sämtliche berechtigten Fahrer mit gültigem Führerschein. Kinder sind somit unabhängig von ihrem Alter mitversichert, wenn sie mit Einverständnis der Erziehungsberechtigten deren Fahrzeug benutzen.

Bei längerem Auslandsaufenthalt sind die Begrenzungen in der *Krankenversicherung* zu beachten.

5. Versicherungsschutz für Hausfrauen

Hausfrauen sind durch die Berufsgenossenschaften nicht versichert. Im Allgemeinen bestehen auch keine oder nur geringe Anwartschaften in der Rentenversicherung. Der Abschluss privater Personenversicherungen sollte grundsätzlich überprüft werden. Hierzu stellen sich folgende Fragen:

- Wie verhält sich der Ehemann, wenn seine Frau durch Unfall oder andere Umstände vorzeitig ums Leben kommt?
- Beabsichtigt der Ehemann wieder zu heiraten?
- Wird er eine Haushälterin einstellen?
- Können die Kinder von Verwandten beaufsichtigt werden?

Nur wenige werden hierauf von vornherein eine klare Antwort geben können. Sicherlich lässt sich in jeder Situation improvisieren, ohne dass besondere Zusatzkosten anfallen. Wer jedoch zum Ergebnis gelangt, dass in jedem Falle zusätzliche finanzielle Aufwendungen entstehen, sollte für die Ehefrau eine *Risiko-Lebensversicherung* abschließen. Die Versicherungssumme errechnet sich aus den jährlichen Mehraufwendungen, multipliziert mit der Anzahl der Jahre, in der die Kinder voraussichtlich versorgt werden müssen.

Für den Fall der Invalidität ergeben sich ähnliche Überlegungen. Ist eine Frau durch Unfall oder Krankheit dermaßen behindert, dass sie den Haushalt nicht mehr führen kann, ist im Allgemeinen mit Zusatzaufwendungen zu rechnen: Beschäftigung einer Putz- bzw. Haushaltshilfe oder häufiges Essen im Restaurant, Inanspruchnahme von Serviceleistungen außer Haus. Dieses Risiko lässt sich durch eine *Unfallinvaliditäts-Versicherung* absichern. Umfassender ist eine *Berufsunfähigkeits-Versicherung*, die neuerdings auch für Hausfrauen angeboten wird.

Für den Fall, dass die Hausfrau krankheitsbedingt vorübergehend den Haushalt nicht führen kann, ist ebenfalls mit Zusatzkosten zu rechnen. Diese können über ein *Krankentagegeld* versichert werden.

Bei den *sonstigen Versicherungen* bezieht sich der Schutz automatisch auf den Ehepartner. Besonders deklariert ist dies in der Haftpflicht-, Rechtsschutz- und Reisegepäckversicherung.

In der *Autoversicherung* ist jeder berechtigte Fahrer versichert. Für gegenseitige Ansprüche zwischen Ehepartnern besteht aber nur bei Personenschäden Versicherungsschutz. Es sind außerdem familienrechtliche Haftungsbeschränkungen zu beachten. Auch insoweit kann es sinnvoll sein, eine allgemeine Lebens- oder Unfallversicherung abzuschließen. In der Rechtsschutzversicherung sind gegenseitige Ansprüche ausgeschlossen (z. B. Beratung bei Scheidungsverfahren).

6. Versicherungsschutz für Partner ohne Trauschein

Immer mehr Partner leben ohne Trauschein zusammen. Für die Gestaltung des Versicherungsschutzes sind dabei einige Besonderheiten zu beachten.

Privathaftpflichtversicherung

In der Privathaftpflichtversicherung bezieht sich der Versicherungsschutz bedingungsgemäß auch auf den Ehegatten. Unverheiratete Partner sind deshalb nicht über *einen* Vertrag versichert. Manche Gesellschaften sind jedoch bereit, auf schriftlichen Antrag, den Versicherungsschutz auf zwei Personen auszudehnen. Diese Lösung hat allerdings den Nachteil, dass Schäden, die sich die Partner zufügen, nicht mehr versichert sind.

Hausratversicherung

In der Hausratversicherung ist maßgebend, dass der Versicherungswert der gemeinsamen Sachen ausreichend bemessen ist. Im Versicherungsschein lassen sich dann beide Partner als Versicherungsnehmer deklarieren. Im Schadensfall leistet der Versicherer, sobald einer der beiden Partner einen Anspruch anmeldet. Ein Vertrag auf den Namen beider Partner ist auch deshalb empfehlenswert, weil sonst im Schadensfall der Versicherer bei dem in der Police nicht genannten Partner Regress nehmen kann (gem. § 67 Abs. 2 VVG), wenn dieser den Schaden verschuldet hat. Dieser Hinweis ist auch für ein gemeinsam genutztes Haus und die Gebäudeversicherung bedeutsam.

Lebensversicherung

In der Lebensversicherung können sich unverheiratet zusammenlebende Paare ebenso versichern wie verheiratete Paare. Es ist ohne Einschränkung möglich, sich für den Todesfall gegenseitig zu begünstigen.

Private Krankenversicherung

In der privaten Krankenversicherung ist eine gemeinsame Versicherung über *einen* Vertrag möglich. Beitragsmäßig bringt dies allerdings keinen Vorteil, da dieser ohnehin pro Person berechnet wird.

Unfallversicherung

In der Unfallversicherung sind ebenfalls gemeinsame Verträge möglich, wofür einzelne Gesellschaften einen Beitragsnachlass gewähren. Für das Todesfallrisiko ist – wie in der Lebensversicherung – eine gegenseitige Begünstigung ohne weiteres möglich.

Sonstige Versicherungen

In der Rechtsschutz- und Reisegepäckversicherung ist ebenso wie in der Privathaftpflichtversicherung eine besondere Vereinbarung erforderlich.

Sonderfall: Scheidung

Was für Partner ohne Trauschein gilt, gilt umgekehrt im Falle einer *Scheidung*. Bei Versicherungen, die sich automatisch auf den Ehepartner beziehen (Haftpflicht, Rechtsschutz, Reisegepäck), geht der Versicherungsschutz für den nicht in der Police Genannten unter. Dies gilt auch dann, wenn der gemeinsame Wohnsitz beibehalten wird.

In der *Hausratversicherung* bleibt der Versicherungsschutz zunächst bestehen. Da im Allgemeinen ein zweiter Wohnsitz entstehen wird, ist der Versicherer darüber zu informieren. Es empfiehlt sich, nach einer Übergangszeit die bisherige Versicherungssumme auf zwei Verträge aufzuteilen. Ist nur ein Ehepartner Versicherungsnehmer und zieht dieser in Trennungsabsicht aus, so erlischt der Versicherungsschutz für die bisherige Wohnung auch dann, wenn der andere Ehepartner und die Kinder mit dem überwiegenden Teil des Hausrats in der Wohnung zurückbleiben. Ein Teil der Versicherer verzichtet auf die Anwendung dieser Klausel bis zu drei Monaten nach der nächsten Prämienfälligkeit.

Frauen, die bei ihrem Ehemann in einer gesetzlichen *Krankenversicherung* mitversichert waren, können nach der Scheidung bei der Kasse Mitglied werden, der sie zuletzt angehört haben.

7. Versicherungsschutz für Tierhalter

Privathaftpflichtversicherung

In der Privathaftpflichtversicherung ist das Halten von zahmen Haustieren automatisch mitversichert. Ein besonderer Prämienantrag ist für Hunde, Rinder, Pferde, sonstige Reit- und Zugtiere sowie wilde Tiere und Tiere, die zu gewerblichen Zwecken gehalten werden, erforderlich. Bei der Versicherung von Hunden und Pferden ist zu beachten, dass sich der Versicherungsschutz in alten Verträgen zum Teil nicht auf das Ausland bezieht.

Rechtsschutzversicherung

Die Rechtsschutzversicherung erstreckt sich grundsätzlich auch auf die Wahrnehmung rechtlicher Interessen aus dem Hüten oder Halten von Tieren, soweit es nicht im Zusammenhang mit einer selbstständigen oder freiberuflichen Tätigkeit steht.

Hausratversicherung

In der Hausratversicherung (VHB 1974) sind Kleinvieh (z. B. Hühner und Kaninchen), Futter- und Streuvorräte auf dem Versicherungsgrundstück bis zu DM 500 mitversichert. Diese Regelung gilt nicht für landwirtschaftliche oder gewerbliche Kleinviehhaltung und für Versicherungsverträge auf Basis der VHB 1984 oder 1992. Im Übrigen sind Luxustiere wie Katzen, Hunde und Fische gegen die üblichen Gefahren (Feuer, Einbruchdiebstahl, Leitungswasser etc.) versichert.

Tierversicherung

Über die Tierversicherung können Hunde, Katzen, Pferde und andere Tiere gegen Schäden beim Transport, Krankheiten, Zuchtschäden, Abhandenkommen, Brand und Blitzschlag versichert werden. Die Versicherungssumme richtet sich im Allgemeinen nach dem Kaufpreis der Tiere. Die Entschädigung beträgt maximal 80% der Versicherungssumme, soweit kein anderer Selbstbehalt vereinbart wird.

8. Versicherungsschutz bei sportlicher Betätigung

Privat-Haftpflichtversicherung

In der Privat-Haftpflichtversicherung besteht grundsätzlich für die Ausübung von Sport Versicherungsschutz. Mitversichert ist der erlaubte private Besitz und Gebrauch von Hieb-, Stoß- und Schusswaffen sowie Munition und Geschossen, soweit sie nicht zu Jagdzwecken oder strafbaren Handlungen verwendet werden. Versicherungsschutz besteht auch für Reiter bei der Benutzung fremder Pferde zu privaten Zwecken, nicht jedoch für Ansprüche der Tierhalter oder -eigentümer wie zum Beispiel bei Verletzung eines geliehenen Pferdes.

Kein Versicherungsschutz besteht für Halter und Hüter von Hunden, Rindern, Pferden, sonstigen Reit- und Zugtieren, wilden Tieren sowie von Tieren, die zu gewerblichen oder landwirtschaftlichen Zwecken gehalten werden.

Nicht versichert sind außerdem Haftpflichtansprüche aus Schäden, die in Zusammenhang stehen mit dem Besitz oder Führen von Kraftfahrzeugen, Motorbooten, mit Hilfsmotor versehenen Fahrzeugen jeder Art, eigenen Segelbooten, Windsurfing sowie von Luftfahrzeugen und Flugmodellen. Dazu gehören nicht Flugkörper unter 5 kg Fluggewicht, die weder durch Treibsätze noch durch Motoren angetrieben werden und deren Gebrauch keiner Zulassungspflicht unterliegt.

Unfallversicherung

In der Unfallversicherung sind grundsätzlich auch Unfälle durch sportliche Betätigung versichert; darunter fallen auch Verrenkungen, Zerrungen und Zerreißungen an Gliedmaßen und an der Wirbelsäule, hervorgerufen durch plötzliche Kraftanstrengungen. Eine besondere Vereinbarung ist erforderlich bei Beteiligungen an Fahrtveranstaltungen mit Kraftfahrzeugen, bei denen es auf die Erzielung einer Höchstgeschwindigkeit ankommt, und für Hobbyjäger.

Sonderfall: Luftsport

Besonders zu beachten sind die Ausschlüsse für den aktiven Luftsport, soweit eine besondere Erlaubnis nach dem Luftverkehrsgesetz erforderlich ist, z. B. für Ultraleichtflugzeuge, Hängegleiter, Gleitsegler und Fallschirme.

Dagegen besteht für den Gelegenheitsluftsport Versicherungsschutz. Beispiele:

- Der Versicherte besteigt im Freizeitpark einen Ballon.
- Der Versicherte folgt einer spontanen Einladung, in einem Segelflugzeug mitzufliegen.
- Der Versicherte lässt sich im Urlaub von einem Motorboot an einem Segeldrachen durch die Luft ziehen.
- Der Versicherte führt einen geschenkten Fallschirmsprung durch, bei dem er an einen Profi-Fallschirmspringer angegurtet ist (Tandem-Fallschirmsprung).
- Der Versicherte fliegt als passiver Flugschüler in einem Flugzeug mit.

Familien-Rechtsschutzversicherung

In der Familien-Rechtsschutzversicherung ist die Wahrnehmung rechtlicher Interessen aus eigener oder fremder sportlicher Betätigung grundsätzlich versichert. Dies gilt auch für Segeln, Windsurfing, Reiten, und zwar unabhängig davon, wer Eigentümer der benutzten Sache ist. Lediglich für Motorfahrzeuge zu Lande, zu Wasser und in der Luft ist eine besondere Vereinbarung erforderlich.

Versicherungsschutz in der Privat-Haftpflichtversicherung beim Freizeitsport

Sportart	versichert ja	nein	Bemerkungen/Begründung
Angeln	x		Erwerbsmäßiges Angeln nicht versichert
Boxen	x	x	Wettkämpfe inkl. Training nicht versichert
Basketball	x		
Ballonfahren	x	x	Versicherungsschutz nur für Flugpassagiere
Bergsteigen	x		Professionelle Bergführung nicht versichert
Bogenschießen		x	Jagd nicht versichert
Bowling	x		
Catchen	x	x	Wettkämpfe inkl. Training nicht versichert
Curling	x		
Drachenfliegen		x	unbemannte Drachen ohne Motor bis 5 kg versichert
Eishockey	x		
Fallschirmspringen	x		
Fußball	x		
Flugdrachen		x	
Gewichtheben	x		
Gymnastik	x		
Handball	x		
Hochsprung	x		
Jagd		x	
Judo	x		
Jogging	x		
Kajak/Kanu	x		
Karate	x		
Kegeln	x		
Langlauf	x		
Leichtathletik	x		
Modellfliegen		x	Flugkörper ohne Motor bis 5 kg versichert
Modellfahrz.	x	x	Modellautos und -schiffe über 15 km/h Höchstgeschwindigkeit nicht versichert
Motorboot		x	
Paddeln/Rud.	x		
Radfahren	x		Radrennen inkl. Training nicht versichert
Reiten	x		Benutzung eigener Pferde und Rennen inkl. Training nicht versichert
Ringen	x		Wettkämpfe inkl. Training nicht versichert
Rollschuhfahren	x		
Segeln	x		Bei Benutzung fremder Segelboote
Segelfliegen		x	
Seifenkiste	x		
Skateboard	x		
Skilaufen	x		
Speerwerfen	x		
Surfen		x	
Schießen	x		Jagd nicht versichert
Schnorcheln	x		
Tanzen	x		

Sportart	versichert ja	nein	Bemerkungen/Begründung
Tauchen	x		
Tennis	x		
Tontaubenschießen	x		Jagd nicht versichert
Triathlon	x		
Turnen	x		
Volleyball	x		
Wandern	x		
Weitwurf	x		
Yoga	x		
Zehnkampf	x		

Lebensversicherung

In der Lebensversicherung gibt es keine Einschränkung des Versicherungsschutzes für bestimmte Sportarten. Besonders gefährdete Sportler (z. B. Rennfahrer, Kunstflieger) sind allerdings nur gegen Prämienzuschlag versicherbar. Maßgebend sind die betreffenden Fragen im Antrag. Zu beachten sind die Ausschlüsse für Zusatzversicherungen (Berufsunfähigkeit, Unfall).

Berufsunfähigkeitsversicherung

Fahrtveranstaltungen mit Kraftfahrzeugen, bei denen es auf die Erzielung einer Höchstgeschwindigkeit ankommt, und die dazugehörigen Übungsfahrten sind nicht versichert. Im Übrigen gilt die Regelung der Krankenversicherung.

Krankenversicherung

Bei Antragstellung sind der Beruf und die Tätigkeit zu deklarieren. Spätere Veränderungen sind ohne Bedeutung. Besonders gefährdete Berufe sind nur gegen Prämienzuschlag versicherbar.

Hausratversicherung

In der Hausratversicherung sind Sportgeräte in der Wohnung und vorübergehend im Rahmen der Außenversicherung gedeckt. Darunter fallen Falt-, Schlauch-, Kunststoff-

boote und Kanus. Nach den VHB 1984 sind auch Surfgeräte und Flugdrachen mitversichert. Nicht versichert sind
Kraftfahrzeuge aller Art, sonstige Wasserfahrzeuge und
Motoren. Für Einbruchdiebstahl- und Sturmschäden
besteht nur in Gebäuden Versicherungsschutz.

9. Versicherungsschutz bei Umzügen und doppelter Haushaltsführung

Achtung: Wer an zwei getrennten Wohnorten seinen Haushalt führt,
muss seinen Versicherungsschutz im Auge behalten!

Privathaftpflichtversicherung
Der Versicherungsschutz gilt unabhängig vom Wohnort
der einzelnen Familienmitglieder. Er umfasst – jeweils im
Inland – mehrere Wohnungen des Haushaltsvorstandes,
jedoch nur *ein* Einfamilienhaus. Im Ausland fallen lediglich vorübergehend gemietete Wohnungen unter den Versicherungsschutz. In jedem Fall sind vermietete Räume
gesondert zu versichern. (Ausnahme: Untervermietung
bis drei Wohnräume). Im Übrigen wird der Versicherungsschutz durch doppelte Haushaltsführung oder Umzüge
nicht beeinträchtigt.
Kinder, die volljährig oder verheiratet sind, müssen eine
eigene Haftpflichtversicherung abschließen. Ledige Kinder, die sich noch in der Schule oder Berufsausbildung
(nicht Fortbildung!) befinden, bleiben jedoch bei den
Eltern beitragsfrei mitversichert, auch wenn sie einen
eigenen Wohnsitz begründen (siehe auch Seite 30).

Hausratversicherung
Der Versicherungsschutz bezieht sich grundsätzlich nur
auf den im Versicherungsschein benannten Wohnort. Im
Rahmen einer Außenversicherung sind auch Schäden bis
10 % der Versicherungssumme, maximal DM 10000 (nach
den Bedingungen 1984 = DM 15000), innerhalb Europas
versichert, solange sie sich vorübergehend außerhalb der
Wohnung befinden. Zeiträume von mehr als drei Mona-

ten gelten nicht als vorübergehend. In jedem Fall ist der Versicherer zu informieren, wenn sich Teile des Hausrats ständig in einer Zweitwohnung befinden.

Familien-Rechtsschutzversicherung

Der Versicherungsschutz als Eigentümer, Vermieter, Verpächter, Mieter, Pächter oder dinglich Nutzungsberechtigtem bezieht sich nur auf die im Versicherungsschein bezeichneten Grundstücke oder Gebäude. Weitere, selbst genutzte Wohneinheiten können gegen eine Mehrprämie eingeschlossen werden.

Autoversicherung

Nach der Straßenverkehrszulassungsordnung (StVZO) ist ein Fahrzeug bei der Verwaltungsbehörde zuzulassen, in deren Bezirk das Fahrzeug seinen regelmäßigen Standort (Heimatort) haben soll. Wird der regelmäßige Standort des Fahrzeuges für mehr als drei Monate in einen anderen Bezirk verlegt, ist das Fahrzeug umzumelden. Dabei ist eine neue Versicherungsdoppelkarte vorzulegen. Ab dem Tag der Umschreibung wird das Fahrzeug vom Versicherer automatisch nach der neuen Regionalklasse tarifiert.

Sonstige Versicherungen

Für alle anderen Versicherungszweige gibt es keine Besonderheiten. Der Schutz wird durch einen Wohnungswechsel oder durch eine Zweitwohnung nicht beeinflusst.

Selbstverständlich sollte man den Versicherer innerhalb angemessener Frist über einen neuen Hauptwohnsitz informieren. Wer dies unterlässt, wird rechtlich so behandelt, als ob er die Post des Versicherers erhalten habe.

Sonderfall: Umzug

Der Spediteur haftet pro genutztem Möbelwagenmeter bis maximal DM 4000. Bei Schäden durch höhere Gewalt (z. B. Brand, Blitzschlag) oder unverschuldetem

Diebstahl besteht kein Entschädigungsanspruch. Ein begrenzter Schutz bestand bisher über die Hausratversicherung. Nach den neuen Bedingungen sind jedoch Umzüge nicht mehr versichert.

Es ist empfehlenswert, bei höherwertigem Hausrat die von den Möbelspediteuren angebotene Transportversicherung abzuschließen.

10. Versicherungsschutz für Wehrpflichtige

Für Wehrpflichtige* regelt das Unterhaltssicherungsgesetz (§ 7) den Versicherungsschutz und die Erstattung von Versicherungsbeiträgen.

Krankenversicherung

Grundsätzlich haben Wehrpflichtige und Zivildienstleistende Anspruch auf freie Heilfürsorge. Bestehende Krankenversicherungen können deshalb »ruhend gestellt« werden. Beiträge für die Anwartschaften einer privaten Krankenversicherung und weiterlaufende Beiträge für Familienangehörige werden übernommen, soweit diese nicht sozialversicherungspflichtig sind.

Lebensversicherung

Wehrpflichtige sind während der Dienstzeit kostenlos rentenversichert.

Beiträge für bestehende Kapital- oder Rentenversicherungen werden grundsätzlich erstattet, wenn folgende Voraussetzungen erfüllt sind:

- ☒ Der Versicherungsvertrag muss mindestens 12 Monate vor Beginn des Wehrdienstes bestanden haben.
- ☒ Der Wehrpflichtige muss mindestens 12 Monate sowohl Versicherungsnehmer als auch versicherte Person sein.
- ☒ Der Vertrag muss auf das Mindestendalter von 60 Jahren abgeschlossen sein.

---

* Die Ausführungen beziehen sich auch auf Zivildienstleistende.

x Die Erstattungsfähigkeit ist auf 40% des Höchstbeitrages zur gesetzlichen Rentenversicherung begrenzt.

Der Versicherungsschutz gilt grundsätzlich auch dann, wenn der Versicherte beim Wehrdienst oder bei inneren Unruhen ums Leben kommt. Bei kriegerischen Ereignissen beschränkt sich die Leistung auf das Deckungskapital. Gegen Prämienzuschlag ist es möglich, das passive Kriegsrisiko mitzuversichern.

Privathaftpflichtversicherung

Der Versicherungsschutz läuft im Rahmen der elterlichen Versicherung während der Grundwehrdienstzeit automatisch weiter. Hierbei ist es unerheblich, ob der Grundwehrdienst zwischen Beendigung der Schule und Beginn der Lehrzeit oder eines Studiums oder erst im Anschluss an die Berufsausbildung absolviert wird.

Verheiratete, Berufssoldaten und Zeitsoldaten mit einer 2-Jahres-Verpflichtung benötigen eine eigene Privathaftpflichtversicherung. Der Versicherungsschutz für einen *freiwilligen zusätzlichen Wehrdienst* ist mit dem Versicherer abzustimmen.

Hausratversicherung

Sachen von Familienangehörigen, die zur Ableistung des Wehrdienstes außerhalb der versicherten Wohnung sind, werden im Rahmen der Außenversicherung als »vorübergehend außerhalb« angesehen und sind damit versichert. Gemäß VHB 1992 sind nicht nur Familienangehörige, sondern alle mit dem Wehrpflichtigen in häuslicher Gemeinschaft lebenden Personen versichert.

Berufsunfähigkeits- und Unfallversicherung

Der Versicherungsschutz bezieht sich grundsätzlich auch auf die Zeit der Wehrpflicht.

Ausgeschlossen sind jedoch Unfälle, die unmittelbar oder mittelbar durch Kriegsereignisse verursacht werden. Bei Luftfahrten beschränkt sich der Versicherungsschutz auf Reise- oder Rundflüge über Gebieten mit organisiertem Luftverkehr als Fluggast.

Autoversicherung

Versicherungsbeiträge für Kraftfahrzeuge werden nicht erstattet. Der Wehrdienst zählt aber als schadenfreie Zeit, wenn bereits vor dem Wehrdienst ein Fahrzeug versichert war, das abgemeldet und später durch ein anderes ersetzt wird.

! UNSER VERSICHERUNGSTIPP

Beiträge zu Versicherungen gegen Vermögensnachteile wie Unfall, Hausrat, Haftpflicht, Rechtsschutz werden im Allgemeinen bis zu 6% des früheren Nettogehaltes übernommen, soweit sie bei Beginn des Wehrdienstes zwölf Monate oder länger bestehen.

V. Anhang

1. Meldefristen und Pflichten im Schadensfall

Melden Sie jeden Schaden unverzüglich der im Versicherungsschein oder in den Versicherungsbedingungen bezeichneten Stelle. Dann können Sie sicher sein, keine Frist zu versäumen. Sie sollten auch deutlich schreiben und Rückfragen der Gesellschaft umgehend beantworten.

Für die wichtigsten Versicherungen des privaten Bereichs gelten folgende Regeln:

Haftpflichtversicherung

Schildern Sie das Schadenereignis ausführlich (wann, wo, wie, durch wen wurde der Schaden verursacht?), geben Sie die Anschriften von Zeugen an und fügen Sie Skizzen bei. Es ist die Aufgabe des Versicherers die Haftung zu überprüfen. Erkennen Sie deshalb keine Verpflichtung zum Schadenersatz an und leisten Sie keine Zahlungen.

Legen Sie gegen Zahlungsbefehle und andere Verfügungen die Rechtsmittel ein, auf die Sie durch das Gericht aufmerksam gemacht werden. Unterrichten Sie von derartigen Maßnahmen den Versicherer sofort, auch wenn der Schaden bereits gemeldet ist.

Hausratversicherung

Sie sind dazu verpflichtet, Schäden nach Möglichkeit abzuwenden oder zu mindern (der Versicherer übernimmt Aufwendungen für Rettungsmaßnahmen oder zur Schadenverminderung).

Erstatten Sie bei Brand, Explosion, Diebstahl und Raub sofort auch Anzeige bei der zuständigen Polizeibehörde unter Angabe der zerstörten, beschädigten oder abhanden gekommenen Sachen.

Lassen Sie Sparbücher oder andere sperrfähige Urkunden bei Verlust unverzüglich sperren.

Autoversicherung

Schildern Sie den Unfallhergang genau und nennen Sie Zeugen. Verwenden Sie dazu möglichst den Unfallbericht des VdS (ehem. HUK-Verband). Fertigen Sie bei einer schriftlichen Meldung eine Skizze an. Prüfen Sie, ob es im Hinblick auf den Schadenfreiheitsrabatt vorteilhaft ist, kleinere Sachschäden selbst zu übernehmen.

Soweit Sie selbst Haftpflichtansprüche geltend machen wollen, können Sie die gegnerische Versicherung kostenlos über den *Zentralruf der Autoversicherer* ermitteln:
Telefon 0180-25026

Kaskoversicherung

Diebstahl und Brand sowie Kollisionen mit Wild müssen bei der nächsten Polizeidienststelle gemeldet werden, sofern der dabei eingetretene Schaden DM 100 übersteigt.

Insassen-Unfallversicherung

Todesfälle müssen binnen 48 Stunden telegrafisch, Verletzungen möglichst sofort, spätestens innerhalb einer Woche, dem Versicherer gemeldet werden.

Lebensversicherung

Läuft eine Kapitalversicherung ab, erhalten Sie vom Versicherer einige Wochen vorher die Abrechnung. Zur Auszahlung müssen Sie den Versicherungsschein und einen Zahlungsauftrag einsenden. Beim Tod des Versicherten ist eine sofortige Nachricht erforderlich, außerdem muss die Sterbeurkunde eingereicht werden.

Rechtsschutzversicherung

Sorgen Sie dafür, dass keine Frist versäumt wird. Legen Sie durch einen Rechtsanwalt gegen gerichtliche oder behördliche Entscheidungen Rechtsmittel ein, wenn Sie glauben, die Entscheidung sei falsch. Bei Schäden im Ausland ist unverzüglich nach Rückkehr der Versicherer zu informieren.

Reisegepäckversicherung

Diebstahl- und Beraubungsschäden sind unverzüglich der zuständigen Polizeibehörde anzuzeigen. Melden Sie Schäden, die sich in einem Beherbergungsbetrieb ereignen, außerdem dessen Leitung. Bei Schäden während einer Beförderung muss das Beförderungsunternehmen verständigt und zur Schadenbesichtigung aufgefordert werden. Lassen Sie sich in allen diesen Fällen eine Bestätigung Ihrer Anzeige geben.

Unfallversicherung

Innerhalb von 4 Tagen nach dem Unfall ist ein zugelassener Arzt aufzusuchen. Die ärztliche Behandlung ist bis zum Abschluss des Heilverfahrens regelmäßig fortzusetzen. Bei Unfalltod ist der Versicherer telegrafisch oder telefonisch innerhalb von 48 Stunden zu informieren.

Gebäudeversicherung

Erstatten Sie bei einem Brand oder einer Explosion sofort auch Anzeige bei der zuständigen Polizeibehörde. Sind bei einem Versicherungsfall Sachen abhanden gekommen, ist darüber innerhalb von drei Tagen der zuständigen Polizeibehörde eine Aufstellung einzureichen.

2. Wenn die Versicherung eine Entschädigung ablehnt

Versicherungen haben die bedingungsgemäße Leistung zu erbringen und Haftpflichtschäden nach Sach- und Rechtslage abzuwickeln. Über Grenzfälle kann man sich streiten oder einigen.

Im Allgemeinen erhalten Sie das erste Ablehnungsschreiben von dem zuständigen Sachbearbeiter. Wenn Sie gegen diese Ausführungen sachliche Gegenargumente vorzutragen haben, sollten Sie direkt den Leiter der betreffenden Abteilung anschreiben. Wenn auch dies nicht weiterhilft, können Sie direkt ein Vorstandsmitglied anschreiben und um nochmalige Überprüfung der Unterlagen bitten (die Namen der Vorstandsmitglieder stehen am Fuße jedes Firmenpapiers).

> **! UNSER VERSICHERUNGSTIPP**
>
> *Wenn es sich um größere oder komplizierte Schadensfälle handelt, sollten Sie einen gerichtlich zugelassenen Versicherungsberater einschalten. Versicherungsberater sparen Anwalts- und Prozesskosten und haben oft auch einen persönlichen Draht zu den Versicherern. Adressen erhalten Sie durch die Arbeitsgemeinschaft Deutscher Versicherungsberater, Reichenbachstraße 10, 80469 München, Telefon 089-2311120.*

Als weitere Beschwerdestufe steht Ihnen das
Bundesaufsichtsamt für das Versicherungswesen
Ludwigkirchplatz 3 – 10719 Berlin zur Verfügung.
Im Übrigen sind Sie darauf angewiesen, Ihre Ansprüche vor Gericht durchzusetzen. Soweit Sie eine Rechtsschutzversicherung haben, übernimmt diese das Kostenrisiko.

3. Versicherungsformalitäten im Todesfall

Lebensversicherung

Der Bezugsberechtigte muss dem Lebensversicherer die Police, den Beleg der letzten Prämienzahlung und die amtliche Sterbeurkunde vorlegen. Falls die Sterbeursache nicht bekannt ist, kann der Versicherer ein ärztliches Zeugnis nachfordern. Hat der Versicherte sich selbst das Leben genommen, kommt es darauf an, ob die Wartezeit erfüllt ist. Diese beträgt je nach Versicherer 1, 2, 3 oder 5 Jahre. Vor Ablauf dieser Frist zahlt der Versicherer nur, wenn es wegen eines krankhaften Geisteszustandes zum Selbstmord kam. Andernfalls besteht nur Anspruch auf das Deckungskapital, das höchstens den eingezahlten Beiträgen entspricht.

Je nach Gesellschaft und Tarif hat der Versicherer Anspruch auf die volle Jahresprämie oder die anteiligen Monatsprämien.

Unfallversicherung

Ist der Versicherte durch einen Unfall ums Leben gekommen, muss dem Versicherer die Sterbeurkunde und eine ärztliche Bescheinigung über den Unfalltod vorgelegt werden.

In jedem Falle kann der Versicherungsschutz mit sofortiger Wirkung aufgehoben werden. Dem Versicherer gebührt lediglich die Prämie für die Zeit der Gefahrtragung.

Private Krankenversicherung

Der Versicherer ist über den Todesfall zu informieren. Waren beide Ehepartner und Kinder in *einem* Vertrag versichert, erlischt lediglich der Vertragsteil, der den Verstorbenen betrifft. Für die Hinterbliebenen ergeben sich keine Änderungen. Je nach Tarif zahlt der Versicherer auch ein Sterbegeld.

Die Beitragspflicht endet mit dem Monat des Todesfalles.

Privathaftpflicht

Durch den Tod des Versicherungsnehmers wird das Versicherungsverhältnis nicht beeinträchtigt. Trotzdem sollte der Versicherer benachrichtigt werden, um den Vertrag auf den Ehegatten oder ein anderes Familienmitglied zu übertragen.

Bei Alleinstehenden endet die Beitragspflicht mit dem Todestag. Der Beitrag ist pro rata abzurechnen.

Rechtsschutz

Es gelten die Ausführungen zur Privathaftpflichtversicherung.

Hausratversicherung

Der Versicherungsschutz geht in vollem Umfang auf die Erbengemeinschaft über. Ist nur *ein* Erbnachfolger vorhanden und bleibt der Hausrat am Versicherungsort, ist es möglich, die Police auf den neuen Namen umschreiben zu lassen. Wird der Hausrat auf mehrere Erben an verschiedenen Orten aufgeteilt, sollte der Versicherungsschutz neu geregelt werden. Nach den VHB 1984 endet das Versicherungsverhältnis zwei Monate nach dem Todesfall, wenn nicht spätestens zu dieser Zeit ein Erbe die Wohnung in derselben Weise wie der frühere Versicherungsnehmer nutzt.

Dem Versicherer gebührt lediglich der Beitrag für die Zeit der Gefahrtragung.

Autoversicherung

Der Schadenfreiheitsrabatt des Verstorbenen kann von einem Hinterbliebenen übernommen werden. Angerechnet wird maximal der Zeitraum, für den eine Fahrerlaubnis besteht.

Bei Veräußerung des Fahrzeuges hat der Versicherer lediglich Anspruch auf den Beitrag für die Zeit der Gefahrtragung.

4. Glossar

Abschluss

Der Versicherungsvertrag kommt dann zustande, wenn dem Versicherungsnehmer die Erklärung des Versicherers zugeht, dass er den Antrag angenommen hat. Dies geschieht im Allgemeinen mit der Aushändigung des Versicherungsscheins. Damit der Versicherungsschutz in Kraft tritt, muss grundsätzlich der erste Beitrag gezahlt worden sein.

Allgemeine Versicherungsbedingungen (AVB)

Die AVB können als »Produktbeschreibung« bezeichnet werden und sind damit die allgemeinen Geschäftsbedingungen des Versicherers. Sie regeln die vertraglichen Rechte und Pflichten des Versicherungsnehmers und Versicherers, gegebenenfalls ergänzt durch besondere Versicherungsbedingungen.

Anzeigepflicht

Bei der Antragstellung sind dem Versicherer alle Umstände anzuzeigen, die für die Übernahme des Risikos erheblich sind. Bei unvollständigen und bei unrichtigen Antworten auf Fragen nach gefahrerheblichen Umständen kann der Versicherer vom Vertrag zurücktreten oder ihn wegen arglistiger Täuschung anfechten.

Auskunftspflicht

Im Schadensfall sind dem Versicherer alle Auskünfte zu erteilen, die zur Feststellung des Leistungsumfangs nötig sind (Ursachen, Hergang, nähere Umstände des Geschehens).

Ausschnittsversicherung

Teilweiser Versicherungsschutz für ein Risiko (z. B. Skiunfall, Krankenhaus-Tagegeld, Urlaubshaftpflicht), das üblicherweise im Rahmen eines Gesamtrisikos mitgedeckt wird.

Beitrag
Der Versicherungsbeitrag ist der Preis für den Versicherungsschutz (bisher im Allgemeinen »Prämie« genannt).

Beitragsrückvergütung
Üblich vor allem in der Krankenversicherung und früher in der Autoversicherung. Der Überschuss wird abzüglich Verwaltungskosten nach einem Verteilungsplan an die Versicherten ausgeschüttet.

Deckungskapital
Insbesondere in der Lebens- und Krankenversicherung zum Ausgleich des steigenden Altersrisikos und Ansammlung der Sparanteile.

Deckungszusage
Entgegen der allgemeinen Regelung ist es auch möglich, den Versicherungsschutz bereits bei Antragstellung und vor Zahlung der ersten Prämie beginnen zu lassen. Hierzu bedarf es einer besonderen schriftlichen Deckungszusage (= vorläufige Deckungszusage).

Ersatzwert
Wert des versicherten Interesses zur Zeit des Versicherungsfalles. In der allgemeinen Schadenversicherung kann der Ersatzwert im Voraus vereinbart werden. Beispiele: Zeitwert in der Reisegepäckversicherung, Neuwert in der Feuerversicherung, Naturalersatz in der Glasbruchversicherung, Ersatz auf der Basis einer vereinbarten Taxe bei Kunstgegenständen.

Erstes Risiko
Wenn ein Schaden – ohne Prüfung einer Unterversicherung – bis zur Höhe der vereinbarten Summe versichert ist, spricht man von einer Erstrisikoversicherung (siehe auch Unterversicherung und Vollwertprinzip).

Gebündelte Versicherung

Deckung gegen verschiedene Gefahren in einem Versicherungsschein nach verschiedenen allgemeinen Versicherungsbedingungen. Rechtlich handelt es sich um verschiedene Verträge.

Gefahrengemeinschaft

Kennzeichnet den Grundgedanken jeder Versicherung. Die Bedrohung einer Mehrheit von Personen durch dieselbe Gefahr, deren Eintritt vom Versicherer gegen Zahlung von Versicherungsbeiträgen übernommen wird.

Gesetz der großen Zahl

Je größer die Zahl der erfassten Personen, Güter und Sachwerte, die von der gleichen Gefahr bedroht sind, desto verlässlicher sind Vorhersagen über den künftigen Schadenverlauf. Der Zufall des einzelnen Schadens wird in der großen Masse berechenbar.

Gesundheitsprüfung

Beim Abschluss einer Lebens- oder Krankenversicherung prüft der Versicherer den Gesundheitszustand anhand der vom Antragsteller zu beantwortenden Fragen. Bei höheren Versicherungssummen oder Vorerkrankungen kann auch ein Arztbesuch notwendig werden. Ein erhöhtes Risiko wegen Vorerkrankungen lässt sich meist gegen Risikozuschlag versichern.

Individualversicherung

Auch als Privat- oder Vertragsversicherung bezeichnet. Es sind alle Versicherungseinrichtungen, die nicht der Sozialversicherung zuzuordnen sind. Der Begriff stellt auf die individuelle Gestaltungsmöglichkeit des Versicherungsschutzes ab.

Neuwertversicherung

Ersatzwertregelung in mehreren Versicherungszweigen mit Entschädigung bis zur Höhe des Wiederbeschaffungspreises am Schadentag. Beispiele: Hausrat- und Feuerversicherung.

Obliegenheiten
Verpflichtungen des Versicherungsnehmers zur Erhaltung des Versicherungsschutzes. Man unterscheidet in Obliegenheiten bei der Antragstellung, während der Laufzeit des Vertrages und im Schadensfall.

Prämie
Preis für den Versicherungsschutz bzw. finanzieller Aufwand des Versicherungsnehmers (heute gebräuchlicher als »Versicherungsbeitrag« bezeichnet).

Risiko
Wagnis, Gefahr: So wird die Möglichkeit von negativen Ereignissen bezeichnet, die Gegenstand des Versicherungsschutzes sind.

Risikoversicherung
Hierbei handelt es sich um eine Form der Lebensversicherung. Gezahlt wird nur im Todesfall. Sie dient vor allem der finanziellen Absicherung der Hinterbliebenen und Verpflichtungen, wie beispielsweise Hypotheken für das neue Haus oder Ratenzahlungen für die Wohnungseinrichtung.

Risikozuschlag
Beitragszuschlag zum Ausgleich eines erhöhten Risikos, etwa in der Unfallversicherung bei Ausübung gefährlicher Sportarten und bei bestimmten beruflichen Tätigkeiten.

Rückkaufswert (Rückvergütung)
Geldsumme, die ein Lebensversicherter von der Versicherung zurückbekommt, wenn er seinen Lebensversicherungsvertrag nicht über die vertraglich vereinbarte Laufzeit beibehält, sondern vorzeitig kündigt. Der Rückkaufswert bemisst sich nach dem Deckungskapital, das ein Lebensversicherungsunternehmen aus den (Spar-)Beiträgen des Versicherungsnehmers gebildet hat.

Rückstufung
Verursacht ein Autoversicherter einen Schadensfall, für den der Versicherer aufkommt, so wird der Versicherungsnehmer in eine niedrigere Schadenfreiheitsklasse zurückgestuft.

Rücktritt
Aufhebung des Versicherungsvertrages durch einseitige Erklärung des Versicherers gegenüber dem Versicherungsnehmer (oder dessen Erben). Das Rücktrittsrecht ist dem Versicherer unter bestimmten Voraussetzungen gesetzlich eingeräumt, etwa bei Verletzung der vorvertraglichen Anzeigepflicht durch den Kunden. Der Versicherer kann auch vom Vertrag zurücktreten, wenn der Versicherungsnehmer den ersten Beitrag für seine Versicherung nicht entrichtet.

Schadenfreiheitsrabatt
Beitragsnachlass in der Autoversicherung für unfallfreie PKW-Fahrer.

Schadenversicherung
Bei der Schadenversicherung deckt die Versicherung den konkreten finanziellen Mittelbedarf, der durch Personenschäden, Beschädigung von Sachen (z. B. Hausrat, Gebäude, Reisegepäck) oder durch Verbindlichkeiten (Haftpflicht) bzw. Aufwendungen (Rechtsschutz) entstehen kann. Es gilt der Grundsatz des Bereicherungsverbotes.

Summenversicherung
In der Summenversicherung gilt kein Bereicherungsverbot. Der Versicherungsbedarf oder der Schadenumfang ist im Voraus festgelegt (abstrakte Bedarfsdeckung). Es gibt weder eine Über- noch eine Unterversicherung. Die Versicherungssumme ist somit nicht nur maximale Leistungsgrenze, sondern auch die Bezeichnung der Versicherungsleistung.

Sterbetafel
Aufzeichnung statistischer Sterbenswahrscheinlichkeiten aufgrund der Beobachtung großer Personengruppen. Wichtige Rechnungsgrundlage für die Lebens- und Krankenversicherer.

Tarif
Preisliste des Versicherers.

Überschussbeteiligung
Begriff aus der Lebensversicherung, auch »Versichertendividende« oder »Gewinnbeteiligung« genannt. Überschüsse erzielen die Unternehmen vor allem dadurch, dass die angelegten Gelder höhere Erträge bringen als kalkuliert. Ferner entstehen Überschüsse, wenn weniger Todesfälle eintreten als der Beitragskalkulation zugrunde lagen und durch niedrigere Verwaltungskosten.

Unterversicherung
Ist die Versicherungssumme kleiner als der Wert der versicherten Sachen, besteht eine Unterversicherung (siehe auch Vollwertprinzip).

Versicherer
Andere Bezeichnung für Versicherungsunternehmen oder Versicherungsgesellschaft.

Versicherung
Schutzbrief gegen Unvorhergesehenes: Leistungsversprechen für den Schadensfall, in der Lebensversicherung auch für den Todes- und Erlebensfall. Die Versicherer nehmen ihren privaten und gewerblichen Kunden Risiken ab und ermöglichen damit planvolles Wirtschaften.

Versicherungsfall
Ereignis, das die Leistung des Versicherers auslöst (Feuer, Krankheit, Beraubung usw.); auch als Schadensfall oder – bei Ablauf einer Lebensversicherung – Leistungsfall bezeichnet.

Versicherungsnehmer
Natürliche oder juristische Person, die mit dem Versicherer einen Versicherungsvertrag abgeschlossen hat und die Prämie schuldet. Versicherungsnehmer und Versicherter müssen nicht identisch sein.

Versicherungssumme
Finanzielle Obergrenze der Leistung, die der Versicherer zu erbringen hat.

Vollwertprinzip
Beim Vollwertprinzip (sämtliche Sachversicherungen) wird die Leistung durch die Versicherungssumme und den Versicherungswert begrenzt. Ist der Versicherungswert am Schadentag höher als die Versicherungssumme, hat der Versicherer nur anteilig zu leisten (siehe auch Unterversicherung).

Widerrufsrecht
Für Kapital bildende Lebensversicherungen räumen die Versicherer dem Antragsteller ein auf zehn Tage befristetes Widerrufsrecht ein. Diese Frist beginnt mit der Unterzeichnung des Versicherungsantrages. Der Widerruf muss schriftlich erfolgen.

Zeitwert
Wert einer Sache zu einem bestimmten Zeitpunkt unter Berücksichtigung der Abnutzung. Gegensatz: Neuwert (Wiederbeschaffungspreis) oder ursprünglicher Anschaffungspreis.

5. Die wichtigsten Versicherungen auf einen Blick

Risiko/Versicherungsart	Priorität
Berufsunfähigkeit	sehr wichtig
Gebäude	sehr wichtig
Haftpflicht	sehr wichtig
Hausrat	wichtig
Autoversicherung	
Haftpflicht	sehr wichtig
Teilkasko	weniger wichtig
Vollkasko	wichtig
Insassen	weniger wichtig
Kranken	
Vollversicherung (PKV)	wichtig
Zusatzversicherung	weniger wichtig
Krankenhaustagegeld	weniger wichtig
Tagegeld	wichtig für nicht Versicherungs-pflichtige
Leben	
Kapitalversicherung	weniger wichtig
Risikoversicherung	wichtig gemäß Familienstand
Rentenversicherung	bedingt wichtig
Pflegefall	bedingt wichtig
Sterbegeld	weniger wichtig
Rechtsschutz	
Verkehrs-RS	bedingt wichtig
Familien- + Verkehrs-RS	wichtig
Reise/Urlaub	
Reisegepäck	weniger wichtig
Reiserücktritt	weniger wichtig
Reisekranken	wichtig
Schutzbrief	weniger wichtig
Unfall	
Invalidität	wichtig
Tod	familienabhängig
Krankenhaus-Tagegeld	weniger wichtig
Tagegeld	bedingt wichtig

Detaillierte Begründungen für die Einstufungen finden Sie in den jeweiligen Kapiteln.

6. Versicherungs-Lebensplan

Ereignis	Was ist zu versichern	Besondere Hinweise
Geburt	Unfallinvalidität (empfehlenswerte Mindestsumme: 200 000 DM mit Progressionsstaffel)	Hausrat, Haftpflicht, Rechtsschutz bei Eltern automatisch mitversichert; Krankenversicherung anmelden
Schule	spätestens ab 15. Lebensjahr zusätzlich Berufsunfähigkeit versichern	evtl. Aussteuer- oder Ausbildungsversicherung abschließen (Alternative: Risikolebensversicherung + Sparplan)
Lehre	Hausrat, soweit nicht im Elternhaus wohnhaft	Auswärtige Berufsausbildung bei Eltern mitversichert
Volljährigkeit	Privathaftpflicht, Rechtsschutz	Kinder in der Schule oder in der Berufsausbildung sind bei den Eltern mitversichert
Arbeitnehmer	Altersversorgung; Krankenversicherung	betriebliche und private Altersversorgung klären
Selbständig oder Nebenberuf	Betriebsvermögen, Haftpflicht- und Rechtsschutz besonders versichern; Krankentagegeld erhöhen	ehrenamtliche Tätigkeit nur begrenzt versichert
Tierhaltung	über Privathaftpflicht zahme Haustiere prämienfrei; besonderer Versicherungsschutz für Hunde, Pferde und wilde Tiere erforderlich	gewerbliche Tierhaltung in Haftpflicht und Rechtsschutz besonders versichern; für wertvolle Tiere evtl. Tierversicherung abschließen
Haus	Gebäudeversicherung: Feuer, Sturm, Hagel und Leitungswasserversicherung, bei teuren Scheiben Glasbruch; bei Vermietung: Haftpflicht und Rechtsschutz	Alle Sachversicherungen gehen automatisch auf den Käufer über; Kündigungsmöglichkeit beachten! Bei Ölheizung: Tankrisiko/Haftpflicht versichern.
Sport	Haftpflicht: Motorboote, eigene Segelboote und Surfbretter, Flugmodelle; Unfall: Kfz-Rennen; Rechtsschutz: Motorfahrzeuge	Versicherungsschutz über Vereine im allgemeinen unzureichend; statt Sportversicherung Risiko allgemein regeln (Haftpflicht-, Kranken-, Unfallversicherung)
Urlaub	bei Auslandsreisen Krankenversicherung klären; bei hohen Werten Reisegepäck über Jahresvertrag versichern	beschränkter Versicherungsschutz für Reisegepäck über Hausratversicherung; besonders Reiseversicherung (Haftpflicht, Unfall, Flug) im allgemeinen nicht sinnvoll
Verlobung	im allgemeinen keine besonderer Versicherungsbedarf	gemeinsame Versicherung in Hausrat-, Unfall- und private Krankenversicherung möglich

Ereignis	Was ist zu versichern	Besondere Hinweise
Heirat	Privathaftpflicht, Hausrat, Rechtsschutz, Todesfallrisiko über Lebensversicherung	Doppelversicherung vermeiden: Haftpflicht, Rechtsschutz und Reisegepäck gelten automatisch für Ehepartner; Hausratversicherung: 2. Vertrag aufheben; Summen überprüfen; evtl. Krankenversicherung zusammenlegen
Auto	Haftpflicht; Vollkasko	Insassenversicherung im allgemeinen nicht sinnvoll
Scheidung	Haftpflicht, Hausrat, Rechtsschutz und Reisegepäckversicherung neu regeln	Hausrat: evtl. Ortswechsel an Versicherer melden und Summe überprüfen; Todesfallversicherung aufheben oder Beziehungsperson ändern
Pensionierung	im allgemeinen kein zusätzlicher Versicherungsbedarf	alle Versicherungen, die finanziellen Arbeitsausfall decken können, entfallen (Unfall, Leben, Krankentagegeld)

Stichwortverzeichnis